COLEÇÃO RECONQUISTA DO BRASIL (2ª Série)

150. DICIONÁRIO DO FOLCLORE BRASILEIRO - Luis da Camara Cascudo
151. RECONHECIMENTO DO RIO JURUÁ - General Belmiro Mendonça
153. POLÍTICA GERAL DO BRASIL - José Maria Santos
154. O MOVIMENTO DA INDEPENDÊNCIA 1821-1892 - Oliveira Lima
155. O IMPÉRIO BRASILEIRO — 1821-1889 - Oliveira Lima
156. VIAGEM AO BRASIL — Maximiliano Pierre de Wied Neuwied
157. DIÁRIO DE UMA VIAGEM AO BRASIL - Maria Graham
159. O MARQUÊS DE PARANÁ - Aldo Janotti
161. UM SERTANEJO E O SERTÃO - Ulisses Lins de Albuquerque
162. DICIONÁRIO MUSICAL BRASILEIRO - Mário de Andrade
163. CRÔNICA DE UMA COMUNIDADE CAFEEIRA - Paulo Mercadante
164. DA MONARQUIA À REPÚBLICA- George C. A. Boehrer
165. QUANDO MUDAM AS CAPITAIS - J. A. Meira Penna
166. CORRESPONDÊNCIA ENTRE MARIA GRAHAM E A IMPERATRIZ DONA LEOPOLDINA -
     Américo Jacobina Lacombe
167. HEITOR VILLA-LOBOS - Vasco Mariz
168. DICIONÁRIO BRASILEIRO DE PLANTAS MEDICINAIS - J. A. Meira Penna
169. A AMAZÔNIA QUE EU VI - Gastão Cruls
170. HILÉIA AMAZÔNICA - Gastão Cruls
171. AS MINAS GERAIS - Miran de Barros Latif
172. O BARÃO DE LAVRADIO E A HIGIENE NO RIO DE JANEIRO IMPERIAL - Lourival Ribeiro
173. NARRATIVAS POPULARES - Oswaldo Elias Xidieh
174. O PSD MINEIRO - Plínio de Abreu Ramos
175. O ANEL E A PEDRA - Pe. Hélio Abranches Viotti
176. AS IDÉIAS FILOSÓFICAS E POLÍTICAS DE TANCREDO NEVES - J. M. de Carvalho
177/78. FORMAÇÃO DA LITERATURA BRASILEIRA - 2 vols. - Antônio Candido
179. HISTÓRIA DO CAFÉ NO BRASIL E NO MUNDO - José Teixeira de Oliveira
180. CAMINHOS DA MORAL MODERNA; A EXPERIÊNCIA LUSO-BRASILEIRA - J. M. Cavalho
182. A REVOLUÇÃO DE 1817 E A HISTÓRIA DO BRASIL — Um estudo de história diplomática -
     Gonçalves de Barros Carvalho e Mello Mourão
183. HELENA ANTIPOFF - Sua Vida/Sua Obra - Daniel I. Antipoff
184. HISTÓRIA DA INCONFIDÊNCIA DE MINAS GERAIS - Augusto de Lima Júnior
185/86. A GRANDE FARMACOPÉIA BRASILEIRA - 2 vols. - Pedro Luiz Napoleão Chernoviz
187. O AMOR INFELIZ DE MARÍLIA E DIRCEU - Augusto de Lima Júnior
188. HISTÓRIA ANTIGA DE MINAS GERAIS - Diogo de Vasconcelos
189. HISTÓRIA MÉDIA DE MINAS GERAIS - Diogo de Vasconcelos
190/191. HISTÓRIA DE MINAS - Waldemar de Almeida Barbosa
192. INTRODUÇÃO A HISTÓRIA SOCIAL ECONOMICA PRE-CAPITALISTA NO BRASIL - Oliveira Vianna
193. ANTOLOGIA DO FOLCLORE BRASILEIRO - Luis da Camara Cascudo
194. OS SERMÕES - Padre Antônio Vieira
195. ALIMENTAÇÃO INSTINTO E CULTURA - A. Silva Melo
196. CINCO LIVROS DO POVO - Luis da Camara Cascudo
197. JANGADA E REDE DE DORMIR - Luis da Camara Cascudo
198. A CONQUISTA DO DESERTO OCIDENTAL - Craveiro Costa
199. GEOGRAFIA DO BRASIL HOLANDÊS - Luis da Camara Cascudo
200. OS SERTÕES, Campanha de Canudos - Euclides da Cunha
201/210. HISTÓRIA DA COMPANHIA DE JESUS NO BRASIL - Serafim Leite. S. I.
211. CARTAS DO BRASIL E MAIS ESCRITOS - P. Manuel da Nóbrega
212. OBRAS DE CASIMIRO DE ABREU - (Apuração e revisão do texto, escorço biográfico, notas e índices)
213. UTOPIAS E REALIDADES DA REPÚBLICA (Da Proclamação de Deodoro à Ditadura de Floriano)
     Hildon Rocha
214. O RIO DE JANEIRO NO TEMPO DOS VICE-REIS - Luiz Edmundo
215. TIPOS E ASPECTOS DO BRASIL - Diversos Autores
216. O VALE DO AMAZONAS - A. C. Tavares Bastos

O VALE
DO AMAZONAS

COLEÇÃO RECONQUISTA DO BRASIL (2ª Série)
Dirigida por Antonio Paim, Roque Spencer Maciel de
Barros e Ruy Afonso da Costa Nunes. Diretor até o
volume 92 Mário Guimarães Ferri (1918-1985)

VOL. 216

Capa
Cláudio Martins

Prefácio
Oscar Tenório

BELO HORIZONTE
Rua São Geraldo, 67 - Floresta - Cep.30150-070 - Tel. (31) 212-4600
Fax.: (31) 224-5151
RIO DE JANEIRO
Rua Benjamin Constant, 118 - Glória - Cep.: 20215-150 - Tel.: (11) 252-8327
e-mail: editoraitatiaia@uol.com.br

A. C. TAVARES BASTOS

O VALE
DO AMAZONAS

A LIVRE NAVEGAÇÃO DO AMAZONAS,
ESTATÍSTICA, PRODUÇÕES,
COMÉRCIO, QUESTÕES FISCAIS
DO VALE DO AMAZONAS

EDITORA ITATIAIA
Belo Horizonte - Rio de Janeiro

	Bastos, Aureliano Cândido Tavares, 1839-1875.
B326v	O vale do Amazonas: a livre navegação do Amazonas, estatística, produção, comércio,
X.ed.	questões fiscais do vale do Amazonas [por] A. C. Tavares Bastos; prefácio de Oscar

Tenório. Belo Horizonte, Ed. Itatiaia, 2000

(Reconquista do Brasil, V216)

Bibliografia.

1. Amazonas - Navegação 2. Amazonas (Rio) 3. Amazonas (Vale) 4. América do Sul - Comércio 5. Brasil - Política comercial I. Instituto Nacional do Livro. II. Tenório, Oscar, 1904- III. Título. IV. Série.

CDD: 918.11
CDD: 380.1098
CDD: 380.130981
CDD: 386.3098
CDU: 918(282.281.3)

Índices para catálogo sistemático (CDD) :

1. Amazonas : Rio : Descrição 918.11
2. Amazonas : Rio : Navegação : Comércio 386.3098
3. Amazonas : Vale 918.11
4. América do Sul : Comércio 380.1098
5. América do Sul : Navegação interior : Comércio 386.3098
6. Brasil : Política comercial 380.130981

2000

Direitos de Propriedade Literária adquiridos pela

EDITORA ITATIAIA LTDA

Belo Horizonte - Rio de Janeiro

Impresso no Brasil
Printed in Brazil

Sumário

Tavares bastos, profeta da Amazônia - Oscar Tenório 11
Prefácio 21
A imprensa brasileira 29

CAPÍTULO PRIMEIRO
Considerações sobre a livre navegação do Amazonas 33
I - Política de outrora e política atual do Brasil 33
II - Condições indicadas como preliminares do comércio franco do
Amazonas 38
III - Continuação da matéria do parágrafo antecedente - A medida da livre
navegação depende de convenções acerca dos rios afluentes e limites do Brasil
com os Estados vizinhos? Reflexões sobre a questão de limites com a Bolívia   46

CAPÍTULO SEGUNDO
Medidas que devem suceder ao ato da abertura do Amazonas, Estações fiscais e
providências regulamentares 59
I - As atuais mesas de rendas - A de Manaus deve ser elevada à categoria de
alfândega, com uma tarifa especial - Gravames do comércio do Alto Amazonas, carestia dos gêneros importados, frete dos vapores - Reflexões sobre a
mesa de rendas de Tabatinga 60
II - Estações e registros fiscais no Amazonas 67
III - Escalas de trânsito no Amazonas - Favores especiais às embarcações dos
Estados ribeirinhos - Liberdade do comércio de víveres - Vantagens da liberdade da
pequena cabotagem 71
IV - Observações ao regulamento de 31 de dezembro de 1863 - Entreposto do
Pará - Formalidades dos despachos nas estações fiscais do Amazonas 75

CAPÍTULO TERCEIRO
Comércio e navegação 79
I - Comércio do Amazonas 79
II - Navegação a vela - Navegação a vapor - Vapores existentes no Amazonas -
Distâncias entre os portos freqüentados pelos vapores 83
III - Tráfego dos paquetes da Companhia do Amazonas - Elogio do seu serviço;
melhoramentos indispensáveis - Subvenção; reforma do respectivo contrato . 89

CAPÍTULO QUARTO

Brasil: províncias do Pará e Alto Amazonas 99

I - Províncias do Pará - População e comércio - Rendas gerais e provinciais - Produções - Reflexões sobre os produtos naturais e o futuro econômico do Amazonas 99

II - Província do Alto Amazonas - População; registro estatístico por paróquias - Povoações do litoral do Alto Amazonas - Estatísticas das principais; porto de Manaus - Exportação e importação - Rendas gerais; rendas provinciais 106

CAPÍTULO QUINTO

Estados ribeirinhos: Peru, Bolívia, Venezuela 121

I - República do Peru - População; comércio; rendas - Preferência das comunicações fluviais para uma grande parte desse país - Caminhos da cordilheira para o vale do Amazonas; departamentos a que interessa a navegação fluvial - Departamento de Moyobamba; província de Loreto; população: produções: principais povoações; Oficinas de Iquitos - Comércio peruano pelo Amazonas, quintuplicado em dez anos; importação e exportação; indústria dos chapéus de palha - Os índios animais de carga; necessidade de caminhos 122

II - Bolívia - Departamentos ribeirinhos; suas produções; comércio - Distâncias entre eles e os portos do Pacífico 132

III - Venezuela - Províncias a que aproveita a navegação do Amazonas; distrito limítrofe - Navegação do rio Negro - Entreposto no Pará e em Manaus para o comércio venezuelano 138

CAPÍTULO SEXTO

Afluentes do Amazonas 143

I - Tapajós 144

II - Mamoré, Guaporé, Madeira 146

III - Purus, Madre de Dios, Juruá 155

IV - Huallaga e Ucayali 159

V - Necessidade do explorar os afluentes; organização deste serviço - Afluentes que é preciso navegar a vapor 162

CAPÍTULO SÉTIMO

Considerações gerais 167

I - Impostos locais exagerados - O comércio dos regatões - As diretorias de 167
Índios; a catequese; os padres - A civilização pelo cruzamento das raças . . . . .

II - O tráfico de índios; a escravidão no vale do Amazonas - Imigração para o Amazonas; salubridade do país; lugares preferíveis - Conclusão 173

APÊNDICES

I - Carta à uma comissão de Manaus 181
II - Carta à Assembléia Provincial do Alto Amazonas 184
III - Movimento comercial 188
IV - Comércio do Peru e fretes nos paquetes 192
V - Moedas, pesos e medidas 194
VI - Regulamento para a navegação peruana 195
VII - Entrepostos 202
VIII - Navegação a vapor do Madeira, Purus e rio Negro 201

TAVARES BASTOS, PROFETA DA AMAZÔNIA
OSCAR TENÓRIO

As origens e a razão de ser de *O vale do Amazonas* estão explicadas no "Prefácio" e nas palavras destinadas "À Imprensa brasileira" da obra editada em dezembro de 1866, no Rio de Janeiro. Tavares Bastos tinha 27 anos de idade. Havendo nascido em 20 de abril de 1839, na cidade das Alagoas, era filho de um magistrado envolvido nas competições políticas e delas participando diretamente, atitude comum numa época em que as incompatibilidades dos juízes não tinham maior rigidez. Herdou do pai o espírito de combatividade, mas para utilizá-lo no cenário das idéias e nas lutas pela justiça.

Em várias passagens da obra de Tavares Bastos encontramos referências à justiça; aparecem, reclamando-a de seus concidadãos para o trabalho que ele empreendia em favor do país, ou pedindo-a em favor da conduta de nações estrangeiras no plano da política externa. Uma justiça reivindicadora. Uma citação apenas extraída do "Prefácio" de *O vale do Amazonas:* "Costuma-se exagerar as injustiças das grandes potências contra nós." (pág. 19.) E a refutação vem de imediato.

A combatividade pulsa em toda a sua obra, publicada primeiramente, em grande parte, na imprensa, convencido talvez de que a opinião pública por ela se interessasse, por ser uma via de comunicação mais acessível a maior número de leitores do que a do livro.

A livre navegação do rio-mar foi por ele debatida a partir de 1862, no *Correio Mercantil,* donde saíram para a condensação do livro *Cartas do solitário. A Província* foi estudo sobre a descentralização no Brasil (exatamente o subtítulo da obra), publicado em 1870. Era livro de acentuada concepção jurídica, mas ligado à política, à crítica política, à realidade política e ao realismo político. Com *Os males do presente e as esperanças do futuro,* de 1861, temos o inventário da atividade maior de Tavares Bastos como escritor.

Num inventário encontramos o resultado do mais lúcido labor mental no Império, em curta existência intelectual. Faleceu em 1875, portanto aos 36 anos de idade. Biógrafos costumam fazer previsões sobre o desfalque com a morte prematura de personalidades que nasceram sob o signo da predestinação. Tavares Bastos não fugiu à regra dos adivinhos. Do mais ilustre de seus biógrafos, temos este juízo: "A Tavares Bastos faltou o cenário, e foi curta a vida. O semeador passou rápido, deixando, porém, no sulco ardente das idéias a glória do seu nome."[1] Glória como a de Castro Alves, num exemplo, embora sem a ressonância no grande público, pela própria natureza dos assuntos que tratava. Mas outros que alcançaram a ancianidade, ficaram egrégios apenas pelos frutos da juventude ou da madureza. Provavelmente o que iria ocorrer com Euclides da Cunha, já famoso na estréia solar inspiradora de *Os sertões.*

Mas a Tavares Bastos não faltou o cenário. Teve o cenário para a exposição de seu apostolado. O Brasil da época era o melhor *habitat* para a aplicação das idéias liberais que se propagavam na Europa. Se as condições sociais do país estivessem em consonância com o

---

[1] CARLOS PONTES. *Tavares Bastos (Aureliano Cândido) 1839-1875,* 1939, p.75.

pensamento europeu, perderia o publicista a expressão maior de sua grandeza, a de precursor, a de primeiro combatente, a de antecipador, a de impulsionador, a de reformador,

O vale do Amazonas traduz o melhor na bibliografia de Tavares Bastos, como expressão do pensamento de uma época, no sentido nacional e internacional. O Brasil, na década da atividade amadurecida do pensador, era a dos torneios literários; e, quando aparecia nos meios acadêmicos, o problema da abolição do escravo era tratado com tropos emocionais, na eloqüência transbordante. A história das academias de Olinda e São Paulo comprova o juízo. A influência dos dois centros de estudos jurídicos foi grande porque eram os únicos na época e, assim, se encontravam nos comícios e reuniões estudantis homens que naturalmente iriam governar o país. Logicamente, as turmas eram brilhantes, porque não havia outras academias com a variedade dispersiva dos nossos dias. Tavares Bastos foi quase uma exceção, quase um *solitário,* na posição intelectual e nas cogitações do espírito.

Havia nascido nas vésperas do surgimento do 2.º Reinado. Em 1840, conforme sabemos, a maioria do país estava tranqüila.[2] Mas o pai de Tavares Bastos, que ao filho sobreviveu, e muito, ainda sangrava das refregas políticas. E, paralelamente às fulgurações do filho no parlamento, viria ele presidir, em 1866, a província de São Paulo. Reacenderam-se as guerras civis e as guerras externas.

Matriculou-se no curso jurídico do Recife em 1854, com a Faculdade em nova casa, deixando, no mesmo ano, o casarão conventual de Olinda. No ano seguinte, transferia-se para a Faculdade de Direito de São Paulo. Sua atividade acadêmica foi literária, filosófica e política. Estudos de direito penal, disciplina que em todos os tempos seduz a maioria dos estudantes de direito. Um artigo sobre a emancipação da escravatura, tema dominante das várias gerações acadêmicas. Um ano após o bacharelado doutorava-se. As proposições apresentadas aos lentes talvez tivessem constituído a carta de nascimento do pensador, do especialista dos estudos aos quais iria dedicar os anos da intensa atividade de publicista e de político. As primeiras sementes da grande árvore são colhidas para quem investigar o núcleo central das doutrinas de Tavares Bastos, na tese de 1859. Eis as perguntas: "Sobre quem recaem os impostos lançados sobre os gêneros produzidos no país? Sobre o produtor ou sobre o consumidor? O que sucede quanto aos gêneros importados e exportados?" Alguém aparecia, nas tertúlias da Academia, com indagações sérias. O folheto *Os males do presente e as esperanças do futuro,* de 1861, exprimia seu entusiasmo pela fascinante eloqüência de José Bonifácio, o Moço. Cogita das origens atlânticas do Brasil, da gente que o povoou, com seus vícios, para chegar aos louvores à Constituição de 1824, às críticas ao emperramento da centralização, às cogitações sobre a eleição direta, à abolição e à instrução, assuntos reiterados de suas preocupações.

Lida e relida a obra de Tavares Bastos, a maior e a menor, fácil é formarmos a convicção de que ele foi, na extensão da palavra, um liberal na dupla manifestação econômica e política. Inspirou-se nas doutrinas dominantes na Europa, com a lucidez de aplicá-las ao Brasil, na esperança de ver transformada a face macilenta do país. Mostravam-se os males do presente, com a esperança no futuro. Do liberalismo herdou o espírito, quase sempre fluido,

---

[2] EUCLIDES DA CUNHA. *À margem da História,* p.265.

pelos interesses e conflitos que gera dentro da sociedade. Mas não foi um liberal ortodoxo, rígido. E em reflexão maior sobre suas idéias, podemos dizer que, sob vários pontos, foi antiliberal, na área econômica, pois reclamava a participação do Poder Público, a intervenção vigorosa do Estado através do próprio saneamento da administração, do decoro dos servidores, do interesse do Governo pelo povo.

Não podemos colher informações muito seguras sobre os autores que o inspiraram. Ficamos por vezes no campo das incertezas. Talvez tenha sido Bastiat o economista liberal de sua predileção, pelo constante encontro de opiniões, escreve um dos estudiosos do seu pensamento.[3] A perplexidade abraça mesmo o conceito de liberalismo, palavra que apareceu e se pronuncia no Brasil por motivo idêntico.[4] Evidentemente conhecia ele *Le parti libéral* de Laboulaye, bem como a Histoire des Etats-Unis. Na parcimônia das citações Odilon Barrot é referido algumas vezes. Conhecia os escritores norte-americanos que tratavam do direito constitucional (Paschal, Kent e *O Federalismo)*.

Obviamente, os juristas brasileiros do seu tempo eram matérias de primeiro emprego, como Uruguai, com *Ensaios de direito administrativo, Administração das províncias* e *Estudos práticos,* Ribas e o Marquês de São Vicente, além de Cortines Laxe. Conhecia o direito público dos Estados Unidos, da Argentina, da Inglaterra, da França, da Suíça e de outros países. Revistas, como *Journal des Economistes* e *Revue des Deux Mondes,* forneciam-lhe informações imediatas. E os relatórios oficiais, e ainda os não-oficiais, estavam na sua mesa, para o fornecimento dos números e das informações necessários. O conhecimento da legislação brasileira era profundo. Códigos, leis, decretos, portarias, avisos, o conjunto normativo do Estado ele o conhecia como poucos publicistas. Enquanto estes comentavam, nos limites técnicos da interpretação, ele inseria o direito positivo no terreno de suas teses, ou o criticava propondo-lhe revogação e ab-rogação, para que se ajustasse ao objetivo essencial do desenvolvimento do país. Quantos dispositivos legais a emperrarem a vida nacional, a estagnarem-lhe a exploração de suas riquezas!

No estudo da obra de Tavares Bastos não nos devemos preocupar com a sua maneira de escrever, embora ela já caracterizasse clareza, objetividade, com alguns ressaibos de eloqüência antigos, mas com a apresentação de outra maneira de expor e convencer. Não é autor para as antologias literárias, mas para as coletâneas de pensadores políticos.[5]

O livro não havia chegado ainda às condições de servir de divulgação de idéias. No Império foi escasso o seu patrimônio. Os letrados, os que sabiam ler e pensar, eram em pequeno número e liam os autores europeus. Por outro lado as fermentações políticas, as questões partidárias, as intrigas dos bastidores e das ruas não podiam ter outro veículo, na superficialidade emocional do povo, senão a imprensa. Ela refletia as paixões e os interesses; ela distorcia a verdade ou a negava. A honra pública não se separava da honra privada. Libelos infamantes não formavam exceção. E com a pasquinada se misturava anormalmente o louvor cintilante de grandes jornalistas, que influíam na vida das instituições políticas e na conduta dos partidos.

[3] V. JOÃO LYRA FILHO. *À voz que precedeu a escola,* 1939, p.83.

[4] TAVARES BASTOS. *A Província,* p.121-122.

[5] V., sobre a questão, RAUL LIMA. *Tavares Bastos. Prosa,* 1957, p.9.

Mas havia os panfletos. Sales Torres Homem, redator do *Correio Mercantil,* escreveu o *Libelo do povo,* em 1849, com o pseudônimo de Timandro. Libelo com todas as letras por sua veemência. Mas panfletário, doutro estilo, foi Justiniano José da Rocha, com *Ação; reação; transação. Duas palavras acerca da atualidade política do Brasil,* 1855. Os problemas do trato dessas pequenas publicações eram os mesmos, de tônica política. E quando se falava, por exemplo, da magistratura, do júri, da organização policial, não passavam da crítica. Um ou outro dado, sobre o Orçamento, sobre a dívida pública, sobre o estado econômico do país. Tavares Bastos também foi um panfletário com a publicação do seu primeiro trabalho, Mas, de logo, abriu ele um novo período. Dá seriedade à imprensa, e transforma *Cartas do solitário* em livro de doutrina, de criação. Justiniano José da Rocha, que advogava as causas do Partido Conservador, não podia agasalhar as idéias liberais que sacudiam o mundo. Mas foi o criador de um novo estilo, em sentido amplo, na concepção, na exposição e nas conclusões. Ele influiu de certa forma em Tavares Bastos, até mesmo na substância do seu pensamento.[6]

O vale do Amazonas já é um livro diferente nas suas origens. É obra sobretudo de observações, ao passo que a *A província* é muito mais de reflexão, como trabalho de inspiração política e jurídica. Os problemas são, de modo geral, os mesmos.

Homem de estatísticas, de textos de leis, de críticas claras, não necessitava inflacionar as páginas de seus livros com citações longas e afetadas, moda que, na República, se tornou quase epidêmica, como se a cultura decorresse de indicações livrescas desnecessárias ou despropositadas.

As fontes expressas, indicadas por Tavares Bastos, são poucas. *A Província,* subtitulada *Estudo sobre a descentralização no Brasil,* talvez, pela própria natureza do tema, seja o melhor para colhermos as influências recebidas. Mas desilude o pesquisador. O ano de 1870 é de riqueza intelectual na Europa, e o tema se presta ao garimpar nos domínios do direito público e da política. Cita, de logo, Barrot, de *De la centralisation,* e Tocqueville, *De la démocratie en Amérique,* obras que se tornaram clássicas no assunto, a última publicada entre 1835 e 1840. Cita os contemporâneos, mais para colher-lhes dados, informações, do que para contestá-los. Benjamin Constant aparece com *Politique constitutionnelle* e é julgado como o preclaro escritor que ao começar do século vulgarizou no Continente as doutrinas constitucionais. Denomina-o clássico publicista. É invocado para o registro feito por Tavares Bastos de que a crise sobre poder executivo apontada é na segunda década do século XIX, na Espanha, no duplo significado político e econômico: governo constitucional, liberdade religiosa, liberdade de imprensa, propriedade privada, liberdade de indústria e de comércio.[7] Mas o desenvolvimento econômico está na essência da doutrina liberal, e esta aparece sob o signo do otimismo, apesar das graves contradições que provoca.[8]

[6] R. MAGALHAES JÚNIOR. *Três panfletários do Segundo Reinado,* 1956. Diz: "Mesmo uma forte personalidade como a de Tavares Bastos o imitou, até onde pode um liberal imitar um ensaio de político conservador." (p.144.)

[7] PIERRE SHOSTE-LACHAUM. *Pour réaliser une société prospère et humaine.* I. Réhabilitation du libératisme, 1950, p.27.

[8] V. JACQUES ELLUL. *Histoire des Institutions,* 5: *XIXe siècle,* 6.ª ed., 1969.

Com Tavares Bastos harmonizaram-se, em sem-número de páginas, o liberalismo econômico, originário da França, e o liberalismo político, nascido na Inglaterra. Mas se ele convocava os poderes públicos para sacudir o país, para levantá-lo, para desenvolvê-lo, difícil exprimir, na linha da verdade, que seu catecismo se inspirava no "laissez faire, laissez passer" dos fisiocratas. O exemplo dos nossos dias é a prova de que o chamado liberalismo econômico, que se apóia na iniciativa privada, na empresa privada, está se subordinando cada vez mais às exigências do Estado, no plano da economia nacional e no da economia internacional. Sem a empresa próspera, no regime capitalista, o Estado não dispõe de uma arrecadação de tributos para impulsionar os serviços públicos essenciais. E sabia disto Tavares Bastos.

Viveu ele como um captador de realidades, nas lições e nos exemplos da Europa Ocidental. Deste ponto de vista não foi um *inovador,* um *original,* um *criador.* Mas trouxe para o Brasil o pensamento, o método, o sistema e, nesta ordem, foi um revolucionário. Sua ambição era a de que o Brasil acompanhasse o progresso do mundo ocidental europeu, se unisse a ele, pondo em segundo plano as querelas dos partidos. Queria ser um contemporâneo. *Os males do presente e as esperanças do futuro,* pequeno folheto de 35 páginas, é publicado no ano seguinte ao da assinatura do tratado de comércio anglo-francês que parecia abrir para todos os povos, nas palavras de um historiador, uma nova era de liberdade econômica e de relações pacíficas.[9] E o historiador, na conclusão do seu estudo sobre os dezoito anos de liberalismo, de 1860 a 1878, acentua o declínio da escravidão e da servidão, as concessões dos regimes autoritários às novas idéias, o papel da ciência positiva dedicada à procura da verdade, a liberdade de trocas entre as nações, o progresso da técnica procurando diminuir a dependência do homem das forças naturais, o incremento das redes de estradas de ferro, da navegação a vapor, das linhas de navegação oceânica, do telégrafo.[10] E Tavares Bastos, que viveu, pelo estudo, quase toda a grande era liberal, foi no seu meio o mais flamante apóstolo da integração do Brasil na epopéia do progresso. Queria ser um contemporâneo.

Nos torneios literários da imprensa e do parlamento era quase único na percepção das transformações científicas que se operavam na Europa. Institutos científicos eram criados no Velho Continente, com seus laboratórios. Tornava-se a simples técnica elemento de grande importância para a técnica industrial. O século XIX inaugurava as grandes exposições, como a de Londres, em 1851, e a de Paris, em 1855. A ciência tomava importância econômica e social.[11] Enquanto a Europa fervia em sua revolução industrial e científica, o Brasil se afogava na centralização irreal, no braço escravo, no medir tostões no orçamento do Estado, como um pobre e pertinaz econômo. Um homem decidiu-se a pregar no Brasil as novas idéias e as novas mudanças, a pregá-las para que o Governo se incorporasse ao movimento internacional. Chamado por um dos estudiosos de seu pensamento de enérgi-

---

[9] HENRI HAUSER, JEAN MAURAIN E PIERRE BENAERTS. *Du libéralisme à l'impérialisme (1860-1878),* 1939, p.1.

[10] HENRI HAUSER. JEAN MAURAIN E PIERRE BENAERTS, *op. cit.,* p.513.

[11] V. MAURICE DAUMAS (org.). *Histoire de la science,* 1957, p.161.

co professor de pessimismo estimulador[12], ele o foi em parte, no sentido de que descria dos homens e dos partidos para a proeza do programa global brasileiro que ele propunha, e também no sentido de que exagerava, em alguns pontos, os defeitos de realidade do país, como expressão de uma dialética estimuladora. Pessimista estimulador. Mas, na essência, um otimista, vendo o futuro na claridade do firmamento europeu.

As *idéias políticas* de Tavares Bastos não eram abstrações sem finalidade. Estavam condicionadas à idéia maior do desenvolvimento nacional. Suas reflexões a respeito da centralização e da federação são o melhor exemplo comprovador da assertiva. A descentralização corresponde a fins políticos, econômicos e administrativos. A Federação, de raízes na vida do país, teve seus altos e baixos, suas afirmações cautelosas ao lado de extremismo perigoso. Frei Caneca exprimiu este extremismo ao defender o direito de cada província eleger a forma de governo: república, reino, monarquia constitucional, estado despótico.[13] No folheto de 1861, Tavares Bastos é pelo fortalecimento moralizador das províncias: "Desembaraçada a administração central, esse governo dotaria as províncias de presidentes dignos e duradouros. Estes estimulariam o exato cumprimento da lei, e aplicar-se-iam aos estudos e trabalhos sérios."[14] Idéia apenas delineada e que, no correr do tempo, chegaria ao livro-mestre *A Província*. Mas o ardoroso jovem tinha assumido uma atitude exagerada no seu anti-republicanismo, refletindo-se-lhe no espírito o que se passara na Europa. Mas, em 1861, estava ele certo quanto à adoção do regime republicano no Brasil. Apenas sua mocidade deu arroubos sem medida ao problema.

Para curar a enfermidade, a grave enfermidade, não bastam medidas moderadas, dizia ele. Promovam a larga reforma descentralizadora ou terminem uma situação equívoca e detestável – escrevia ele.[15] Palavras escritas quando já publicado *O vale do Amazonas*.

Deu-se muita relevância histórica à centralização, como fator da unidade nacional. E até a sua legitimidade constitucional serviu, e ainda serve, de argumento aos que a defendiam, A tese é discutível. E Tavares Bastos teve o mérito de demolir, tijolo a tijolo, o que se dizia, o que diziam os interessados na manutenção do sistema e dos privilégios que concedia. Mas, na apreciação do historiador contemporâneo, fato sem controvérsia é que a centralização emperrou o progresso do país, atrofiou as iniciativas. Tavares Bastos era de parecer que a unidade nacional, pelo desenvolvimento material e pela moralidade política e administrativa, se faria pela descentralização. Não separava um problema do outro. E é exatamente neste ponto que o seu pensamento toma importância extraordinária para a época, com as suas realidades e suas distorções. O Federalismo não seria, portanto, incompatível com a unidade nacional, como não o seria com a Monarquia. Homens como Joaquim Nabuco e Rui Barbosa assim iriam pensar.[16]

[12] GILBERTO AMADO, *Grão de areia e estudos brasileiros,* 1948, pág. 199.

[13] V. TOBIAS MONTEIRO. *História do Império. O Primeiro Reinado.* Tomo I, 1939, p.108.

[14] TAVARES BASTOS. *Os males do presente e as esperanças do futuro,* p.49.

[15] *A Província,* 2.ª ed., p.397.

[16] V., para alguns aspectos, CLÓVIS BEVILAQUA. "Centralização crescente (1850-1864)", *in Revista do Instituto Histórico,* n.º comemorativo do nascimento de D. Pedro II.

O vale do Amazonas entrosa-se na obra coerente de Tavares Bastos. É de 1866. Mas nos escritos precedentes e nos discursos parlamentares anteriores à publicação estão idéias centrais que se harmonizam com o livro. Cogita da liberdade de navegação do grande rio, como uma das expressões do liberalismo. O problema da liberdade em Tavares Bastos é cogitado sob todos os aspectos, desde o fundamental, o da liberdade do ser humano, ao pregar a emancipação dos escravos, como fruto do decreto de 5 de novembro de 1866, até a liberdade política, no seu mais elevado sentido, o das eleições. Mas a liberdade com o fim do bem da coletividade. Criticava as leis e os atos do Governo, como um dos *males do presente,* porque com eles o comércio ficava comprometido pelo decrescimento da produção e assustado pelo espírito regulamentador e preventivo dominante. No ano de *O vale do Amazonas* publicava, com o pseudônimo de Melasporos, *Exposição dos verdadeiros princípios sobre que se baseia a liberdade religiosa demonstrando ser a separação entre a Igreja e o Estado uma medida de direito absoluto e de suma utilidade.* É o tema da separação do Estado e da Igreja à luz da religião, da filosofia e da história. Em *A Província,* anteriormente, cogitava do problema com mais demora, Mas na síntese do pensamento de Tavares Bastos o princípio da liberdade plena de consciência e de culto tem a vantagem realista de estimular a emigração, a entrada no país do braço livre da raça branca, para substituir o braço escravo. O casamento de católicos com acatólicos foi um grande passo a respeito.

As informações de terceiros sobre a região amazônica já não satisfaziam ao paladino da liberdade política e econômica. Decidiu-se a conhecer a parte setentrional do Brasil em 1865. E embarcou para o norte. Na sessão de 8 de julho de 1862 a questão da abertura do Amazonas já tinha sido apresentada. Certa inquietação começava a assaltar a opinião pública, com o receio da conquista estrangeira. Uma parte da imprensa dos Estados Unidos tomava tom agressivo. O livro de Maury, *The Amazon and the Atlantic Slopes of South America,* era lido como escrito por um representante do imperialismo.[17] Ainda mais, o Brasil não consagrava uma atitude coerente e uniforme a propósito dos rios internacionais. Tinha orientação colidente em relação ao Amazonas e ao Rio da Prata.

Nem o direito internacional positivo, no século XIX, chegara a formulações convencionais uniformes. Havia tendências doutrinárias e interesses nacionais em jogo. O dominicano espanhol Francisco de Vitoria defendera, na sua cátedra da Universidade de Salamanca, no século XVI, o direito de comércio como direito absoluto. Mas ele não era jurista. Sua tese, ademais, contrastava com a dominante na Idade Média.

Coube à Revolução Francesa, impregnada pelas idéias liberais, baixar o decreto de 16 de novembro de 1792 sobre a liberdade dos ribeirinhos. Era um ato unilateral, mas cuja execução ia ser feita com instrumentos políticos e militares.[18] Estava-se no começo da batalha. Tornou-se o princípio regra expressa de direito internacional no

---

[17] CARLOS PONTES, *op cit.,* p.207.

[18] CHARLES ROUSSEAU. *Droit International Public,* 1953, n.º 494.

Congresso de Viena, de 1815. Não foi ainda a proclamação ampla do princípio, embora constituísse uma evolução satisfatória, porque o acordo entre os ribeirinhos seria necessário para regular a navegação. Graças a ele um direito fluvial internacional novo permitia que se dispusesse a respeito de grandes rios da Europa.

Por seu espírito universal, o direito de comunidade das nações geralmente não perde sua característica internacional. Entretanto, diversidades de condições geográficas e econômicas explicam que o princípio da liberdade da navegação dos rios não tenha tido a mesma regulação. Foi o que ocorreu com a evolução seguida pela América.[19] Quando o internacionalista explica porque a evolução não foi a mesma, mostra que a Europa, em virtude da densidade da população, da área limitada de seu território, do número de Estados percorridos ou separados, da concentração industrial, apresentava um interesse geral e sua livre navegação se impõe como um direito do qual se beneficiam todos os Estados ribeirinhos ou não; ao passo que a situação dos rios americanos, sobretudo os sul-americanos, é muito diferente, porque atravessam freqüentemente vastas regiões porque povoadas e que têm pouco interesse para a navegação.[20] A referência ao problema por internacionalistas estrangeiros é expressiva quando estudamos o pensamento e a ação de Tavares Bastos, e bastante proveitosa ao julgamento da posteridade. Ele se propunha a inverter as cláusulas do problema e das correspondentes soluções. Mediante a livre navegação do Amazonas, ele almejava a encher os vazios, a povoar os desertos verdes, a explorar as riquezas. Seus adversários preocupavam-se com a segurança do país, com a sua integridade. Mas não propunham equações para a integração efetiva da vastíssima região amazônica.

Tavares Bastos, no livro específico sobre a Amazônia, sustentava que, com o progresso na conduta do Governo em correspondência com o progresso científico, se chegaria ao progresso material. Torna-se indispensável a transcrição de um trecho do livro para entendimento do que pensava o publicista : "Poucos fatos há no mundo de espantosa rapidez no progresso comercial, como a do vale do Amazonas, dentro de poucos anos, depois de sentir-se a influência da navegação a vapor. Em 15 anos triplicou o seu comércio geral: de 5.000 contos (1850) passou a 15.000 (1865). Este progresso, aliás inadmissível para os agoureiros e os tímidos de 1850, serve para anunciar o que aguarda o futuro. Tão lisonjeiro resultado é o do atual comércio das duas províncias brasileiras e de uma pequena parte do Peru somente. Adicionem-se agora os outros legítimos tributários do Pará: Goiás e Mato Grosso no Brasil; metade da Bolívia; o departamento de Cuzco e os de Cajamarca, Amazonas e outros nos Andes peruanos; o sul da Venezuela e o leste do Equador. Eis uma população cinco vezes maior do que aquela a que atualmente aproveita a navegação a vapor."[21]

Circunstâncias e fatores nacionais e internacionais desviaram o rumo da campanha do escritor. A opulência da desordenada região com os preços elevados da borracha foi transitória. As plantações do Oriente marcaram a falência da riqueza monocultora. Por muito tempo dominou a convicção segundo a qual a Amazônia não seria parte da civilização, em virtude de sua posição nos trópicos ardentes e úmidos. Nem a República se deu a cogitações de um programa de integração.

[19] CHARLES ROUSSEAU, *op. cit.*, n.º 517.

[20] ROUSSEAU, *op. cit.*, n.º 517.

[21] *O vale do Amazonas*, p.13.

No destino das idéias de um pensador ocorre o fenômeno de uma idéia acariciada transformar-se em contradição para ser realizada. Tavares Bastos combateu a centralização com tal veemência que os apartes na imprensa e as retaliações na Câmara dos Deputados contra ele registravam a paixão do lidador. Com o advento da Federação, em 1889, o país cresceu mas na desigualdade. Não foi um crescimento oriundo do federalismo implantado com a República. As forças políticas, em correspondência com as forças econômicas, estabeleceram o predomínio de dois outros Estados, em detrimento dos demais, empobrecidos, e apenas lembrados para os conchavos eleitorais. E, assim, a ação federal ficou subordinada a critérios estaduais discriminatórios, Não se promoveu, então, um federalismo orgânico, no qual o poder central se tornasse, sem quebra da autonomia dos Estados, um planificador, conforme se iniciou com a Constituição de 1934.

Na história do Brasil, o decreto n.º 3.749, de 1866, que declarou aberta aos navios mercantes de todas as nações a navegação do Amazonas, até a fronteira do Brasil com o Peru, e de outros rios que cortam o território nacional, coroou a missão de Tavares Bastos. Missão difícil e áspera pela natureza das questões que suscitou. A liberdade da navegação era, nas suas raízes, uma questão jurídica. As questões econômica e política entrosavam-se.[22] E ainda hoje se entrosam no plano da integração territorial da região amazônica.

O problema diplomático e jurídico do rio Amazonas e de seus afluentes teve difícil solução, por suas implicações políticas, sensibilizadas pela opinião pública da época em que foi discutido por Tavares Bastos. As divergências persistem, sob outros aspectos; mas o direito fluvial internacional tem estabelecido regras que as nações, em maioria, aceitam.

Para o Brasil a questão não é apenas de acatamento ou não aos princípios do direito das gentes. Apresenta-se no seu aspecto primordial, o da integração nacional a coexistir com os interesses da comunidade internacional. *O vale do Amazonas* contém sugestões e projetos a respeito da livre navegação (entrepostos, rendas, favores especiais aos navios ribeirinhos e tantos outros) e de seus efeitos.

Na distância do tempo, a obra perdeu seu interesse quanto às estatísticas, aos dados, às apreciações críticas. Tem importância ainda para o historiador da economia brasileira e mesmo da própria política. Obra atual no sentido de um exemplo de apreciação e solução de problemas nacionais, sem o vozerio dos demagogos e com uma objetividade modelar.

No rio da história, por um desvio explicável em sua corrente, o apostolado de Tavares Bastos apresenta-se, agora, como expressão do desenvolvimento nacional. As condições materiais de seu tempo não permitiam outra indicação. Ele lutava pela integração nacional, por meios inspirados no liberalismo econômico. Sua idéia central não feneceu – a de integrar a Amazônia no desenvolvimento nacional. Os métodos são outros. A leitura de *O vale do Amazonas* é a confirmação.

Rio de Janeiro, abril de 1975.

---

[22] V. FERNANDO SABÓIA DE MEDEIROS. *A liberdade de navegação do Amazonas (Relação entre o Império e os Estados Unidos da América)*, 1938, p.29 e seguintes.

PREFÁCIO

> Legitimai-vos pelas idéias! Transformai-vos, porque só por incessantes transformações os partidos podem vivificar-se e acompanhar a vida da sociedade, que não é imóvel, que há de caminhar sempre.
> Organizai os partidos, não ao modo do passado, não com o exclusivismo do passado. Não se refaz, não se revive o passado.
> *(Disc. do Sr. Conselheiro de Estado Nabuco: sessão do Senado de 4 de agosto de 1864.)*

A idéia deste livro corresponde ao pensamento nacional traduzido pelas nobres palavras do eminente orador.

É a idéia que constitui a força do homem público; trabalhar por uma idéia é o seu principal dever.

Operário, os seus instrumentos são a tribuna e a imprensa; o seu produto, a gradual transformação da sociedade.

A sua missão resume-se em uma palavra: ser útil.

A situação do país favorece este gênero de política. Estamos caminhando para a época da análise, que é a idade viril das nações.

Descobrir no fundo das lutas dos partidos o interesse real do país, tal é a tendência do espírito público. Chegou a era das idéias sem acepção dos indivíduos... O que está de cima, o que vai para diante, o que aumenta no país, é o crédito e a força das idéias reformadoras... O que foge espavorido, o que morre e desaparece, é o espírito pusilânime de conservação.

Outrora a vida política reduzia-se às batalhas dos palavrões, ou aos espetáculos das dissensões pessoais. Uma crise entre amigos da véspera, uma briga entre este e aquele chefes políticos, enchia um ano inteiro e tinha uma repercussão enorme. Hoje, nesta guerra mortífera do progresso, submergem-se as mais fortes naus; outras buscam abrigo no esquecimento; algumas debatem-se isoladas na impotência do sarcasmo ou nas visões do pessimismo sistemático.

A esses que negam o progresso moral do país e o seu incontestável adiantamento, responde-se como o sábio da história: *e pur si muove!* Negais o movimento nacional, negais o progresso? Pois bem! Quando a situação parecia afundar-se com os desastres de alguns dos dominadores liberais, eis que os espíritos se agitam de novo, os horizontes se alargam, e ali, das alturas do governo, hasteia-se e firma-se com denodo a bandeira do progresso.

Glória à liberdade! O seu culto não desaparece nunca, como desaparecem e sucedem-se as religiões idólatras. Não são os dogmas que passam, são os druidas que se extinguem, são os áugures que se somem. O que fica, é o evangelho do progresso, é a liberdade. Deixai que passem os infelizes, os inábeis ou os desastrados. Basta que o espírito de reforma não morra, basta que viva a crença liberal,

O país não pertence aos ídolos; prefere os princípios. Desembaraçado dos ídolos, o país se volve para aqueles que sabem o que querem, os verdadeiros liberais, os reformadores, *os inimigos da rotina, os derribadores das estátuas de barro, os adversários da palavra oca, os homens de idéias.*

A salvação da sociedade está justamente nessa incontestável tendência para as coisas úteis, para as reformas necessárias, irresistível corrente a que se não pode pôr de frente ninguém, ninguém, ou cinja a coroa dos louros civis, ou cingisse embora o diadema real.

Esta sede de novidade, esta transformação moral, esta força democrática, é que alenta e comove a nação. Nomes, palavras, discursos vãos, tudo isso é já irrisório. Só merecem conceito a reforma útil e o sujeito de préstimo,

Somos um povo de índole pacífica, Mas certamente a paz seria perturbada se o exigissem motivos severos, como o exigiram em 1831 o desprestígio dos altos cargos, a imoralidade da corte, a corrupção dos funcionários, o desprezo da constituição jurada, o alarde de válidos desprezíveis, o despotismo exercido pelos tribunais militares e comissões de devassa, a ignorância dos administradores e a pobreza de idéias maior ainda que a pobreza material. Hoje, porém, todas as instituições fundamentais vivem e florescem ao abrigo de tempestades, radicadas e respeitadas. Já não falta tudo. O essencial, nós o possuímos. O pão de cada dia, o pão indispensável ao corpo social, isto é, a liberdade mantida pela ordem e mantendo a ordem, nós o temos, são e bastante. Resta ainda muito, certamente, resta progredir. Ora, quando um país goza de liberdade, todo o progresso é possível; e onde nada embaraça o progresso, a revolução é impossível.

No Brasil, se a marcha é lenta, o resultado é seguro.

A questão de que trata este livro o atesta.

Em 1862, quando no *Correio Mercantil* abríamos debate sobre a livre navegação do Amazonas, esta questão estava bem longe das preocupações do público e do governo. Hoje ela prende a atenção geral.

Não era então esse um assunto de atualidade, conquanto o tivesse sido alguns anos antes.

Com efeito, pela vez primeira em 1847, o segundo congresso de Lima, que se propunha fundar a liga sul-americana, pretendeu dirigir a ação comum das Repúblicas do Pacífico (Chile, Peru, Bolívia, Equador e Nova Granada*) para o fim de alcançar a livre navegação dos grandes rios; bandeira que anos depois, em 1864, hasteou de novo o último congresso reunido naquela capital.

As repúblicas representadas no congresso de 1847, uma após outra, proclamaram isoladamente o princípio que ele devia firmar entre as bases da liga intentada.

A 7 de abril de 1852, o presidente de Nova Granada publicava um decreto abrindo todos os rios do seu território aos barcos a vapor de qualquer procedência.

A 26 de novembro de 1853, o governo do Equador adotava igual medida, quer em relação à parte do Amazonas de que se reputa ribeirinho, quer quanto aos respectivos tributários.

A 27 de janeiro do mesmo ano, o da Bolívia, proclamando indispensável a este país a livre comunicação pelos afluentes do Prata e Amazonas, os franqueara a todas as nações, designando, entre outros portos de comércio, Exaltación e Trinidad sobre o Mamoré, Magarinos sobre o Pilcomayo, e Baía Negra na costa ocidental do Paraguai.

---

* Atual Colômbia (N. da Edit.).

Na mesma época, a 15 de abril do citado ano, o Peru declarou que podiam as nações amigas navegar e comerciar até Nauta, desde que obtivessem a entrada pelo Amazonas.[1] Neste sentido celebrou o Peru convenções com a União Norte-Americana e a Grã-Bretanha.

A diplomacia brasileira recebeu logo instruções para reagir contra a política que inauguravam os seu vizinhos.

A discussão com o gabinete de Lima e com os representantes daquelas duas grandes potências associadas à medida da livre navegação, é assaz instrutiva.

A atitude do Brasil, cumpre confessá-lo, ficou desde então bem acentuada.

Reclamou perante o Peru contra um ato, que infringia o tratado de 23 de outubro de 1851, em que se combinara incidentemente no uso comum do grande rio, e não na sua livre navegação por todas as bandeiras; protestou contra esse ato[2], e solicitou que lhe franqueassem navegar além de Nauta e nos afluentes peruanos. O protesto surtiu efeito. O decreto de 1853 foi interpretado por outro de 4 de janeiro de 1854, que excluiu os Estados não ribeirinhos da navegação do Amazonas, e permitiu-a ao Brasil sem o limite consignado naquele. Dessa nova política do Peru resultou a convenção de 22 de outubro de 1858, que desenvolveu os princípios reguladores da navegação sobre essa base restrita às bandeiras dos ribeirinhos.

Desde então falhou a tentativa das repúblicas do Pacífico. Debalde, ainda em julho de 1853, o Peru convidara o Brasil para em congresso com Venezuela, Nova Granada e Equador regular-se comumente a livre navegação do Amazonas e dos seus tributários.[3] Esse hábil passo do governo peruano foi objeto de consulta ao Conselho de Estado que, fiel às idéias da época, aconselhou a recusa da proposta, aconselhou o isolamento.

Assentada essa política, triunfante a nossa diplomacia, nenhum incidente mais chamou a atenção para o Amazonas, senão quando, em dezembro de 1862, um presidente do Pará proibiu a viagem rio acima aos dois vapores peruanos que se destinavam à navegação na forma do convênio de 1858. Daí um conflito surgiu, que perturbou as relações entre os dois Estados vizinhos, posto fosse resolvido por um acordo de abril de 1863[4], facilitando-se desde então, com toda a lealdade, a navegação aos peruanos.

Costuma-se exagerar as injustiças das grandes potências contra nós. No negócio de que tratamos, porém, o proceder da Grã-Bretanha e dos Estados Unidos merece louvor. As repúblicas do vale do Amazonas haviam franqueado os seus portos fluviais às bandeiras dessas potências, e o Peru celebrara convenções com elas para esse fim. Os atos daquelas repúblicas eram geralmente aplaudidos; nos Estados Unidos, até, organizaram-se empresas para navegarem a vapor o grande rio. Só o Brasil se opunha, e opunha-se tenazmente; pois bem; sem o emprego de outro recurso mais que a discussão, viu-se as duas grandes nações marítimas cederem diante da nossa política (1854). Respeitaram o que apregoávamos ser direito nosso.[5] Deixaram pesar

[1] Relatório do Ministério dos Estrangeiros de 1854; anexo G, documentos 1 a 5.

[2] Relatório citado, p.XVI, anexo C, documentos 9 e 11.

[3] Relat. cit., p.XVIII, anexo C, doc. 12.

[4] Relat. do Min. dos Estr. de 1863, p.23, anexos 144 e 145.

[5] Relat. do Min. dos Estr. de 1855, pág. XXXV, anexo F.

inteira sobre nós a responsabilidade de recusar-lhes a livre navegação, medida que aliás interessava antes de tudo ao próprio Brasil. A pretensão delas era popular em toda a América; a nossa recusa, antipática: nós preferimos isolar-nos entre as quatro paredes do nosso direito, mas elas não o violentaram.

Entretanto, no Rio da Prata, se o Brasil não foi quem iniciou a política da livre navegação que ali prevalece desde a queda de Rosas, ao menos associou-se a ela e sancionou o princípio estendendo-o ao seu próprio território.

O tratado de paz de 27 de agosto de 1828 e os convênios de aliança de 1851 entre o Brasil, Uruguai, Entre Rios e Corrientes contra o ditador de Buenos Aires, só contemplaram o princípio do uso comum para os ribeirinhos. Em 1852, porém, os governos provisórios da confederação argentina, da província de Buenos Aires e da Banda Oriental abriram certos portos do Paraná e do Uruguai aos navios de todas as potências[6], celebrando logo tratados com algumas destas (Estados Unidos, França, Grã-Bretanha e Sardenha). Em março do ano seguinte, na mesma época em que igual medida adotavam as repúblicas do vale do Amazonas, o presidente do Paraguai assinava com os ministros daquelas potências um acordo permitindo-lhes a livre navegação do Paraguai até Assunção e do Paraná até Itapua. Já em janeiro, como acima se disse, havia a Bolívia permitido o acesso até a Baía Negra na margem do Paraguai junto à nossa própria fronteira de Mato Grosso. Então o governo brasileiro expediu o decreto de 9 de abril de 1853, que habilitou dois portos para o comércio universal no Alto Uruguai e no Alto Paraguai, e sobre essa base nova do livre trânsito celebrou acordos com a confederação argentina em março de 1856, e com a do Uruguai em setembro de 1857, e com a do Paraguai em fevereiro de 1858.

Mas o que melhor assinalava a incoerência da política seguida no Amazonas com a adotada no Prata, é a história dos incidentes da nossa questão com a república do Paraguai. O governo desta pretendia não regular conosco a navegação dos rios comuns sem acordo simultâneo sobre os limites contestados: nós alcançamos pela convenção de 1858 o livre trânsito até Mato Grosso para todas as bandeiras, adiando-se a outra questão. Enviamos para este fim uma expedição armada ao Paraguai (1855) e preparamos outra (1857), que então poderia ter dado a esses negócios uma solução completa e digna do nosso incontestável direito, se não houvessem preferido a solução média, o expediente das procrastinações. Assim a guerra com o Paraguai, que já em 1853 se afigurava iminente[7], veio surpreender-nos... Ela, porém, fechara esse capítulo das nossas pendências, particularmente assegurando a livre navegação dos rios Paraná e Uruguai, de modo que o governo paraguaio não possa mais dificultar e onerar o trânsito, como deixa esperá-lo o compromisso do art. 11 do tratado de aliança entre o Brasil, a República Argentina e a do Uruguai.

É certo que a política por nós seguida no Prata tem, ainda até hoje, uma exceção quanto à Lagoa Mirim e rios confluentes. Pelo tratado de limites com o Estado Oriental do Uruguai[8], a linha divisória, partindo da embocadura do Chuí, não se prolonga pelo álveo da mesma

---

[6] Relat. cit. de 1854, anexo G, docs. 6, 7 e 8.

[7] Relat. do Min. dos Estr. de 1853, p.10.

[8] Tratado de 12 de outubro de 1851, arts. 3.º e 4.º.

lagoa, mas pela sua costa ocidental, ficando exclusivamente reservada à bandeira brasileira a navegação não só da lagoa, como do seu afluente, o rio Jaguarão, por onde continua a fronteira. Nas conferências para celebração do tratado de navegação de 15 de maio de 1852, o nosso plenipotenciário recusou admitir o uso comum dessas águas, reclamado pelo oriental.[9] Esta exceção ao princípio do uso comum entre ribeirinhos, aliás na mesma época adotado quanto ao rio Uruguai, é odiosa e tem-nos valido severas argüições. O tratado de comércio de 4 de setembro de 1857 (hoje suspenso) reconheceu em princípio a conveniência de tornar-se comum à bandeira do Estado Oriental a navegação dessas águas, de que é ribeirinho, mas tornou a aplicação do princípio dependente "de exames e estudo e de negociação ulterior" (art. 13) : cláusula que por si só demonstra a intenção da promessa.[10]

Tais exclusões não correspondem mais, com efeito, ao estado da opinião pública no Brasil, mais ilustrada e esclarecida hoje acerca dos verdadeiros interesses do país.

Ela vê com pesar que o Amazonas é sempre assunto aproveitado para a exploração dos censores, que na grande imprensa européia não cessam de doestar-nos.

O princípio proclamado no congresso de Viena sobre a navegação dos grandes rios[11], e aplicado ao Danúbio depois da guerra da Criméia pela França, Áustria, Grã-Bretanha, Prússia, Rússia, Sardenha e Turquia[12]; as providências liberais que, sob a influência da Prússia, acabam de isentar de direitos e de quaisquer embaraços a navegação do Reno; o sucessivo resgate das taxas que antes os navios pagavam na passagem de certos estreitos da Europa; as grandes concessões às marinhas estrangeiras e às indústrias rivais feitas pelos últimos tratados de comércio de Inglaterra e França com muitas das potências européias; esses, como outros acontecimentos deste século, assinalam uma nova política nos anais do mundo.

Enquanto a Europa, governada pela aristocracia dos grandes talentos, se transforma lentamente e opera nas relações econômicas a fraternidade que telégrafos e caminhos de ferro internacionais já entretêm e fortalecem, esses princípios generosos, pela força de expansão que possuem, tendem a generalizar-se do Oriente ao Ocidente, do setentrião ao meiodia.

A América não escapa à sua influência.

A questão da livre navegação do Amazonas deve o seu triunfo a esse espírito fecundo que prevalece no Velho Continente.

A este respeito nós temos sempre ganho terreno.

[9] Relat. do Min. dos Estr. de 1853, anexo A, nº 3.º e 4.º.

[10] O espírito dessas combinações ressalta do seguinte trecho do relatório do Ministério dos Estrangeiros de 1859, p.25: "Por um acordo... conveio o governo imperial que a vila de Artigas *passa ter duas canoas ou botes no rio Jaguarão para o transporte de pessoas,* medida... até necessária para facilitar a prestação dos socorros espirituais aos habitantes da margem direita daquele rio, que pertence à República". O decreto fiscal de 29 de setembro de 1859, que ainda vigora, foi redigido sobre essa base exclusiva.

[11] Ato final, anexo 16.

[12] Tratado de paz de 30 de março de 1856, art. 15 e segs.; Convenção de 7 de novembro de 1857.

A primeira moção sujeita ao parlamento para vencer a resistência oposta a esta medida foi um projeto do autor, aliás rejeitado, na sessão de 14 de agosto de 1862, pela Câmara temporária. Outro que se iniciou em 1864, foi na sessão de 17 de julho adotado por grande maioria, mas, remetido ao Senado, aí deliberou-se adiá-lo.

Ultimamente, a discussão não versava mais sobre a questão em si mesma, mas sobre a sua forma e os seus complementos.

O decreto de 7 de dezembro, digno das ovações que já lhe tributou a imprensa desta capital, acaba de encerrar o debate.

Com a mão estremecendo de júbilo, o autor passa a transcrever esse ato eloqüente do governo de seu país:

DECRETO DE 7 DE DEZEMBRO DE 1866

No intuito de promover o engrandecimento do Império, facilitando cada vez mais as suas relações internacionais, e animando a navegação e o comércio do rio Amazonas e seus afluentes, dos rios Tocantins e São Francisco, ouvido o meu Conselho de Estado, hei por bem decretar o seguinte:

Art. 1.º Ficará aberta, desde o dia 7 de setembro de 1867, aos navio mercantes de todas as nações a navegação do rio Amazonas até a fronteira do Brasil, do rio Tocantins até Cametá, do Tapajós até Santarém, do Madeira até Borba, e do rio Negro até Manaus.

Art. 2.º Na mesma data fixada no art. 1.º ficará igualmente aberta a navegação do rio São Francisco até a cidade do Penedo.

Art. 3.º A navegação dos afluentes do Amazonas, na parte em que só uma das margens pertence ao Brasil, fica dependendo de prévio ajuste com os outros Estados ribeirinhos sobre os respectivos limites e regulamentos policiais e fiscais.

Art. 4.º As presentes disposições em nada alteram a observância do que prescrevem os tratados vigentes de navegação e comércio com as Repúblicas do Peru e da Venezuela, conforme os regulamentos já expedidos para esse fim.

Art. 5.º Os meus Ministros e Secretários de Estado pelas repartições competentes promoverão os ajustes de que trata o art. 3.º, e expedirão ordens e regulamentos necessários para a efetiva execução deste decreto.

Antônio Coelho de Sá e Albuquerque, do meu Conselho, Senador do Império, Ministro e Secretário de Estado dos Negócios Estrangeiros, assim o tenha entendido e faça executar.

Palácio do Rio de Janeiro, em 7 de dezembro de 1866, 46.º da Independência e do Império – Com a rubrica de S. M. o Imperador.

Antônio Coelho De Sá e Albuquerque

Não é no momento em que cumpre dar parabéns aos povos do Amazonas e São Francisco e felicitar a opinião liberal por uma medida que ecoará no mundo, não é neste momento que cabem reparos. Demais, esses reparos ficaram prevenidos na discussão preliminar contida no Capítulo I deste volume.

O autor não deixará, todavia, de recomendar novamente os complementos indispensáveis dessa medida capital, indicados no Capítulo II. De uma administração, que mostrou compenetrar-se dos interesses do país, não se deve esperar que os esqueça nas providências secundárias, que aliás podem prejudicar ao pensamento do decreto de 7 de dezembro, e das quais depende que ele não venha a ser estéril.

Feita esta reserva, ele aplaude sinceramente a deliberação do governo. Honra lhe seja!

Eis aí, pois, um grande passo dado com firmeza, e em boa hora, na verdade. A política anterior do nosso governo em relação aos Estados deste continente, legando-nos uma guerra com o Paraguai, quase nos isolou na América. Na Europa esse isolamento é acaso menos sensível? Não se poderá perguntar por que é que, entre o Brasil e o Paraguai, as Repúblicas do Pacífico, apreciando-nos mal, governadas por uma antipatia irrefletida, preferem o Paraguai? No fundo dessa antipatia instintiva não se achará um pouco dos resultados da nossa política no Amazonas? Pode-se dizer que o governo brasileiro de súbito foi surpreendido em uma rede de dificuldades sérias. Em circunstâncias tais, um ato destinado a realçar o conceito do país no exterior, um ato de política generosa e previdente, um ato de liberalismo que podem inve-jar certos governos retardatários da Europa, é um grande serviço à nação, é granjear-lhe força pela estima dos povos civilizados, é atrair-lhe simpatias que ela carece cultivar.

Paz e liberdade têm sido, e devem ser, a honrosa legenda da nossa política! Possa o mundo deduzir de atos semelhantes a convicção da sinceridade com que o governo do Brasil, por um órgão competente, o seu ilustre plenipotenciário, falava há pouco ao chefe de um dos Estados do Prata:

"Imenso para os seus destinos no futuro e para a sua atividade no presente, o Brasil não alonga olhos de cobiça pelo território das Repúblicas limítrofes, nem aspira a uma supremacia política que lhes quebrante a soberania e a liberdade. Amigo desinteressado e constante de todas as nacionalidades sul-americanas, deseja sinceramente que elas prosperem e tenham tal sentimento de dignidade, que as resguarde de sujeição a qualquer despotismo".[13]

9 de dezembro de 1866.

---

[13] Discurso do Sr. Conselheiro F. Otaviano perante o Sr. general Flores, na apresentação das suas creden-ciais (abril de 1865).

À IMPRENSA BRASILEIRA

Há quatro anos que estudo com empenho certas questões relativas ao vale do Amazonas. Datam do começo de 1862 meus primeiros artigos sobre os interesses econômicos dessa parte do Império.[14] Cuido que o público há de acolher com benevolência, ao menos em atenção à perseverança do escritor, as reflexões que vem agora oferecer-lhe.

Para julgar conscienciosamente um país é mister percorrê-lo e viver com o povo que o habita.

Devia eu, portanto, visitar o Amazonas para esclarecer-me, para retificar minhas idéias e pedir às impressões oculares a precisão que não transmite a leitura.

Resolvi partir, viajando como simples cidadão, sem caráter algum oficial, como turista, como entusiasta sincero da natureza americana, em cujos desertos e à sombra de cujas florestas o espírito agitado repousa das fadigas e liberta-se das tristezas, onde o espetáculo da criação apura os sentimentos varonis do homem, onde a alma enrugada pelos ventos frios da sociedade se expande e reverdece, onde a robustez do pensamento, que se eleva contemplando, o modera, acalma e fortifica.

O êxito feliz da viagem eu o esperava da gentileza dos habitantes do Amazonas, de amigos estimáveis, a quem não recorri debalde no intuito de alcançar informações necessárias.

Ajuntou-se a esse auxílio geral o que espontaneamente e sem solicitação minha dignou-se prestar-me o respeitável cavalheiro que dirige os negócios do Ministério da Fazenda, recomendando às estações fiscais daquela parte do Império houvessem de dar-me os esclarecimentos que pedisse. Servindo-se anunciar-me isto em carta de 19 de agosto último, o Sr. Conselheiro Dias de Carvalho dizia-me que, constando ao governo que eu projetava uma viagem às regiões do Amazonas, tinha resolvido aproveitar-se de minha presença nessas paragens para incumbir-me de visitar as novas mesas de rendas criadas por decreto de 31 de dezembro de 1863. Esperava S. Ex.ª que eu estudasse os resultados obtidos do dito decreto, os seus inconvenientes e meios de remediá-los; o modo como funcionam aquelas estações, e se foram bem colocadas ou se convém transferi-las. O nobre Ministro desejaria que eu lhe transmitisse o meu parecer sobre os assuntos relativos à navegação do Amazonas, à facilidade do comércio, à arrecadação de direitos e aos interesses das potências confinantes e daquelas a que pode aproveitar a navegação do Amazonas.

Como do Sr. Ministro da Fazenda, mereci também do nobre Ministro das Obras Públicas, Conselheiro Paula Sousa, a honra de recomendar-me verbalmente o exame das questões concernentes à navegação a vapor.

Tais assuntos eram justamente aqueles a que eu me propunha aplicar, e cujo estudo me facilitavam as ordens do Sr. Ministro da Fazenda dirigidas às duas províncias fronteiras,

Lançados aceleradamente nos cadernos de viagem, os artigos que começo a escrever são as minhas ligeiras notas apenas coordenadas.

Não têm e não aspiram a outro mérito algum. Lê-los-á o público que, estou certo, prefere a sinceridade do conceito aos ornatos da forma.

---

[14] Vide *Cartas do Solitário*, 2.ª ed., p.264 e segs.

Julguei dever preferir a um relatório oficial publicações em uma folha diária[15], a cuja frente luz o nome de um moço como eu, patriota sincero, espírito que há longos anos se debate no oceano do jornalismo, sempre com o mesmo vigor, sempre com a mesma constância, sempre firme, nunca desanimado, por mais ásperas que sejam as friezas, por mais dolorosos que sejam os enterramentos a que temos assistido nos últimos tempos. O relatório dirigido a um Ministro, por maior que seja a benignidade do acolhimento, morre com o ministro, tão transitório um como o outro. O público, porém, é um governo permanente, e o escrito, se tiver merecimento, deixar-lhe-á gravada no espírito alguma coisa que ao país convenha saber.

Carecerei muita vez recorrer a hipóteses e induções com prejuízo da precisão rigorosa. Todavia posso dizer que a respeito das estatísticas fiscais e das alfândegas não haverá faltas sensíveis. Obtive-as de funcionários dignos de todo o conceito, e principalmente do respeitável chefe da tesouraria do Pará, o Sr. Almeida Pinto, e do zeloso funcionário inspetor da alfândega daquela província, o Sr. Gama e Silva, que se recomenda por tantos títulos ao justo apreço que lhe tributa o público.

Terei ocasião de nomear outros cavalheiros e funcionários, de que igualmente mereci informações úteis, mas cabe aqui confessar a minha gratidão para com S. Ex.ªs os Srs. B. Seoane, Ministro do Peru nesta corte, e general Carrasco, Comissário dos Limites, a quem devo a honra de me facilitarem o meio de visitar o território da república vizinha, e finezas próprias da cortesia de tão distintos e prezados cavalheiros.

Uma parte dos esclarecimentos especiais, como adiante se verá, pertence ao meu particular amigo o Sr. capitão-tenente Costa Azevedo, chefe da Comissão Brasileira de Limites, que, auxiliado pelo Sr. Soares Pinto, tem podido acumular longos e preciosos estudos sobre a física e a estatística do vale do Amazonas.

Cumpre-me nesta ocasião referir-me, com as expressões de profundo reconhecimento, à benevolência com que se serviram distinguir-me os meus ilustres amigos a quem está confiado o governo das duas províncias, S. Ex.ªs os Srs. Epaminondas de Melo e Couto de Magalhães, assim como ao distinto cavalheiro que tem dirigido com tanto sucesso a companhia do Amazonas, o Sr. Pimenta Bueno.

Não acabaria se consignasse os nomes das pessoas de quem mereci o obséquio de me proporcionarem informações e facilidades no Amazonas; entretanto, não posso esquecer que às folhas de Belém *(Diário do Grão-Pará, Jornal do Amazonas, Jornal do Pará, Constitucional),* e às de Manaus *(Estrela* e *Catequista),* cabe-me agradecer, com o acolhimento que me distinguiram, palavras animadoras que me fortificavam e estimulavam, rodeando o obscuro viajante de simpatias preciosas para um desconhecido.

À imprensa brasileira, pois, devo eu dedicar este modesto estudo sobre algumas questões do vale do Amazonas.

Ela merece-o por muitos motivos.

É a ela que pedimos forças, e é dela que esperamos animação e conforto.

---

[15] Esta folha é o *Diário do Rio de Janeiro,* então dirigido pelo Sr. Quintino Bocaiúva. onde estes artigos foram publicados durante os meses de janeiro e maio.

Nos nossos dias de tristezas ou nas nossas calmas inquietadoras, essa mesma imprensa, ainda infante e pouco ousada, faz-se contudo ouvir por vezes com admirável êxito, desconhecido porventura em outros países.

Ela está aberta a todas as grandes idéias e a todos os sentimentos generosos.

Ela é que tem rasgado o caminho que vamos trilhando, na descentralização administrativa, na reforma judiciária, no regime da marinha mercante, na questão religiosa, na questão bancária, em todas as questões de progresso.

Quando parece tímida, ei-la que surge atrevida e firme: se a questão do trabalho servil, preocupando os espíritos, se afigura sombria e inacessível, um dos seus mais autorizados órgãos e de mais extensa clientela, o *Jornal do Comércio,* tem a elevada inteligência de sacrificar alguns dissabores à franqueza devida ao país, agarrando de frente o problema sinistro, e pondo-o de pé, sobre o tapete, à vista de todos.

A imprensa e a discussão livre da nossa tribuna estão transformando o país. Que o digam, desde a época da extinção do tráfico de africanos, os triunfos modestamente alcançados pelo *Correio Mercantil,* e os seus esforços pela moderação das nossas lutas e pela direção prática dos nossos partidos. Que o diga a pacífica agitação do *Diário do Rio* no sentido das grandes idéias do direito público moderno, a que este século reserva a glória do predomínio universal.

Quando um país é, como o Brasil, governado com patriotismo, as grandes caldeiras do maquinismo do progresso, a imprensa e a tribuna, serão sempre eficazes, porquanto o governo representativo é a vitória das boas idéias reclamadas pelos órgãos da opinião.

Não triunfem embora os indivíduos. O essencial é que triunfem as idéias. Não é mais preciso que o governo pertença aos hábeis, do que que haja no parlamento e na imprensa fortes rebocadores para a nau do governo.

Janeiro de 1866.

CAPÍTULO PRIMEIRO

CONSIDERAÇÕES SOBRE A LIVRE NAVEGAÇÃO DO AMAZONAS

A esta hora, porventura, o estampido dos canhões brasileiros em Humaitá anuncia ao mundo que um governo bárbaro cai diante de nós, que a bandeira auriverde, tremulando entre os pendões dos nossos bravos aliados, leva as legendas do progresso pacífico às aldeias claustrais do Paraguai, como já as levou às Províncias Unidas do Rio da Prata. Um depois do outro, Lopez depois de Rosas, é sacrificado à liberdade dos povos. Os nossos antepassados, arautos da tradição liberal que iniciaram na América do Sul, estremeceriam de júbilo pelo uso generoso que fazemos do nosso poder.

Não estarão todos de acordo quanto à história de nossas relações com a república guarani; haverá quem ainda se irrite profundamente perpassando as lembranças dos humilhantes incidentes dessas relações desde 1850; haverá quem não perdoe nem a imprevidência, nem o tempo perdido, nem as fraquezas, nem as incertezas, nem o mistério com que foram dirigidos os nossos negócios em Assunção; haverá quem, educado por esses infortúnios passados, ainda estremeça pelo futuro. Mas aquilo sobre que nenhuma dúvida já pode existir, é que com o fumo das batalhas se está desvanecendo a tradição portuguesa, que impedia os movimentos da nossa diplomacia. A política exterior do Brasil, nos últimos anos, entrou em uma fase nova; inspira-se no pensamento liberal dominante no país.

Por trás das cenas de sangue, é lícito enxergar o fundo do quadro: a atitude do Brasil em relação aos Estados vizinhos.

Eis o Paraguai invadido e bloqueado. Mais de cem mil contos consumidos, muitos milhares de homens fora de combate. Para quê?

Não há de ser, estamos disto certos, para se renovarem tratados e convenções como os de 1856 e 1858: exigiremos de um povo libertado a prática da liberdade, no respeito ao estrangeiro, na garantia da propriedade, no exercício de todos os ramos do comércio, na franquia de todas as comunicações interiores, terrestres ou fluviais, na abolição dos passaportes e licenças, no mútuo comércio entre os dois países, na observância fiel do princípio da livre navegação.

Mas, entretanto, o que faremos do Amazonas?

I
Política de outrora e política atual do Brasil

Um mesmo governo não pode dizer sim e não.

A política do Império há de ter uma só face.

Disto não duvidam aqueles que acompanham com interesse sincero os atos do governo imperial desde 1863. Presumimos que este assunto já houvera sido afastado do terreno das incertezas, se os acontecimentos de 1864 e 65 não tivessem tanto preocupado os espíritos.

Um motivo muito caro ao pundonor nacional, à nossa reputação de povo civilizado, aconselha a livre navegação do Amazonas. Se, como a Inglaterra e os Estados Unidos, pudéssemos desvanecer-nos de muitos atos gloriosos, não fora admirável que afrontássemos as censuras em que incorremos por causa do Amazonas. Carecemos, porém, aproveitar quantas medidas nos recomendem ainda mais ao respeito e à simpatia do mundo.

Por outro lado, olhando a questão financeira, cumpre não esquecer que, sendo os produtos naturais os artigos de exportação das províncias do Pará e Amazonas, vai sendo difícil extraí-los; e, se os fretes encarecidos pelas distâncias influírem demasiado sobre os lucros do comércio, diminuirão consideravelmente as rendas públicas daquela parte do Império. Atraindo, porém, ao porto do Pará o comércio cisandino do Peru e da Bolívia, e desenvolvendo-o com a concorrência estrangeira, não praticaremos só um ato de política que contente a vaidade e melhore a posição da nossa fama nacional; faremos um jogo de hábil negociante, porque compensaremos com maior atividade no tráfico dessas regiões as lacunas que a atual produção for deixando. E essas lacunas, que aliás ainda não se fazem sensíveis, podem ser tão consideráveis, como rápida tem sido a abundância até agora. Já em todos os documentos públicos é de notar que se começa a temer a escassez da goma elástica, não pelo desaparecimento dos seringais, mas pelo estrago dos mais vizinhos. Apressemo-nos, pois, com o remédio da compensação, enquanto providências reparadoras, o cultivo regular da planta indígena, o melhoramento do processo do fabrico, a facilidade de transportes a vapor para as paragens mais longínquas e o aumento da população, não começam a restaurar as forças que vão desfalecendo. No quadro das combinações, que afastem do nosso *budget* a magra figura do *deficit* que nele se instalou ocupa o Amazonas um lugar importante. As contas do Tesouro devem anunciar um *deficit* de 12.000 contos na despesa ordinária, concedendo que o aumento da receita nos dois últimos anos não desapareça nos seguintes; porquanto o empréstimo recente e a conversão da considerável dívida flutuante, operação improrrogável, vem lançar cerca de 6.000 contos na verba do serviço da dívida, e muito mais hão de acarretar as pensões da guerra e a liquidação das suas despesas extraordinárias. Até que os orçamentos do exército e marinha voltem aos seus leitos naturais, o transbordamento exercerá por alguns anos a sua influência perniciosa. *Mas não há olhar atrás. Cumpre afrontar a dificuldade. Dada a situação, aceitemo-la com coragem.* Ora, o restabelecimento da saúde do Tesouro é um exercício de medicina, que exige o apuro das mais finas faculdades do estadista. O emprego dos meios diretos, redução de despesa ou lançamento de impostos, não bastam; cumpre chamar em auxílio os meios indiretos, o fomento da prosperidade pública. A livre navegação do Amazonas será das medidas deste gênero uma das mais eficazes.

Poucos fatos há no mundo de espantosa rapidez no progresso comercial, como a do vale do Amazonas, dentro de poucos anos, depois de sentir-se a influência da navegação a vapor. Em 15 anos triplicou o seu comércio geral : de 5.000 contos (1850) passou a 15.000 (1965). Este progresso, aliás inadmissível para os agoureiros e os tímidos de 1850, serve para anunciar o que aguarda o futuro. Tão lisonjeiro resultado é o do atual comércio das duas províncias brasileiras e de uma parte do Peru somente. Adicionem-se agora os outros legítimos tributários do Pará: Goiás e Mato Grosso no Brasil; metade da Bolívia; o departamento de Cuzco e os de Cajamarca, Amazonas e outros nos Andes peruanos; o sul de Venezuela e o leste do Equador. Eis uma população cinco vezes maior do que aquela que atualmente aproveita a navegação a vapor. Se o comércio livre conseguir aí o que alcança em toda parte, isto é, animar a produção e alargar o consumo, é lícito esperar em breve, em vez de um giro de 15.000 contos para 400.000 almas, 70.000 para 2 milhões; em vez de 10 navios de alto bordo no porto do Pará, muitas dezenas deles; em vez de uma dúzia de vapores, uma esquadra de paquetes e rebocadores; em vez de uns dois mil contos na renda da alfândega, muitos milhares para o Tesouro,

A conveniência da medida pela qual pugno não tem escapado ao governo brasileiro. Já em 1853 o Sr. Visconde de Abaeté dizia a um dos ministros europeus que o Brasil não tinha a intenção de clausurar perpetuamente o Amazonas. Em 1858 o Sr. Marquês de Olinda comunicava às Câmaras que a abertura do Amazonas ao comércio estrangeiro continuava a ocupar a atenção do governo. Mas foi a 23 de julho de 1862, na Câmara dos Deputados, que o Sr. Sinimbu, membro do gabinete de 30 de maio, declarou francamente que o governo apressaria a solução dessa questão e que procederia para isso a trabalhos preliminares, manifestando formalmente "o desejo de ver o maior rio do mundo franqueado ao comércio de todas as nações e as suas águas sulcadas por navios em que flutuem todos os pavilhões do globo".

Não foram estéreis estas palavras: seguiu-se-lhes o decreto de 31 de dezembro de 1863 regulando a navegação dos Estados ribeirinhos, particularmente do Peru, e criando um entreposto no Pará em proveito do comércio daquela República. Como se sabe, a Convenção de 23 de outubro de 1858 com o mesmo Estado, reconhecendo o direito de livre entrada e saída para oceano, era um passo adiante da de 1851; o decreto citado desempenhou satisfatoriamente os compromissos contidos no pensamento daquele ato internacional, prevenindo conflitos semelhantes aos dos vapores *Morona* e *Pastaza*.[16]

Este decreto e o outro das reformas do regulamento das alfândegas, firmados pelo falecido Sr. Marquês de Abrantes, a quem deve este serviço a causa do comércio livre, fazem honra à tendência liberal da alta administração, graças ao espírito elevado e aos severos estudos de alguns dos seus mais preciosos auxiliares, como é o Sr. Conselheiro Areias, colaborador do ministro nesses atos importantes do governo.

O mesmo princípio da livre navegação dos grandes rios nunca foi repudiado pelo governo brasileiro, segundo pretendeu mostrá-lo o Sr. Paranhos em um magistral discurso proferido na memorável sessão de 1862, a propósito de um debate sobre os negócios do Paraguai.

A história, porém, até uma certa época, não encontrará documentos positivos a tal respeito. É verdade que nos últimos anos o propósito do governo tem sido francamente assinalado. Sem mencionar outros de diferentes ministérios nos três anos findos, citarei, pelo seu caráter diplomático, o trecho seguinte do relatório lido ao Parlamento em maio de 1864 pelo Sr. Dias Vieira, ex-Ministro dos Negócios Estrangeiros:

"O governo imperial procurou, por um regulamento provisório (o decreto citado de 1863), conceder à navegação e comércio peruano, em toda a extensão do litoral brasileiro, as

---

[16] V. Relat. do Ministério dos Negócios Estrangeiros, 1863, *Cartas do Solitário,* ap. VI, p.416.

franquezas e isenções por ora possíveis, satisfazendo nesta parte ao disposto no art. 2.º da Convenção Fluvial de 23 de outubro de 1858.

As providências contidas nesse regulamento e o desenvolvimento que elas porventura exijam, estão, porém, ainda dependentes de comum acordo, nos termos do art. 5.º da mesma Convenção.

Estas vantagens *podem ser extensivas à República da Venezuela,* logo que se disponha o respectivo governo a entrar em iguais ajustes com o governo imperial.

O governo imperial, como sabeis pelo aditamento ao último relatório[17], que apresentou à Assembléia Geral meu ilustre antecessor, *tem resolvido tornar a navegação do rio Amazonas, no litoral brasileiro, franca a todas as bandeiras.*

A realização, porém, desta importante medida ficou dependente do vosso concurso e dos meios que fossem postos à disposição do governo para prover convenientemente à segurança e fiscalização, que exigem os direitos do Império."

Se a nossa política, porém, se inspira hoje nos sentimentos liberais, que as palavras transcritas revelam; se nenhuma dúvida se concebe de que ela retrograde; se a desempenham estadistas devotados ao progresso nacional, não será inútil, contudo, recordar os princípios afixados outrora.

O belo ideal nestes assuntos já foi o do célebre Tratado de Santo Ildefonso (1777), onde a Espanha e Portugal estipularam o seguinte:

"A navegação dos rios por onde passa a fronteira ou o limite das duas nações será comum às duas nações em todo o espaço que o rio percorre por entre duas margens pertencentes às duas nações; mas a navegação e o uso dos ditos rios serão a *propriedade exclusiva* da nação proprietária das duas margens, a partir do ponto em que começar esse domínio".

Durante algum tempo, e ainda na refutação de Maury publicada por Angelis em 1854[18], partia-se deste princípio egoístico e absurdo, digno dos governos contratantes, para explicar-se a política de uma potência americana no século atual.

Declamações e sofismas encheram para isso muita página inútil. Ora enredavam-se, ampliando-os ou restringindo-os, os textos dos autores clássicos. Ora tiravam-se argumentos de fatos da política européia, mais ou menos diferentes ou inaplicáveis. Por exemplo, a Convenção de 1841, assinada pelas grandes potências, reconheceu no Sultão o direito de fechar os estreitos dos Dardanelos e do Bósforo aos navios de guerra: concluía-se daí a aplicação do mesmo princípio ao comércio dos rios comuns, posto que aquela convenção não respeitasse à marinha mercante e, por outro lado, já houvessem as ditas grandes potências firmado em 1814 os atos do Congresso de Viena, onde se consagrou o princípio da livre navegação dos rios que atravessam muitos Estados.[19]

---

[17] Relat. de janeiro de 1864, apresentado pelo Marquês de Abrantes.

[18] *De la navigation de l'Amazones,* Montevidéu, 1854.

[19] Ato final do Congresso de Viena, anexo n.º 16. Convenção de 7 de novembro de 1857 sobre o Danúbio. Não reproduzirei aqui a discussão geral sobre a matéria, para não repetir considerações feitas nas *Cartas* já citadas. Na Câmara dos Deputados, em várias sessões de abril de 1864, debatendo-se um projeto sobre a livre navegação do Amazonas, apreciou-se também esse lado do assunto.

Em nome da integridade e da tranqüilidade do Império, aconselhou-se em certa época a clausura do Amazonas. Angelis (págs. 186 a 188) via com horror a entrada de navios estranhos no vale desse rio e fantasiava mil desavenças provocadas pelos estrangeiros. O que neste sentido escreveu não é excedido por certos discursos de estadistas brasileiros, admiráveis de igual beatitude política. Entretanto, as hipóteses de conflitos, que ele figurava, ainda não aconselharam a supressão das alfândegas interiores de Uruguaiana e Corumbá (sobre os rios Uruguai e Paraguai). Os fatos dispensam resposta. Por que razão não aconteceria o mesmo no Amazonas? Aí os nossos vizinhos são povos pacíficos de índole e hábitos mais tranqüilos que os limítrofes do sul. Verdade seja que, de espaço em espaço, um dos nossos comandantes das fronteiras setentrionais exerce a sua bravura em exagerar algum insignificante conflito, que às vezes ele próprio provocou ou não preveniu; ou um agente fiscal recomenda o seu zelo insistindo na possibilidade de fazer-se o contrabando; ou algum visionário descreve desacatos e fantasia invasões do território. E então não faltará uma voz para dizer que, se o Pará fosse o Rio Grande do Sul, já o teriam escutado e desagravado! Tudo isso por quê? Porque, na frase espirituosa de um ilustre deputado, a guerra, indústria de certa parte da província do Rio Grande, que com isso tem enriquecido, já causa inveja a outras províncias. Fora melhor, portanto, em vez de prestar fáceis ouvidos a iguais clamores, fiscalizar o procedimento dos nossos comandantes de fronteira, acerca dos quais não são raras as queixas, e desconfiar de certas informações oficiosas. Uma destas, recentemente, denunciava com grande solenidade a existência de duas colônias bolivianas situadas em território nosso sobre a margem direita do Guaporé; verificado o caso, tais colônias haviam sido lançadas na margem oposta (boliviana), e aliás já tinham deixado de existir. São, ao contrário, os nossos vizinhos que poderiam queixar-se do procedimento das autoridades ou dos particulares para com a tripulação dos seus barcos: como os índios bolivianos, que descem o Madeira, são vigorosos, disciplinados e inteligentes, alguns brasileiros os seduzem e provocam conflitos que, repetindo-se, podem desanimar o nascente comércio daquele rio.

Tais ciúmes, porém, entre vizinhos não são razoáveis. A política internacional dos Estados civilizados assenta hoje em bases largas. Fraternidade e auxílio mútuo, eis a sua fórmula geral; ou, como se exprime Montesquieu, "as diferentes nações devem fazer-se na paz o maior bem, e na guerra o menor mal possível".

O pensamento dos governos americanos sobre a navegação dos rios foi claramente enunciado no projeto de tratado do recente Congresso de Lima (1864), cujo artigo 1.º dizia: "Os Estados contratantes obrigam-se a manter abertos ao comércio do mundo seus portos, *rios* e mercados, mediante as leis e regulamentos de cada Estado, ao amparo do direito das gentes".

Pode ser outro o alvo da política brasileira?

Entretanto, o espírito de conquista, transmitido pelos portugueses, tem animado certos manejos diplomáticos com o fim de consagrar-se o princípio egoístico do uso exclusivo para os ribeirinhos, igual neste século ao princípio bárbaro, segundo o qual, antes de tudo, devia cada Estado assegurar-se a propriedade absoluta de uma e outra margem dos rios navegáveis.

Porventura a mesma tradição ainda se respeita no mundo oficial. Não falta aí representante vivo desse espírito de outrora. A alguns deles devemos os prejuízos derramados na população quanto à necessidade de apoderar-se o Brasil de territórios desocupados ou desconhecidos, ou pertencentes mais aos nossos vizinhos do que a nós. Por outra parte, certos discípulos desta escola há entre os próprios moços, que se querem recomendar às secretarias ostentando o zelo sagrado, útil para o avanço na carreira.

Segundo essa escola, a quem talvez se pudesse imputar em parte a guerra com o Paraguai, e cuja sabedoria se admira pelos seus resultados negativos, deve o Império adquirir todos os territórios disputados, aqueles mesmos sobre que nem a posse nem os tratados lhe dão direito. Esta frase absurda há de se ler em algum documento. Em resumo: embarace o Brasil as suas questões externas, levante pretensões pouco fundadas, para depois ter de desistir delas com desonra!

Essa escola anda preocupada com a necessidade de colônias e postos militares nas linhas ou pontos centrais das fronteiras, estabelecimentos dispendiosos, impossíveis, ineficazes para a defesa, como demonstram as de Mato Grosso da fronteira do Apa e do Mondego, e que a meu ver, por sua data recente, nada provam determinar-se o *uti possidetis*.

Essa escola, finalmente, sonha invasões e perigos por toda a parte. Se o Peru, por exemplo, contrata engenheiros mecânicos para as suas modestas oficinas de Iquitos, se ali monta um dique de ferro, se ali faz os reparos dos vapores com que navega os seus rios, dizem logo: "O Peru esconde desígnios contra o Brasil". Tais receios, coloridos convenientemente, avultam aos olhos de ministros que mal conhecem os negócios públicos, a começar pela própria geografia dos países confinantes e, assim, obscurecem-se e complicam-se as questões, dificultando-se o estudo e a solução. Felizes seríamos se as informações dos escritores dessa escola, na parte positiva dos seus trabalhos, merecessem sempre confiança pela escrupulosa exatidão, indagação minuciosa, e decidido horror à mentira e ao romance!

Não é sob a influência de tais doutrinas que julgo se devam estudar os meios práticos de realizar-se a abertura do Amazonas. Nem pretendo que sejam escusadas algumas cautelas, nem me parece que mereçam conceito os conselhos da timidez de que falava.

II
Condições indicadas como preliminares do comércio franco do Amazonas

Antes de declarar-se livre o comércio do Amazonas, é mister, segundo essa opinião, a que eu aludia, fundar postos militares nas fronteiras e erigir poderosas fortificações que dominem a navegação. Examinemos este lado do assunto.

Para a defesa do Amazonas, quer nas suas bocas, quer no seu curso, não é de fortalezas que mais carecemos, ou antes, podemos dispensá-las. Com efeito, por uma parte, com os vapores de grande marcha (mais de milha em cada cinco minutos, como os peruanos), calado mínimo e couraças, os fortes pouco valem ou valem muito menos que dantes. Demais, a defesa do litoral fluvial, quase deserto, sem povoações e centros habitados a pequenas distâncias, será melhor garantida por alguns navios de guerra rápidos e fortes, ainda que não sejam encouraçados. E o mesmo direi quanto às duas bocas do grande rio.

Entretanto, quais serão esses navios do comércio ou de guerra que por agora venham a subir o Amazonas, aberta a navegação? Por muito tempo, não hão de ser as fragatas, nem os enormes paquetes, serão navios de dimensões ordinárias, canhoneiras e transportes mercantes, aos quais já podemos opor bons e fortes vasos da nossa esquadra, o *Amazonas,* a *Parnaíba,* a *Belmonte,* qualquer dos encouraçados ou dos novos vapores de melhor marcha. Dentro de poucos meses, achar-nos-emos com a nossa esquadra desembaraçada e pronta para reforçar a divisão do norte. Se, pois, querem segurança e ostentação de força, aí a têm. Contudo, eu preferiria ver esse valioso material de guerra, e principalmente os nove ou onze encouraçados com que se conta, desarmados e guardados nas carreiras cobertas de um dique seco, obra indispensável e de muita urgência. Preferiria que, em vez dessas corvetas e fragatas, construídas para o fim especial da guerra e penosas para o clima do equador, enviássemos ao Amazonas dois ou três vapores ligeiros, de uma construção especial, acomodados ao respectivo serviço, destinados às explorações, à polícia fiscal, à garantia da administração,

Todavia, se os fortes parecem necessários, nem eu contesto que o sejam alguma vez, descansem os tímidos nos que já possuímos e podem oferecer resistência.

Com efeito, a boca meridional, que é hoje a única permitida ao comércio, possui, além de outras defesas, o forte da cidade do Pará, que domina o porto e acaba de receber 4 canhões da grossa artilharia de 80, e à qual se destinam outros de maior calibre recentemente ali chegados da América do Norte. Completado com a muralha inferior ainda em projeto, o forte oferecerá a segurança desejável,

A boca setentrional, a verdadeira entrada do Amazonas, que é caminho mais curto para as povoações do interior, e mais favorável à navegação a vela pelo maior auxílio dos ventos de leste, essa já está desde o século passado destinada a ser freqüentada pelos navios de alto mar. Aí fundou o governo da metrópole Macapá e a sua fortaleza. Das obras da metrópole é uma das mais notáveis no Brasil. A fortaleza do Macapá, olhando para as extensões do oceano e as águas imensas do Amazonas, está bem situada. Cercam-na as casas de uma pequena cidade, e os campos ubérrimos que vão ao Araguari, ao Amapá e à Guiana Francesa. A abundância de gado e de víveres facilitará a sustentação do forte. Possui ele 14 baluartes com 56 bocas de fogo. Cada baluarte tem 2 canhões de 36, que dominam o canal próximo: não falo da velha artilharia, sem utilidade alguma, havendo ali até peças de bronze do calibre 3, fundidas no reinado de Pedro II de Portugal, curiosidades de museu. Conservado com ligeira despesa, o forte prestará serviço real. Tem no interior os edifícios necessários. No aumento destes, no restabelecimento dos fossos e pontes e na reparação da muralha à beira do rio, não se consumiria grande cabedal: porquanto, não é necessário reparar todos os baluartes, e a metade deles, que defende o assalto por terra, não carece por agora de obra nenhuma, pois que urgente só é a defesa pelo lado do rio. Macapá não é um sítio doentio; um pântano vizinho, onde abundam os açacuzeiros, cuja seiva se reputa venenosa, infecciona o lugar determinando sezões. Entretanto os presos da fortaleza (cerca de 30) limpariam o pântano em três semanas. Já se tentou igual expediente e com proveito. Reina em Macapá uma viração constante, que refresca a atmosfera; quase debaixo da linha (0° 2'15" lat, N; obs. do Sr. J. da Costa), o calor é tolerável à sombra. Verdade seja que por si só o forte de Macapá, não dominando o canal mais meridional, nem possuindo artilharia de máximo alcance, tornar-se-ia inútil para per-

39

seguir o navio que, conhecedor das passagens ainda hoje quase ignoradas que oferecem as grandes ilhas da foz, fugisse do caminho freqüentado. Para completar, pois, o sistema de defesa, tem-se indicado a fundação de uma bateria em uma das ilhas fronteiras à fortaleza, o que aliás não seria dispendioso. Sem pretender decidir de um assunto especial, seja-me lícito manifestar que parece preferível a quaisquer baterias fixas um navio a vapor bastante rápido, com dois fortes rodízios, o qual estacionasse na boca setentrional, e acudisse aonde o chamasse o aviso de um telégrafo elétrico lançado do Pará a Macapá, através da ilha de Marajó e das outras que lhe ficam vizinhas ao norte (a Mexiana, a Caviana, etc.).

Repito que me não parecem essenciais tantas cautelas, tantas e tais garantias. Confio mais no interesse que o comércio livre ligará ao dever de respeitar a soberania territorial. Mas talvez seja preciso condescender com os receios dos outros; meu propósito é mostrar que para isto há alguma coisa feita de que se pode tirar proveito.

Além dos que dominam as duas entradas, há mais um forte bem situado em Óbidos, 535 milhas ao oeste do Pará. O Amazonas oferece aí, no canal navegável, uma largura menor de 800 braças. O outro, ao sul desse, de que é separado por uma ilha extensa, é pouco profundo, e por ele só transitam igarités. Algumas pessoas dizem, porém, que nas grandes enchentes pode essa passagem ser transposta por maiores embarcações, fora do alcance do forte. Conquanto não exista um reconhecimento exato deste canal em ocasiões de enchente, todavia poder-se-ia defendê-lo por uma bateria colocada convenientemente. O forte, que está bem conservado, carece de uma pequena muralha no sopé da colina sobre a qual assenta, onde sejam montados os canhões para repelirem da margem os navios que, no empenho de evitarem o fogo de cima, pretendessem passar por junto de terra, à sombra do forte, pois que há muito fundo junto à margem. O forte possui 6 excelentes canhões de 80, e 5 de 32 nas baterias da colina; e na inferior outro de 32. Desta se tiraram há pouco dois canhões de 80 que a guarneciam, e que, com mais 2 das baterias superiores, foram reforçar a fortaleza da capital. Restituídos a Óbidos, pode esta praça oferecer 10 peças de 80, mais que suficientes a meu ver, e que dominam perfeitamente todo o canal, além das 6 de 32. Portanto, os navios que escaparem aos canhões de Macapá ou à grossa artilharia há pouco montada no Pará, não poderão transpor o canal de Óbidos. Além disso, Óbidos é um distrito bem povoado, abundante de cereais e gado.

Depois de Óbidos não se encontra artilharia senão em Tabatinga, fronteira com o Peru. Não ocultarei o desgosto que sente o viajante brasileiro neste lugar. Espera aí encontrar um verdadeiro posto militar e uma fortificação, ao menos assim o indicam alguns documentos oficiais, e depara com uma aldeia onde não há uma muralha de pedra, quanto mais um forte. Gastamos inutilmente alguns contos de réis com o chamado forte de Tabatinga e com os do Príncipe da Beira e do Rio Branco; aí colocamos comandantes que são quase sempre o flagelo da população da fronteira. Entretanto, qual a vantagem real de tais fortificações em fronteiras despovoadas ou desertas, onde o inimigo pode reduzir os guardas à fome? Se deve haver fortes, que os haja reais. Em Tabatinga serve de quartel ao destacamento uma grande palhoça colocada sobre um montículo que domina o rio. Na frente flutua a bandeira brasileira. É grato ver aqui, a 1.800 milhas do oceano, a cerca de 30 dias do Rio de Janeiro, no ponto mais ocidental do Brasil, no caminho dos Andes, nestes desertos, tremular o pavilhão auriverde hasteado também no nosso paquete. Viva o Brasil! exclama-se involuntariamente. Do extremo sul no Chuí a Macapá ao norte, e de Coimbra a Tabatinga no longínquo ocidente, o mesmo pavilhão, o mesmo governo, a mesma língua, o mesmo povo! Mas essa bandeira está cercada de quatro canhões assentados no chão primitivo; dois de ferro, calibre 12; 2 de bronze, calibre 4. Estes últimos trazem a data de 1714, e todos têm a coroa portuguesa. Nem sequer poderão dominar o canal aí. Nem sequer as carretas de madeira, expostas ao tempo, montadas no chão, oferecem segurança. Eis como está rodeada a bandeira nacional! Antes estivesse só. Uma palhoça por quartel da tropa, e canhões do tempo das descobertas e conquistas! Quanto a essa fortificação de que falam alguns documentos, nem uma pedra ao menos. Parece-me que ainda não somos bastante ricos para possuirmos fortes em desertos; não vejo que vantagens positivas se possam auferir deles; tenhamos vapores velozes, como os mercantes que já possuímos no Amazonas, e artilharia disponível nos pontos principais, que não haverá receio sério. O que julgo, porém, incontestável é a inutilidade dessas colubrinas portuguesas para atacarem navios bem construídos, e de casas de palha para aquartelamento de tropa ou depósito de munições.

Entretanto, construídos ali fortes consideráveis, à custa de dinheiro a que se poderia dar mais útil emprego, o que alcançaremos em resultado, considerando a questão praticamente? Contra quem prepararemos essas fortalezas ou construiremos outras? Contra os europeus e os norte-americanos? Cuido que, além de inúteis, se deveras pretendessem eles agredir-nos, tais fortificações pouco significam desde que se lhes permitir a livre navegação, único objeto para desavenças. Contra a Bolívia ou Venezuela? É incrível que nenhuma destas Repúblicas, dilaceradas e enfraquecidas, venha ofender-nos ou pretenda ali introduzir navios de certa ordem. Contra o Peru? É pelo menos prematuro qualquer preparativo desse gênero, porquanto: 1.º o Peru não possui fortificação *nenhuma* em todo o litoral fluvial; 2.º dos quatro vapores que ali tem, dois são galeotas pequenas destinadas à exploração dos afluentes, e os outros dois são transportes que não montam artilharia; 3.º porque o Peru não possui atualmente artilharia naquelas paragens; 4.º porque não há ali nenhuma força militar organizada e seria penosíssimo enviá-la do litoral do Pacífico pela cordilheira; 5.º porque não existe lá nenhum *arsenal de marinha,* como têm inexatamente afirmado algumas gazetas; e em Iquitos (200 milhas ao oeste de Tabatinga) apenas há uma serraria, uma olaria, uma ferraria e pequena fundição, além de um dique de ferro que se está montando; 6.º finalmente, porque, nestas circunstâncias, nada mais inexato do que comparar a atitude do Peru, que promete paz e só cuida de desenvolver os seus recursos comerciais, com a atitude insolente, o armamento perseverante, a permanência de um exército superior às forças do país, as grandes fortificações casamatadas desde Humaitá até Assunção, a centralização despótica, o mistério e o sistema político do Paraguai. Parece que, assim como foi erro deplorável e imperdoável deixar-se o governo apanhar de surpresa pelo Paraguai, quando conhecia ou devia conhecer a realidade da sua situação, que aliás na Europa não se ignorava desde 1857, assim também será erro lamentável fantasiar hoje perigos por toda a parte e deleitar-nos em despender grandes cabedais para defender o que ninguém ataca, exceto se quiserem com isto ostentar agora uma perspicácia sublime, que se não revelou quando e onde era preciso.

A meu ver, portanto, a livre navegação do Amazonas não depende nem de colônias ou postos militares nas fronteiras, nem de fortalezas inexpugnáveis, bastando as que possuímos, sendo nelas preciso somente fazer obras secundárias e renovar a sua artilharia. A isto ajuntarei que o serviço de defesa das embocaduras e da polícia fluvial e fiscal exige apenas dois ou três vapores de boa marcha, com dois grossos rodízios cada um, auxiliados por uma linha telegráfica lançada do Pará a Macapá através das bocas do grande rio.

Carecerá a livre navegação do Amazonas de um regulamento especial? Não duvido pronunciar-me pela negativa. O minucioso regulamento das alfândegas e, quanto à navegação dos Estados ribeirinhos, o decreto de 31 de dezembro de 1863, com as ordens do tesouro e avisos posteriores, constituem o nosso código de navegação e comércio marítimo aplicável aos portos do Amazonas, como já o tem sido, sem mais providências particulares, às alfândegas também fluviais de Uruguaiana e Corumbá. Será certamente preciso fazer alguns favores ao comércio direto, como se praticou a respeito de Corumbá, permitindo-se em Manaus, por exemplo, um razoável abatimento de direitos que compense os ônus dos fretes atuais. Será também necessário, além de uma alfândega em Manaus, habilitar para certos ramos de comércio o porto de Santarém, pelo menos. Será finalmente preciso dar aos presidentes e aos chefes das estações fiscais, em territórios tão longínquos, a faculdade de interpretarem benignamente os regulamentos gerais, aplicando-os do modo mais acomodado às circunstâncias peculiares do pequeno comércio do Amazonas, resolvendo logo por si mesmos as questões ocorrentes sem dependência da administração central; de sorte que as disposições escritas sejam subordinadas às condições locais. Todas essas providências, e outras que mencionarei no cap. II, podem, porém, ser tomadas isoladamente, umas após outras por decretos especiais, devendo-se evitar sempre o embaraço de um regulamento orgânico.

Pretenda-se ou não amarrar o comércio do Amazonas a mais um novo regulamento, casuístico e sempre defeituoso, ao governo cabe decretar de sua autoridade a liberdade da navegação e criar portos habilitados. No regulamento das alfândegas, expédido por virtude de lei, o poder executivo reservou-se a faculdade de habilitar quaisquer portos necessários ao comércio (art. 315). Por virtude disto, criou as duas novas mesas de rendas (Manaus e Tabatinga), como já tem criado outras em outros pontos do Império. Antes desse regulamento o governo fundou duas alfândegas nos portos fluviais já citados, os de Uruguaiana e Corumbá. Um dos motivos pelos quais o Sr. Paranhos, na sessão de 27 de junho de 1864, propôs ao Senado o adiamento do projeto da Câmara Temporária sobre a livre navegação do Amazonas, foi justamente esse. Citarei o trecho do discurso em que o nobre senador precisa a questão:

"Entendo, dizia ele, que a abertura do rio Amazonas é uma medida de alta conveniência para o país; que não pode ser impugnada por todos os que desejam a prosperidade do Brasil, por todos os que compreendem que não podemos conseguir esse fim sem que por todos os meios ao nosso alcance procuremos desenvolver os grandes elementos de riqueza que encerra o nosso solo; a abertura do Amazonas está neste caso...

... O governo, para franquear a navegação do Amazonas ao comércio de todas as nações amigas, não carece de autorização legislativa, o pode fazer, assim como já franqueou a navegação e comércio do Alto Paraguai, a navegação e comércio do Alto Uruguai, assim como já concedeu essa mesma navegação do Amazonas a alguns dos Estados ribeirinhos com quem celebramos tratados. Temos tratados de navegação e comércio com o Peru e com a Venezuela; temos solicitado ajustes iguais com os outros Estados ribeirinhos do Amazonas, Nova Granada e Equador. Se, pois, o governo pode pela legislação vigente, quando julgue conveniente, abrir o rio Amazonas, abrir esse comércio a todas as nações amigas, por que hoje se julga necessária uma autorização legislativa?"

Outra questão se tem formulado: a livre navegação do Amazonas deve ser estipulada em convenções com outros governos não ribeirinhos, ou é melhor permiti-la por ato próprio do governo imperial? Quando não sentíssemos já os efeitos de tratados dessa natureza, como são as convenções consulares, bastava o fato de não se haver carecido de tal recurso a respeito dos outros rios mencionados para se abandonar essa idéia, que determinaria delongas inúteis, além de outros inconvenientes mais sérios. Na Câmara dos Deputados os Srs. Martinho Campos e Carvalho Reis expuseram os fundamentos da opinião contrária às convenções de reciprocidade, e no Senado exprimiu-se no mesmo sentido o Sr. Paranhos por estas palavras:

"O projeto torna dependente a abertura do rio Amazonas de tratados, não só com as potências ribeirinhas, mas ainda com todas as outras potências amigas. Mas convirá que esta medida fique dependente de ajustes internacionais com potências que não são ribeirinhas? Não convirá antes que, satisfeitos esses interesses de vizinhança nos ajustes que temos celebrado e que procuramos celebrar com os Estados ribeirinhos, o mais seja decretado por um ato próprio, exclusivo do governo imperial, modificável a todo tempo, quando e como ele julgar conveniente?

Será necessário que tornemos a abertura do Amazonas dependente, para as potências não ribeirinhas, de tratados com essas potências? Se elas não se prestarem à celebração desse acordo? Se não convier ao Império prender-se por estipulações dessa natureza a respeito de uma medida em que ele deve ter exclusiva soberania?

Sou inclinado a crer que não convém que o governo imperial se prenda por tratados às potências não ribeirinhas, a respeito da navegação e comércio do rio Amazonas; pelo menos esta tem sido a política até hoje seguida pelo governo imperial. O seu princípio geral, pelo que toca ao comércio e navegação, é a igualdade de tratamento, concedendo por ato próprio aquilo que julga conveniente aos interesses do Império em suas relações amigáveis com os demais Estados.

O projeto vem estabelecer uma política nova a respeito do rio Amazonas; não permite que aquela navegação seja franqueada às nações não ribeirinhas se estas se não prestarem a celebrar tratados para esse fim, ou se o governo imperial, por sua parte, não julgar isso conveniente."

A essas reflexões sensatas nada há que ajuntar. Observarei, entretanto, quanto às convenções com as potências ribeirinhas, que essas mesmas não são indispensáveis: nada obsta que permitamos livremente, no uso da nossa soberania, às embarcações estrangeiras ribeirinhas ou não ribeirinhas, navegarem em toda a extensão das nossas águas cerca de 1.800 milhas, do Pará a Tabatinga.

A tendência, porém, dos Estados vizinhos é para a plena liberdade. Diversos atos do Peru o demonstram. Quanto à Bolívia, que expedira um decreto em 1853 abrindo portos no Mamoré (Madeira) e no Paraguai, ainda em 1858 celebrou com os Estados Unidos um tratado de comércio e navegação, ratificado pelo presidente Lincoln a 9 de novembro de 1862, que se exprime do seguinte modo:

"Art. 26. In accordance with fixed principles of international law, *Bolivia* regards the rivers *Amazon* and *La Plata, with their tributaries,* as highways or channels opened by nature for the commerce of all nations... She will permit and invites commercial vessels of all descriptions of the United States, and of all other nations of the world, to navigate freely in any part of their courses *which pertain to her, ascending those rivers* to Bolivian ports, and descending there from to the ocean, etc.

Art. 27... *A ll places* accessible to... vessels of the United States upon the said Bolivian tributaries of the Amazon or La Plata shall be considered as ports open to foreign commerce.[20]

Entretanto, quanto aos Estados ribeirinhos, me parece que o melhor é regular cada um a sua navegação, e que nós o façamos a respeito dos nossos vizinhos *motu proprio* e sobre as bases liberais do decreto de 31 de dezembro de 1863. O exemplo do Brasil será imitado por todos os mais. Acresce uma razão particular. A infeliz República da Bolívia, devastada pela guerra civil, não teve nos últimos anos um governo estável com que pudéssemos regular a questão de limites. A pretensão do governo brasileiro tem sido a de regular esta, conjuntamente, com a da navegação fluvial. Parece-me que, continuando a permitir que os bolivianos subam e desçam o Madeira e venham comerciar no Amazonas, como o fazem agora independentemente de regulamentos ou convenções, poderemos forçar a Bolívia a entender-se conosco e a resolver a questão de limites desde que, desembaraçados de convenções, em uma ocasião dada, pudermos suspender essa tolerância de que gozam praticamente a sua navegação e comércio. Por outro lado, creio que nem a isso careceremos recorrer. Qualquer governo inteligente, na Bolívia, tratará com o Império logo que o interessarmos na navegação a vapor do Madeira e na estrada para evitar as cachoeiras, assim como na definição dos limites desse país com o Paraguai pelo lado do Gran Chaco, questão a ventilar no Congresso que deve suceder à guerra atual.[21]

Sustentam alguns a necessidade de prévias convenções com os ribeirinhos para o fim de regular-se a questão do número de vasos de guerra que cada qual possa ter no Amazonas e a exclusão dos das potências não ribeirinhas. Quanto a mim, penso de modo diverso, o Brasil, que é o mais poderoso dos Estados do vale do Amazonas, deve não solicitar nem admitir nenhuma cláusula restritiva em relação à marinha de guerra. Não carece dela, seria humilhante diligenciar obtê-la. Demais, não sei qual seja o princípio de direito absoluto que possamos invocar para obter uma tal restrição de parte dos Estados limítrofes. Acrescentarei que no rio Paraná a nossa política foi outra: foi o governo do Paraguai que exigiu a limitação do número e porte dos vasos, e o governo imperial pretendeu libertar-se disto, tendo-se em 1858 inovado o princípio da convenção anterior de um modo mais favorável, o que aliás me parece conforme o nosso direito. Para que, pois, uma política diferente no Amazonas? A nossa defesa não o exige, os outros Estados são fracos, nem dispõem ali dos recursos de portos e estaleiros para sustentarem uma verdadeira marinha de guerra : nós teremos sempre a superioridade, de que já gozamos. Uma tal limitação seria odiosa, além de inútil: isto deve bastar para repeli-la. Mas, quanto aos navios de guerra das terceiras potências (as não ribeirinhas), dever-se-á proibir-lhes a entrada no Amazonas?

Entendo que uma política tal seria ridícula. Deixem passar o qualificativo. Por que razão proibir-lhes a entrada? Durante a paz, podem eles prejudicar-nos? Ao contrário, se algumas canhoneiras norte-americanas, inglesas ou francesas forem ali observar as riquezas do

---

[20] *Annual Report on Foreign Commerce,* Washington, 1863, p.700.

[21] V. o § III.

imenso vale, e contribuírem para a revelação das suas maravilhas, não será isso precioso para a ciência e certamente útil para o rápido desenvolvimento das nossas províncias? Durante a guerra, porém, o que é que embaraçará o beligerante que quiser hostilizar-nos no Amazonas, de ali enviar quantos navios puder? Prejudicial durante a paz, essa cláusula restritiva seria pois ilusória para o caso de guerra. Demais, cumpre notar que, em caso de guerra com uma potência qualquer, não é naqueles enormes desertos do Amazonas que ela há de ir ofender-nos: com que proveito e que efeito teriam no resto do Império algumas granadas lançadas nas florestas do Amazonas ou sobre as pobres povoações das suas margens? Que influência decisiva teve na guerra atual a invasão de Lopez nos desertos do sul de Mato Grosso, sob o ponto de vista militar? Não citem o exemplo dos estreitos do Bósforo e Dardanelos: não são menos ridículos, como o provou a guerra da Criméia. Além de que estamos na América: não nos cabe imitar servilmente os exemplos europeus. Façamos nós aquilo que a justiça e a elevada inteligência dos nossos verdadeiros interesses aconselharem: o mundo faça o que quiser; nós somos soberanos, e responsáveis, perante Deus e a História, dos erros da nossa política.

Essa idéia da exclusão dos navios de guerra procede de uma estranha exageração da necessidade de defesa, de que é um admirável representante o governo dos Lopez do Paraguai. Tais cláusulas restritivas estabeleceu-as ele: havemos nós de imitá-lo? Que exemplo nos recomendam! A República Argentina seguiu outro; abriu os portos fluviais a todos, sem reserva alguma. Não é este o verdadeiro espírito de uma política americana? Se querem o suprasumo da garantia, então ergam também por toda a costa do Brasil um forte; não é menos deserta em muitas paragens e é muito mais acessível. Se o não fazem cá, por que hão de exagerar as condições de segurança do Amazonas?

Pretender que a medida da livre navegação fique dependente das explorações dos afluentes principais do Amazonas, que deságuam em nosso território, não me parece prático. Os principais afluentes, que descem dos Estados ribeirinhos, são os seguintes :

Quanto à Bolívia, o Madeira.

Quanto ao Peru, todos ou um dos três rios Purus, Juruá, Javari.

Quanto à Venezuela, o rio Negro.

Quanto à Nova Granada, o Içá (ou Putumayo) e o Japurá.[22]

Ora, o comércio do Peru se faz atualmente pelos afluentes do seu território, o Ucayali e o Huallaga; só mais tarde serão úteis ao sul da República, ao departamento de Cuzco por exemplo, um dos três nossos rios acima indicados. De forma que, conquanto se devesse já ter organizado as explorações no vale do Amazonas por amor da ciência e para reconhecimento dos nossos territórios e, contudo, certo que tais serviços não interessam ainda ao comércio universal, nem deles depende, portanto, a medida da livre navegação. Digo igualmente o mesmo acerca do Putumayo e Japurá, acrescentando quanto a este que já foi explorado pela comissão de limites brasileira. Finalmente, a respeito do rio Negro (Venezuela)

---

[22] O Napo é outro afluente considerável, mas percorre os territórios do Peru e do Equador. Franqueado o Amazonas, assiste-nos o direito de reclamar que esses governos proclamem igual princípio com aplicação aos afluentes que lhes pertencem.

e do Madeira (Bolívia), possui o governo antigas e recentes informações, que autorizam a crença de que eles serão o caminho de um comércio considerável. A estação fiscal existente em Manaus dominará o comércio do rio Negro; restará somente criar outra que sirva ao do Madeira. Este último assunto será desenvolvido no Capítulo seguinte.

Em conclusão: a medida da livre navegação do Amazonas não depende de regulamento especial, nem de ato legislativo, nem de convenções, mesmo com potências ribeirinhas, nem de exploração dos afluentes.

III
Continuação da matéria do parágrafo antecedente – A medida da livre navegação depende de convenções acerca dos rios afluentes e limites do Brasil com os Estados vizinhos? – Reflexões sobre a questão de limites com a Bolívia

Aqueles cuja missão política neste país tem sido enredar as questões pela preguiça de resolvê-las com decisão, exigem que a abertura do Amazonas fique dependente da fixação dos nossos limites com os Estados vizinhos, assim como de regular-se por convenções a navegação dos grandes afluentes por onde aqueles Estados se comunicam com os portos brasileiros. Examinemos estas questões.

Cumpre antes de tudo não perder de vista o seguinte: 1.º que ao governo brasileiro só compete declarar livre a navegação das suas águas; 2.º e que, por amor da prosperidade do vale do Amazonas e por bem do comércio geral, convém que estendamos a medida não só às águas do grande rio nas duas províncias do Pará e Alto Amazonas, como também às dos afluentes que descem dos Estados confinantes.

O livre trânsito permitido por nossas águas seria assim desde já aproveitado pelos estrangeiros para irem pelo rio Negro à Venezuela, e pelo Madeira à Bolívia, mas não seria de fato para subirem pelos outros rios afluentes, porque ainda não oferecem vantagem nenhuma, como já notei no parágrafo anterior.

Resolvidos a adotar a medida, não a amesquinhemos; deve ser larga; deverá mesmo em um futuro próximo estender-se aos afluentes que correm exclusivamente pelo território brasileiro, por exemplo, ao Tocantins, que prende Goiás ao Pará, e ao Tapajós, que aproxima Cuiabá de Santarém. Acerca do Tocantins, ocorre ponderar que a cidade de Cametá, a mais importante do Amazonas depois de Belém, aproveitará muito com a navegação estrangeira, se aí criarem uma estação fiscal depois que, estabelecida a navegação a vapor em projeto, o comércio de Goiás encaminhar-se pelo Araguaia. Quanto ao Tapajós, se aceitar-se a idéia de por ele se abrirem comunicações regulares para Mato Grosso, virá a ser um rio muito freqüentado, e exigirá uma estação fiscal em Santarém, que assenta na sua majestosa foz.

Consagremos o princípio em toda a sua extensão, como o propunha o Sr. Paranhos, no discurso já citado, por estas palavras:

"O projeto limita esta medida ao rio Amazonas e a um de seus principais afluentes, o rio Negro: não convirá franquear a navegação de algum ou de alguns dos outros mais importantes tributários do Amazonas, por exemplo, o Tocantins?"

No ato que abrir a todos os pavilhões o comércio do Amazonas, seria extremamente desagradável uma restrição acerca dos afluentes; seria o mesmo que repelir desse favor quase todos os povos vizinhos, e especialmente a Bolívia e Venezuela, que não possuem estabelecimentos no litoral do grande rio.

Se, ao contrário, no pensamento desse ato compreender-se a sua aplicação aos afluentes que interessam aos Estados limítrofes, ele recomendar-se-á ao mundo pela sua inteligente liberalidade.

Na prática, porém, é claro que o gozo da faculdade da livre navegação para tais afluentes comuns ficará dependente de duas cláusulas necessárias e naturais : isto é, quanto ao comércio com os portos brasileiros, da designação (feita ulteriormente pelo Ministério da Fazenda) dos portos onde seja permitido o comércio direto e daqueles que servirão só de escala para aquisição de combustível e munições; e, quanto ao comércio com os países vizinhos, de iguais designações que fizerem os respectivos governos.

Repito o que já disse: por agora, e durante alguns anos, não haverá para todos esses rios, com exceção do Madeira e do rio Negro, outra navegação mais que a de canoas, que atualmente se faz. As estações fiscais a criar desde já não são, portanto, mais do que as necessárias à navegação daqueles dois rios; acerca dos outros a experiência ensinará o que mais convenha.[23]

O que é essencial, porém, é que a medida da livre navegação seja larga e compreenda o pensamento de todos esses desenvolvimentos futuros, de sorte que não venha a opor embaraços nem às necessidades crescentes do comércio, nem às posteriores solicitações dos governos interessados. Para isso é mister não prendê-la a convenções com os Estados ribeirinhos; porquanto, se a alguns deles não convier, pode convir-nos permitir a todas as bandeiras a navegação dos afluentes, na parte em que nos pertencerem. Sem o embaraço das convenções, guardaremos o nosso livre-arbítrio.

A outra cláusula relativa à prévia determinação dos limites contestados não pode ser alegada senão em relação à Nova Granada, à Bolívia e à Guiana Inglesa; porquanto, com a Venezuela já assentamos as bases respectivas na Convenção de 1859, e com o Peru, além de outra convenção igual, já entramos até nos trabalhos da demarcação.

Ora, acerca de Nova Granada, cumpre atender, em primeiro lugar, que ela presentemente não oferece recursos que alimentem o comércio estrangeiro pelo Amazonas; a sua raríssima e pequena navegação de canoas no Içá limita-se a traficar com os nossos portos do Solimões; e, em segundo lugar, a questão de limites não é complexa, e pode ser facilmente resolvida se continuar a prevalecer da nossa parte o benévolo espírito que presidiu à Convenção de 1853 (não ratificada por Nova Granada) ; isto é, se, mesmo com abandono do rigoroso *uti possidetis,* não pretendermos mais do que a linha do Apaporis, até o qual já se estenderam os trabalhos de exploração que, em nome da Comissão de Limites, desempenhou o Sr. capitão-tenente Soares Pinto.

Acerca da Guiana Inglesa, o negócio, conquanto sem gravidade, não parece tão

---

[23] V. o cap. II sobre a criação de estações fiscais.

simples à vista da última pretensão do governo britânico; mas não será possível uma transação depois dos favores que fizermos ao seu comércio no Amazonas? Não é ele animado de sentimentos conciliadores? Aberto o Amazonas, alcançado esse grande *desideratum,* medida que ele próprio reclamara, revelará o governo inglês um espírito de discórdia e de chicana a propósito da linha divisória, quando o que ele hoje menos ambiciona é adquirir territórios, e o que mais promove em todo o mundo é o triunfo da liberdade comercial?

Quanto às Guianas Holandesa e Francesa, notarei que as questões de limites com essas possessões não envolvem a da navegação de nenhum dos afluentes do Amazonas. Ainda na hipótese, aliás manifestamente inadmissível, de ser o Araguari a divisa do Império com a colônia francesa, a situação da foz desse rio, que deságua na extremidade da do Amazonas, não torna a França ribeirinha deste último.

Acreditar-se-á, porventura, que, conservando fechado o Amazonas, forçaremos essas potências a se entenderem conosco, a transigirem sobre a linha divisória? O fato prova que não; há muitos anos diligenciamos resolver essas questões, mantemos clausurado o Amazonas, e nada conseguimos. Por quê? Porque a coação, que se supunha exercer, era e é fantástica; nem a Nova Granada, nem a Guiana Inglesa, nem a Francesa, nem a Holandesa têm, nos territórios de fronteira, povoações e interesses a que aproveite a livre navegação; são desertos, solidões majestosas, que confinam com as nossas solidões. Mas diz-se: o governo inglês, por amor do seu comércio, estimará a abertura do Amazonas e, para alcançá-la, faria concessões. Engano manifesto.

O comércio inglês ainda não pensa no Amazonas, nem exercerá por isso pressão alguma. Portanto, prolongando o *status quo,* nada alcançaremos, como nada temos alcançado; mas, por outro lado, perderemos pela irritação que provoca por toda a parte a nossa política exclusivista.

Resta a Bolívia. É, com efeito, com ela que pende uma séria questão de limites. Será a falta de convenção com esta República sobre tal objeto um motivo justificável para o adiamento da medida da livre navegação?

Se essa medida não for acompanhada de restrições, pretendem os nossos adversários que faremos o papel de gestor de negócios dos outros Estados sem procuração deles e, o que é pior, em prejuízo nosso.

A primeira objeção é fútil: para permitirmos o livre trânsito até os limites dos Estados vizinhos, não carecemos de acordo com estes e menos de sua autorização; usamos de um direito, dispomos do que é nosso, regulamos a nossa casa como nos parece; eles podem fazer o mesmo ou coisa diversa. Mas, em parênteses, cumpre advertir que são eles justamente que mais desejam tal medida larga e generosa, nem sua política tem tido outra aspiração; e, quando não tivesse, deveria a política brasileira, em vez de permanecer na caducidade do princípio do trânsito exclusivo para os ribeirinhos, convencê-los da vantagem do princípio liberal para a sua e nossa prosperidade.

O proveito é todo para nós, para os nossos portos fluviais e para o grande porto da foz, empório natural de todo o Amazonas. Onde estará, porém, a desvantagem? Onde o perigo? Donde nasce o receio?

Ficaremos prejudicados, dizem, porque dando-lhes com generosidade o exclusivo que possuímos, nem ao menos recebemos em troca a fixação dos nossos limites respectivos.

É assim que pretendem eternizar no Amazonas a mesma política que exprobrávamos ao Paraguai: a questão dos limites associada à navegação. O primeiro Lopez não queria permitir-nos a facilidade do trânsito para Mato Grosso sem que determinássemos a mútua fronteira; depois de duas missões especiais com o fim de resolverem aquelas questões no sentido das nossas conveniências, acabamos por aceitar uma solução média, que consistiu em regular-se a navegação independente da fixação definitiva dos limites.[24] Se era justo o que reclamamos do Paraguai, como nos colocaremos perante as Repúblicas do vale do Amazonas na posição que ele ocupava para conosco?

As pretensões da Bolívia em relação aos seus vizinhos não inspiram menos simpatia que as nossas em relação ao Paraguai.

Para sermos dignos do nosso povo generoso, que não está imbuído das idéias pretensiosas de alguns dos seus estadistas educados na escola do começo deste século, cumpre que nos coloquemos acima do interesse exclusivo da nossa pátria, ou antes, acima do interesse momentâneo, não esquecendo o interesse maior de aparecermos à frente dos Estados confinantes como os mais liberais e os mais adiantados.

Ora, a Bolívia ocupa no centro da América um território murado pelos Andes que o afastam do Grande Oceano, e separado do Atlântico pelos desertos do Gran Chaco. Pobre República! O Peru desceu pela costa marítima e deixou-lhe o deserto da Atacama; o próprio Chile aí veio disputar-lhe uma nesga de terreno. Resta-lhe Cobija, isto é, não lhe resta nada. O Paraguai atravessou o rio, passou ao norte do Pilcomayo, atribuiu-se o domínio de todo o Gran Chaco até o território brasileiro. O Brasil não disputando a posse do governo de Assunção, por sua vez repeliu a Bolívia do Alto Paraguai, e pretende excluí-la do Baixo Madeira. Isto não é digno, isto não pode ser sancionado pelos espíritos retos.

Nestas condições, o que pediu a Bolívia? Pediu a cada um de seus vizinhos um desafogo, um respiradouro; pediu ao Brasil um porto no Baixo Madeira e um porto no Alto Paraguai; nós esperávamos que ela renunciasse à sua pretensão natural, que morresse sublocada! Pois bem, para cúmulo de males, havemos de arranjar a questão do Amazonas de modo que aproveite a todos menos à Bolívia?

Não considero agora a questão pelo lado do interesse comercial do Brasil, que receberá do vale do Madeira e da Bolívia larga contribuição para os negócios do Amazonas : considero-a apenas pelo lado da política internacional. Repito: afastado o nosso imediato interesse no aumento dessas relações comerciais, é prudente que coloquemos o país limítrofe entre a espada e a parede, entre ceder-nos tudo ou nada alcançar?

Lembro a série de tentativas da Bolívia a fim de abrir caminho para o Atlântico. Lembro que já em 1833 um decreto do seu governo concedia prêmio a quem levasse do oceano rio acima um vapor, e que em 1853 outros decretos declararam livres aos estrangeiros a entrada e saída em portos fluviais sobre o Paraguai e o Madeira, que foram designados. Lembro que, aceitando o convite para o Congresso Americano em Lima em

---

[24] V. acerca dessa questão, hoje histórica, os discursos proferidos pelo autor na sessão da Câmara dos Deputados de 17 de maio, e pelo Sr. Paranhos na de 11 de junho de 1862; anexo da C. dos Dep., 1862, tomo I, p.34, e ap., p.68.

1864, essa República indicava, entre as providências que exigiam um acordo internacional, a liberdade da navegação dos grandes rios e dos seus afluentes no continente sul-americano. Lembro que ela celebrou em 1858 um novo tratado sobre essa base com o Gabinete de Washington. Lembro que a sua aspiração é a aspiração de todo o mundo, e sua causa a mais simpática. Lembro, finalmente, que é detestável a política da indiferença a respeito dos negócios exteriores, que envolvem os interesses do comércio das grandes nações.

Portanto, ainda quando a questão de limites com a Bolívia fosse realmente de grande importância para o Brasil pelos territórios litigiosos, ainda quando os dois países disputassem outra coisa mais valiosa que a posse de terrenos hoje desertos e inúteis, como aliás são esses, parece-me que não se devia tornar dependente da solução disto, que pode ser adiada, o negócio da livre navegação e trânsito, que é muito mais interessante e urgente.

Mas será, com efeito, de grande alcance essa questão de limites? Vale a pena examiná-lo para se poder medir melhor a sem-razão dos nossos retrógrados adversários.

No que consiste o pleito entre o Brasil e a Bolívia?

O debate não data de muito longe.

A demanda começou com a missão do Sr. Ponte Ribeiro em 1841, a qual não teve êxito. Em 1860 é que se mandou novo negociador, o Sr. Rego Monteiro, que nada alcançou igualmente.

O governo brasileiro propunha-se resolver com a Bolívia as mesmas questões discutidas ou ajustadas com outros Estados vizinhos, a saber: a devolução de escravos, a extradição de criminosos e desertores, o trânsito fluvial e a linha divisória. Nenhum destes assuntos chegou a ser regulado.

Quanto ao primeiro (devolução de escravos) basta o simples senso comum para indicar que é uma pretensão desarrasoada propormos a governos de povos, onde nunca existiu ou foi abolida a instituição servil, que restituam aos brasileiros o escravo foragido, o desgraçado que em uma terra de liberdade foi procurar a garantia da sua liberdade; isto é, que neguem a sua proteção aos miseráveis que fogem da nossa opressão. Nunca deveríamos ter feito perante as Repúblicas vizinhas as altas diligências, que se empregaram outrora, particularmente em relação ao Estado Oriental, para alcançarmos inserir no código internacional esses capítulos repugnantes dos tratados de extradição. Nunca deveríamos ter manchado as mãos da nossa diplomacia, nem gasto e amesquinhado a nossa influência e o nosso poder em negociações francamente indecentes. Gritasse embora o Rio Grande inteiro, não deveríamos jamais passar pelas forças caudinas dessa ignomínia. Que os proprietários de escravos das províncias fronteiras se resignem à sua sorte : se querem manter aí a escravidão, não esperem nunca que o governo nacional faça no estrangeiro o ignóbil papel de *capitão-do-mato,* de aprisionador dos escravos fugidos! Em suma, a devolução de escravos, dignamente negada pela Bolívia, não é assunto que deva mais figurar na lista dos nossos pleitos internacionais: bastem-nos as vergonhas domésticas da escravidão; não as prolonguemos até o exterior.

O segundo assunto (extradição de criminosos e desertores) é objeto de sua natureza simplicíssimo e, como é de interesse mútuo, não demandará esforços sobrenaturais, pode ser regulado mais cedo ou mais tarde, sem embaraçar os arranjos das outras questões.

Restam as duas últimas: navegação e limites. Ora, eu acredito que a segunda não foi ainda resolvida por dois motivos poderosos : 1.º porque as nossas pretensões a territórios eram exageradas, nem podiam sustentar-se em base racional, faltando a base da posse, o *uti possidetis,* não imaginário, mas efetivo; 2.º porque os princípios dominantes outrora acerca da navegação fluvial fechavam as portas à Bolívia e excluíam pelo seu egoísmo qualquer transação.

Com efeito, antes de tudo, o pensamento dos governos anteriores era que não trataríamos sobre a navegação dos rios comuns sem acordo simultâneo sobre limites; e, como em ambos os assuntos queríamos que prevalecessem pretensões odiosas à outra parte, nada alcançamos. Poderíamos ter separado as questões; e era esse o nosso interesse real, o interesse nacional apreciado com inteligência, e não à luz dos prejuízos portugueses; porquanto, como já disse, a fixação da fronteira em desertos desabitados e enormes não tinha nem tem nada de urgente; e, por outro lado, impedir a navegação e o comércio pelos rios é antes de tudo prejudicial aos nossos portos fluviais, que são as chaves e os mercados dos países vizinhos.

Dos dois obstáculos opostos a um arranjo acerca dos limites, o segundo é da maior evidência. Na verdade, a Bolívia partia da necessidade indeclinável de procurar saída para o Atlântico pelos dois grandes canais, o Amazonas e o Prata, aproveitando ao norte o Mamoré e o Madeira, e ao sul o Pilcomayo, o Bermejo e o Paraguai. O Brasil, porém, partia de um princípio diametralmente oposto, isto é, o exclusivo domínio dos grandes rios. Não se diga que exagero. Em 1841 o Brasil pretendia uma linha divisória, pelo lado do sul (fronteira de Mato Grosso), que lhe desse a posse exclusiva dos terrenos de uma e outra margem do Paraguai, ficando os bolivianos privados de qualquer estabelecimento aí na margem direita até a chamada Baía Negra, onde começam as pretensões e a posse do governo de Assunção, o qual por sua vez repelia inteiramente a Bolívia da mesma margem, apoderando-se do Gran Chaco. Além disso, é sabido que nessa época desejávamos que a linha divisória, traçada da Baía Negra às elevações que ficam ao oeste de Corumbá e das lagoas Mandioé, Gaíba e Uberava (Serra dos Limites), procurasse o morro da Boa Vista e caminhasse para o Madeira por uma linha tortuosa que evitasse tornar comum a navegação do Guaporé, afluente daquele rio e divisa natural entre os dois países. De modo que privada de estabelecer-se à margem do Paraguai, a Bolívia seria igualmente afastada do Guaporé. Verdade é que, segundo parece, esta última pretensão, relativa à posse exclusiva de ambas as margens do Guaporé, foi abandonada nas negociações de 1860, mas não o foi a que nos adjudica a posse de toda a margem direita do Paraguai até a Baía Negra. Ora, na realidade, do morro da Boa Vista em diante os nossos títulos são meramente imaginários; o *uti possidetis,* alegado para excluir a Bolívia do Guaporé, consistia em estabelecimentos particulares (fazendas de gado e mineração de sal), que foram transitórios e não tiveram um caráter de povoação nacional. Demais, a pretensão ao uso exclusivo do mesmo rio não é a que já em 1860 tínhamos sustentado em relação a outros rios; porquanto, já prevalecia e dominava nas nossas convenções de navegação fluvial o princípio do uso comum para os ribeirinhos, com exclusão somente de terceiros não ribeirinhos, princípio certamente mais adiantado que o das metrópoles européias, a saber, o uso exclusivo para cada Estado da parte respectiva do curso de um rio comum.

Adotada, pois, a base do uso comum do Guaporé, isto é, assentado que a linha divisória nesse ponto siga pelo meio desse afluente, convém saber qual a solução a dar quanto ao rio Paraguai.

A nossa pretensão, como vimos, exclui a Bolívia da margem direita deste rio. Aí o *uti possidetis* nos favorece. Temos à margem direita do Paraguai os seguintes estabelecimentos: Coimbra, Albuquerque, Corumbá, Dourados e Registro do Jauru. Contra todos eles protestou a Bolívia em 1858; julga-os uma usurpação; o seu fim é tornar-se ribeirinha do Jauru e do Paraguai. Em verdade, a aspiração da Bolívia é explicável: quer um respiradouro. Por outro lado, a nossa posse é antiga, e consta de estabelecimentos seculares ou quase seculares como Coimbra, Albuquerque, Corumbá, etc., nos quais concorrem os requisitos de uma posse respeitável. Ora, acerca destes casos, a nossa política na discussão dos limites tem partido do *uti possidetis,* como base racional e fixa, sempre que o encontra claro e definido.

Mas, pergunto, não haverá meio de solver a dificuldade? O meio é conciliar os interesses mútuos. E eles ficariam conciliados de dois modos. Indicá-los-ei.

O primeiro modo consiste em concordar que a linha divisória, nessa parte vizinha do Paraguai, se aproxime da margem direita deste rio, designando-se à Bolívia um porto ou portos sobre ele, permitindo-se a navegação comum, e mantendo-se para o Brasil uma certa zona de terreno, em derredor de cada um dos seus atuais estabelecimentos, como logradouro das povoações e para a sua polícia e defesa. Neste caso, assim como facultamos aos navios estrangeiros subirem até a nossa alfândega de Corumbá, assim lhes deveríamos consentir navegarem para os portos concedidos à Bolívia.

Esse primeiro arranjo, entretanto, não parece o mais vantajoso nem à Bolívia nem ao Brasil. O melhor, com efeito, é o que pode e deve resultar das combinações que felizmente veio facilitar a guerra do Brasil e da República Argentina com a República do Paraguai.

Na verdade, o governo de Assunção, sequioso de expandir-se, transpôs o rio, fundou o Departamento do Pilcomayo no Gran Chaco, e declarou seu esse vasto território coberto de florestas impenetráveis desde a Baía Negra até o Bermejo (lat. S. 20° a 26°). Ora, uma parte desse imenso território, compreendida entre o Bermejo e o Pilcomayo, é pretendida pela República Argentina, e parece que o tratado da tríplice aliança reconhece e consagra esta pretensão; a outra parte, entre o Pilcomayo e a Baía Negra, sempre foi disputada pela Bolívia que, vendo aí desaguarem dois dos seus rios mais consideráveis, o Pilcomayo e o Bermejo, não pode resignar-se a perder a esperança de ficar ribeirinha do Prata e de ligar-se ao Atlântico por esses canais, posto seja duvidosa a sua navegabilidade por vapores.

As declarações do Brasil, feitas aos plenipotenciários paraguaios em 1856 nesta corte, e em 1858 em Assunção, segundo as quais o Império não contestava ao governo do Paraguai o seu direito aos territórios situados ao sul da Baía Negra, foram impugnadas pela Bolívia como contendo o reconhecimento de uma usurpação que lhe fizera o dito governo. Igual impugnação sofreu o tratado feito em 1852 pelo governador Urquiza com o Presidente Lopez, porque também admitia a pretensão do usurpador ao mesmo território. Ora, o Brasil não tencionava com aquelas declarações invalidar os títulos da Bolívia ao território que ela contestava ao Paraguai, nem o podia fazer. Por outro lado, o Império nunca pretendeu anexar a costa ocidental do Paraguai (ou margem direita) ao sul da Baía Negra, apesar de um protesto que sobre isso em 1852 fizera em Buenos Aires o nosso respeitável ministro Silva Pontes.

Assim, a solução da dificuldade é simples : se, como se diz haver estipulado o Tratado da Tríplice Aliança[25], o Apa for, pelo lado do norte, o limite da República do Paraguai, parece justo adjudicar à Bolívia pelo menos toda a extensão do Gran Chaco compreendida entre a embocadura do mesmo Apa e a Baía Negra, onde começam a pretensão e a posse do Brasil sobre uma e outra margens do rio Paraguai. Ou, por outra, ficaria pertencendo à Bolívia o Gran Chaco, até ao Apa, ou até onde começasse a fronteira da República Argentina, até ao Pilcomayo, por exemplo, se esta for a divisa, sendo o governo do Paraguai repelido do mesmo Gran Chaco.

Não prosseguirei sobre este ponto do assunto. Resta chegar à sua última parte, a questão de limites pelo lado do norte, isto é, no vale do Amazonas.

A terceira parte da fronteira do Brasil com a Bolívia, que limita com a província do Alto Amazonas, é aquela em que parece mais fácil um acordo.

Os pontos extremos são, partindo do Guaporé, a confluência do Beni e Mamoré (onde começa o rio que se chama Madeira), e o curso do rio Javari, onde principia a divisa com o Peru.

Há que traçar aí uma linha reta leste-oeste; não existem posses que a embaracem ou que exijam uma linha curva, Resta, porém, saber qual o paralelo, qual a latitude por onde deva correr essa linha. Os tratados de 1750 e 1777, celebrados pelas duas metrópoles, indicavam o rumo da meia distância entre a foz do Madeira no Amazonas e a confluência do Mamoré com o Guaporé. Os geógrafos da Comissão Portuguesa dos Limites fixaram esse ponto médio em 7° 40', que fica abaixo da cachoeira de Santo Antônio, a primeira do rio Madeira subindo, a qual está na latitude 8° 48'. Os portugueses confundiam a confluência do Guaporé com a do Beni, que entra no Mamoré abaixo daquele, e é donde o rio começa a tomar o nome de Madeira.

Tem-se considerado inconveniente que a linha comece de um ponto inferior às cachoeiras. A pretensão do nosso governo é possuir ambas as margens do Madeira até as cachoeiras, e creio que já indicou a latitude 10° 20', acima de Santo Antônio, como aquela donde deve partir a linha divisória. Tal tem sido a primeira dificuldade da questão de limites por esse lado: isto é, nós rejeitamos a base dos tratados antigos para alcançarmos um pedaço maior desses desertos.

A segunda dificuldade é menor: consiste em decidir-se a direção da linha se ela, chegando à altura do Javari, não encontrar aí o seu curso, por começar este mais ao sul; mas parece que a questão neste caso se resolveria tirando desse ponto uma oblíqua que fosse encontrar a origem principal do mesmo Javari. Ora, não acredito que seja difícil alcançarmos da Bolívia um ajuste razoável acerca desses pontos, se pela nossa parte formos condescendentes.

Com efeito, na fronteira com Mato Grosso, a solução da dificuldade depende de se fazerem concessões à Bolívia quanto a portos sobre o Paraguai, sejam estes na seção desse rio onde temos os estabelecimentos de Coimbra, Albuquerque, etc., sejam na parte do Gran Chaco usurpada pelo governo de Assunção.

Na fronteira com o Alto Amazonas, ao norte, a solução exige uma concessão igualmente larga, a do livre trânsito para os navios estrangeiros que subirem ou descerem o Madeira e o Amazonas a fim de traficarem com os estabelecimentos bolivianos.

---

[25] Art. 16 do Tratado de Aliança Ofensiva e Defensiva entre o Brasil, a República da Argentina e a do Uruguai.

Assentadas estas soluções, parece que a Bolívia verá preenchidos os seus mais ardentes votos; terá um respiradouro pelo Paraguai e terá um caminho franco pelo Amazonas. Para conseguirmos, pois, que convenha em ceder-nos o território até as cachoeiras, faremos à Bolívia largos favores. Se todo esse território nos é necessário (posto que não me pareça essencial), o meio de adquiri-lo é o de uma transação conveniente aos dois Estados. Entretanto, temos para esse fim recorrido a expedientes pouco legítimos. Há pouco mandamos criar um destacamento ou posto militar na cachoeira de Santo Antônio sob o pretexto de policiar a navegação, que aliás se faz sem isso; e, por outro lado, reclamamos contra qualquer tentativa de colônias bolivianas nessas paragens. Já se fez mais: já invocamos certa portaria de 1849, em que um nosso presidente (o ilustre finado Jerônimo Coelho) indicava a dita cachoeira de Santo Antônio como sendo o ponto de partida, para alegar hoje uma posse do Brasil não contestada pela Bolívia! Deixemo-nos, porém, de sofismas. Caminhemos pelo trilho seguro da franqueza; negociemos com boa fé, comprando um território que nos serve nessa fronteira do norte ou com a cessão de outros ao sul, de que não carecemos, ou com o presente generoso da livre navegação.

Uma negociação renovada sobre tal base não falhará.

Estas considerações e as do artigo precedente chegam ao seguinte resultado:

O modo prático de solver as questões de limites com a Bolívia é renunciar à política egoística e mesquinha da metrópole, e tomar a livre navegação por base de ajustes conciliadores.

Objeta-se, porém, dizendo que, ainda quando quiséssemos fazer-lhe novas propostas, a Bolívia dilacerada por uma anarquia permanente, não se acha em condições de ouvi-las. Respondo: a livre navegação é antes de tudo negócio do nosso interesse particular, porque contribuirá para o aumento do nosso comércio do Amazonas; decretemo-la, pois, sem pensar no que farão ou no que podem fazer os outros governos. Quando aparecer a oportunidade, quando firmar-se na República vizinha um governo estável, não percamos tempo, argumentemos com a generosidade manifestada praticamente nas concessões feitas a esse país, quer pela restituição dos seus limites com o Paraguai, quer pelo fato da livre navegação; e presumo que não faltará na Bolívia um governo sensato que então resolva o pleito da mútua fronteira.[26]

O leitor far-me-á a justiça de crer que entro com decisão no exame destes assuntos, os quais têm sido apanágio da sabedoria governamental, porque é dever de todo homem público advertir o país e procurar soluções para as suas dificuldades. Somente a preguiça e a ignorância podem desejar a continuação do sistema anterior, essa preguiça desdenhosa que só se comove ao ouvir o nome de um novo ministro ou a notícia das crises de gabinete, e essa mísera ignorância até dos elementos da geografia do Brasil, revelada por sujeitos que pretendem ser ou são efetivamente estadistas neste país.

Simplificar esses empoados debates sobre limites é um serviço, me parece, e por

---

[26] As notas reversas trocadas entre o Brasil e a República Argentina, por ocasião do tratado da tríplice Aliança contra o governo do Paraguai, ressalvam o direito da Bolívia à parte do Gran Chaco pretendida por esse governo. Isto mesmo foi há pouco declarado à Bolívia em resposta ao protesto que essa República, com a do Peru e do Chile, acaba de dirigir aos aliados a propósito da guerra atual contra o mesmo Paraguai.

[27] *Description de la Confédération Argentine,* tomo I, p.57.

isso citarei um parágrafo de Martin de Moussy, na sua acreditada obra[27] que, tratando das fronteiras da República Argentina, precisa claramente os termos da nossa questão:

"La limite du Pilcomayo entre la Confédération (Argentine) et la Bolivie, celle du Rio Paraguai et du Paraná avec la République du Paraguai, *celle du Rio Paraguai, du Jauru et du Guaporé entre la Bolivie et le Brésil,* enfin celle du Corrientes et de l'Ivinheima entre le Paraguai et le Brésil, sont certainement les frontières les plus naturelles et les moins susceptibles de contestation".

Invocarei, agora, para esclarecimento do assunto as palavras de um ilustre senador, que pesam pela sua proficiência nestas matérias. O Sr. Pimenta Bueno disse o seguinte no Senado em um discurso de 3 de junho de 1864, quando se debatia o projeto da livre navegação do Amazonas:

"Senhores, a Bolívia, a meu ver, tem alguma razão de queixa contra o Brasil, e é preciso acabar com isso e estreitar nossa amizade. Até agora havia algum fundamento para divergências, hoje não há mais.

"Enquanto não se tinha deliberado a abertura dos rios brasileiros, enquanto se entendia que não se podia defender a nossa fronteira ocidental de Mato Grosso, ou impedir o trânsito, senão por meio de fortificações em Miranda, em Coimbra, no Escalvado e em outros pontos fluviais; enquanto a cidade de Mato Grosso era a capital que devia ser coberta e resguardada, compreende-se o que se queria prevenir; hoje, porém, todos conhecemos que à vista dos progressos que tem feito a marinha militar, não há melhor defesa fluvial do que uma flotilha encouraçada, ou vigorosa fortaleza móvel, que tem ubiqüidade; hoje, em vez de impedir o trânsito, vamos franqueá-lo; a capital da província já não é Mato Grosso, e sim a cidade de Cuiabá que, internada como é, não está exposta a um golpe repentino; o comércio, em vez de continuar medíocre, deve ser animado e desenvolvido amplamente entre os dois países no interesse recíproco; conseqüentemente, mudadas as circunstâncias, os dois Estados devem mudar a sua política, definir seus limites, estreitar sua amizade.

Podemos, portanto, dar à Bolívia alguns terrenos da nossa posse sobre as águas do Paraguai para que aí estabeleça e abra seus portos.

A Bolívia diz que o Brasil lhe denega um só porto para o seu comércio tanto no Paraguai, como no Amazonas. Pois ofereçamos nós mesmos à Bolívia tanto no Paraguai como no Amazonas mais de um porto: que não fique ela menos favorecida do que as outras nações ribeirinhas, sem razão suficiente, e o que mais é, contra nossos próprios interesses, que muito têm de lucrar com o desenvolvimento do seu comércio e com a sua amizade.

E na minha opinião é preciso abrir a Lagoa Negra e dizer à Bolívia; cumpre que de mútuo acordo passemos a definir quanto antes os nossos limites, respeitando o *uti possidetis;* mas deste *uti possidetis* nós vos cedemos um porto na Lagoa Negra abaixo de Coimbra, e um outro na Lagoa Gaíba, ou Uberava no Paraguai. E pelo que respeita ao Amazonas, se o Purus for navegável até o vosso território, vos daremos trânsito. Além disso habilitaremos uma povoação na praia, que fica abaixo da primeira cachoeira do Madeira, para que do Beni possais por uma curta estrada auferir as vantagens dos rios brasileiros. Creio que a Bolívia, à vista de uma política tão generosa, chegará conosco a um acordo satisfatório. Ela também não se importa com mais ou menos algumas léguas de terreno; com o que se importa muito e muito é com a necessidade de ter portos para o seu comércio."

A 12 de junho de 1865 o mesmo ilustre senador voltou ao assunto proferindo um notável discurso, de que citarei os seguintes períodos:

"Para mim é fora de dúvida que o Chaco não ficará inteiro pertencendo ao Paraguai; embora este o deseje, não tem título algum procedente.

A Confederação Argentina também o quererá, mas não lhe reconheço igualmente título algum para isso, ao menos além do rio Pilcomayo, ou daí para o norte.

A Bolívia de muito tempo reclama parte desse território, e eu creio que é o Estado que apresenta mais fundadas pretensões.

Pois bem: do forte Olimpo até a Lagoa Negra, vizinha do forte de Coimbra, há na margem direita do Paraguai um grande território; dê-se à Bolívia ou todo ou parte desse território.

Ficando este próximo à sua província de Otuguis, ou antes sendo uma continuação dela, seria isso um justo meio de proporcionar-lhe a navegação comum pela Baía Negra e sobretudo pelo rio Paraguai, com grande vantagem de todas as nações ribeirinhas e marítimas,

Aí abrirá a Bolívia os seus portos, pois que nem um tem; e, em compensação dessa vantagem, teríamos mais um governo interessado na liberdade e segurança da navegação daqueles rios, mais um país que concorreria para aumentar o comércio no Rio da Prata. Ela daria também incremento ao movimento comercial da província de Mato Grosso, com o que o Brasil muito ganharia."

O leitor reconhecerá que, além do mérito intrínseco desses discursos, a sua citação era necessária para que não falte à opinião que sustento à sombra de um estadista consumado, que pode proferir iguais atrevimentos sem o receio de incorrer no enfado dos nossos estadistas de convenção, classe de gente a mais prejudicial ao progresso do país.

Não deixemos agravarem-se as questões internacionais desse gênero.

O que sucedeu com o Paraguai, nos sirva de aviso. A Bolívia é fraca; também o era o Paraguai; e entretanto aí estão gastas dezenas de mil contos, aí está onerado o orçamento, aí está a questão financeira agravando uma situação política e embaraçando o progresso nacional.

A Bolívia será realmente fraca atendendo-se à sua e à nossa posição geográfica? Primeiramente, ela pode invadir Mato Grosso e zombar impunemente das nossas agressões; é mais inacessível para nós do que o Paraguai. Pode insultar-nos e não ser eficazmente punida. Demais, possui esse país muitos milhares de índios, e a organização do seu exército, como a descreve Gibbon[28], assenta no alistamento dos índios, gente habituada aos climas da cordilheira, sofredora das privações, e que tem a guerra por um hábito nacional. Uma guerra por causa de territórios desertos! Se a honra exigi-lo, deve-se fazer, há de se fazer guerra como ao Paraguai, custe o que custar; mas a boa política internacional é aquela que preserva sempre a honra dos Estados conciliando os interesses antes de interpor a espada. Paz duradoura, guerra in extremis: eis a máxima política que resume todas.

Derrotados os últimos exércitos de Lopez, a diplomacia entrará em campanha. Os aliados têm diante de si uma empresa política de importância superior a quantas se tem visto na América do Sul. É natural que as conferências dos representantes das três potências aliadas precedam as sessões de um congresso americano, em que seja representada a Bolívia, e onde se assente a solução dos interesses comuns, como é certamente esse ponto da questão de limites

---

[28] *Exploration on the Valley of the Amazon,* parte II, por lieut. L. Gibbon, Washington, 1854, p.136.

com a República do Paraguai, que afeta a idênticas questões do Brasil, da República Argentina e da Bolívia. Na organização definitiva do Paraguai, nas questões de comércio e de navegação fluvial, a Bolívia tem interesses comuns com os dos beligerantes. Dar-lhe um assento no congresso é nobre e digno. Ora, a política dos aliados inspira-se nos mais elevados sentimentos. Coloque-se o Brasil à frente dos seus vizinhos; poderoso na guerra, forte na paz, desinteressado sempre, seja o primeiro a quebrar o círculo estreito dos interesses de ocasião, e de pé corra os olhos por esse largo horizonte das vastas questões americanas, que podem constituir uma verdadeira política e coroar com os louros da paz a epopéia da guerra.

Não serei impertinente insistindo por uma medida que encontra acolhimento geral. É mister, porém, repelir os preconceitos que ainda a perseguem, e agora que ela se aproxima da realização, evitar que a embaracem, alterem, ou comprometam providências regulamentares e complementos práticos, quase sempre tão vexatórios quanto inúteis. Contra esses meios de aplicação, contra o espírito exagerado do fisco, contra a tendência regulamentar, contra o vício abominável que consiste em embaraçar-se tudo para prevenir-se muito, devia eu protestar, e cuido desempenhar um dever. Não sou tão otimista que já repute chegada a última hora desse inimigo cruel: não é um adversário que se derrote em um dia; muito se haverá ainda que caminhar para arrasar essa Humaitá oposta ao progresso do Brasil. Mas havemos de derrotá-la. Aí estão, no centro do comércio do Rio de Janeiro, outrora tão indiferente e descuidoso, os pregoeiros audazes que, pondo mão resoluta no complexo do nosso sistema social, assinalam ao povo os defeitos da sua Constituição, que cerceou a igualdade política dos brasileiros, distinguindo-os por sua naturalidade, e a liberdade religiosa, concedendo a um culto privilégios contra o direito natural dos outros; os vícios do regime judiciário, policial, militar e eleitoral, que oprimem o pobre com as violências habituais da eleição indireta, com as cenas medonhas do recrutamento a ferro e fogo, com as prisões arbitrárias, com o serviço militar sob o nome de guarda nacional, e com a onipotência da polícia; e o aspecto interessante da questão servil, que ninguém desconhece e que a todos preocupa. Aí está a linguagem firme e patriótica, de que usam os representantes do jornalismo brasileiro. Aí estão, finalmente, atos inequívocos do governo imperial,

Em relação ao Amazonas, já ninguém pode desconhecer que a política do uso exclusivo para os ribeirinhos nos tem acarretado verdadeiros danos:

1.º impedindo o maior progresso e proveito que podia resultar daquela região;

2.º exigindo maiores despesas.

Estas despesas, depois que em 1851 se adotou firmemente a política exclusivista contrária às pretensões liberais do Peru e de outros governos, americanos e europeus, cresceram gradualmente a ponto de subirem nos últimos anos a mais de 1.000 contos acima dos gastos anteriores, sendo essa quantia proveniente da nova verba da navegação a vapor brasileira e dos serviços administrativos da província criada no Alto Amazonas. De sorte que, embora tenha havido ali aumento de receita, esse é quase anulado pelo excesso da despesa. A atual política brasileira no Amazonas não é só a pior internacionalmente considerada; é também a pior quanto à questão financeira. E trata-se de um orçamento mortificado pelo *deficit* crônico. Tal política, com efeito, obrigou o país inteiro, depois de votada a criação de uma Companhia para navegar o rio por vapor, ao sacrifício de um subsídio para isso, que gradualmente se elevou a 720 contos. Uma seção desse serviço de paquetes, a sua segunda linha, pertence aos desertos do Solimões. O que aí consomem os vapores, não é lenha, é ouro. Assim o governo do Brasil diz que faz, a bem dessas províncias, o que era possível, e diz verdade olhando-se para a subvenção; mas aquelas províncias reclamam que foram doadas, como minas de exploração, a uma sociedade de capitalistas poderosos do Rio de Janeiro, entretanto que se lhes nega o verdadeiro favor de que careciam, a livre navegação, a concorrência que anima e atrai o capital e o trabalho, beneficio mais precioso certamente do que a divisão de províncias, dois presidentes, duas assembléias provinciais, duas administrações separadas, duas séries de deputados, eleições, e eleições, delegados e subdelegados, e a sublimidade de combinações *políticas* em territórios quase desertos.

O professor Agassiz dizia que o Amazonas não é um rio, que nem estes territórios que ele banha são propriamente um continente. É uma grande bacia d'água semeada de ilhas, um mar interior de água doce. Não pode ser um continente um país que está todo o tempo retalhado pelos rios, canais, lagos e furos, e metade do ano submergido na sua maior parte. Tal é a constituição física do Baixo Amazonas, sobretudo. Com efeito, quem deixa as terras firmes do Maranhão, carece remontar-se aos montes da Guiana e aos Andes longínquos para encontrá-las de novo. Os que empregam a palavra rio-mar, usam de um vocábulo que a observação autoriza. É um oceano de água doce, dizia-me o Sr. Agassiz sobre o rio Negro quando, defronte do Solimões, olhando à direita e à esquerda, se perdem os horizontes na vasta planície aquosa; um oceano com fenômenos idênticos, até Almeirim com as marés diárias, como no Atlântico, sob a influência da Lua; daí por diante com as extraordinárias marés semestrais da enchente e vazante, sob a influência do Sol. É, pois, como qualquer dos mares interiores do globo, um sistema de comunicações a aproveitar entre os povos do mundo, porque os mares pertencem a todos.

"A doutrina que concede a qualquer nação o direito arbitrário de excluir as outras das estradas comuns do mundo, é em si mesma monstruosa", como já o disse um escritor americano.

O adversário de uma tal política é o mundo. De que nos vale que a França ou Inglaterra tenham propagado outrora, hajam observado ou observem a mesma doutrina? Pois são os seus escritores e os seus jornais justamente que mais se deleitam em censurar-nos a imitação. Ainda recentemente um dos mais autorizados órgãos da imprensa européia pôde dizer que o nosso ciúme português estremece com a revelação das grandezas do Amazonas, e prefere murar as suas riquezas a vê-las prosperar nas mãos de outros[29].

A história, porém, não fará aos governos contemporâneos e aos atuais estadistas do Brasil a injustiça de imputar-lhes tão mesquinho sentimento. Graças a Deus, na atmosfera da nossa sociedade política, renovada pela imprensa e tribuna livres, vibram de contínuo os ecos dos progressos que o mundo faz por toda parte; e há corações entusiastas, liberais sinceros, espíritos animados de fé viva, a quem os sons do ruído universal agitam, comovem, animam e levantam. A liberdade do indivíduo como a liberdade dos povos, condições da paz na sociedade e da fraternidade entre as nações, são o seu dogma político, que o cristianismo apurou e que, segundo ensina o grande publicista romano, Cícero, é a verdadeira lei, a razão natural, espalhada por todos os homens, constante e sempiterna; a mesma em Roma, a mesma em Atenas, a mesma hoje, a mesma depois: *Est quidem vera lex, recta ratio naturae, congruens diffusa in omnes, constans, sempiterna... Nec erit alia Romae, alia Athenis, alia nunc, alia posthac.*

---

[29] Revue des deux mondes, 1º de fev. de 1864, pag. 684

CAPÍTULO SEGUNDO

MEDIDAS QUE DEVEM SUCEDER AO ATO DA ABERTURA DO AMAZONAS. ESTAÇÕES FISCAIS E PROVIDÊNCIAS REGULAMENTARES

No capítulo precedente pretendi mostrar que, das providências reputadas preliminares da livre navegação do Amazonas, umas não são indispensáveis e outras são inconvenientes.

A meu ver, não há razão alguma que recomende quanto ao Amazonas um procedimento diverso do adotado para a abertura dos rios Paraguai e Uruguai na parte do seu curso compreendida ao nosso território. Aí o governo limitou-se a criar uma alfândega em cada um (Albuquerque e Uruguaiana), sem tornar isso dependente de providências ulteriores que a experiência fosse aconselhando. Por exemplo, para criar a alfândega de Albuquerque, não aguardou nem a fixação da fronteira com as Repúblicas do Paraguai e Bolívia, limítrofes por esse lado, nem a construção de novas fortalezas, nem o reparo das defesas existentes, nem a presença de uma esquadra em Mato Grosso. Assim, no Amazonas, a medida que o libertar pode ser isolada de providências regulamentares ulteriores, e deve ser ampla, sem cláusulas restritivas.

O Sr. Saraiva, ex-Ministro dos Negócios Estrangeiros, manifestou uma opinião idêntica no discurso proferido na Câmara dos Deputados, a 8 de maio de 1866. Das palavras que passo a transcrever, vê-se a maneira elevada por que o nobre ex-Ministro compreendia a questão.

"Entendo, dizia ele, que, pleiteando o Brasil desde muitos anos pela abertura do Paraná e do Paraguai, não pode ter relativamente ao Amazonas uma política diversa.

Conseguintemente, tratei da questão do Amazonas, ouvi a seção do Conselho de Estado, a qual opinou pela abertura do Amazonas; porém dois dos membros da seção julgaram conveniente aconselhar ao governo a adoção de medidas prévias, sem as quais, em sua opinião, a abertura do Amazonas não devia ser realizada.

Parece-me que, sem inconveniente, podíamos prescindir da adoção das medidas lembradas, e que fazer dependente da sua solução a abertura do Amazonas *era adiá-la indefinidamente.*

Neste sentido, dei o meu parecer por escrito, a fim de que os meus colegas examinassem a questão com todo o cuidado e oportunamente tomará o Ministério uma deliberação a respeito."

Estas palavras são bastante significativas e autorizadas: nada tenho a acrescentar-lhes, limitando-me a consignar aqui o serviço prestado à questão do Amazonas pelo nobre ex-Ministro, que a levou ao Conselho de Estado e a tratou de um modo tão distinto.

Promulgado o ato da livre navegação, cada Ministério expedirá as providências que hão de completá-lo, ou que a sua adoção exigir. Figuram entre elas as medidas fiscais e de polícia fluvial, que devem conter-se nos limites razoáveis, sem vexame do comércio, do que temos um exemplo notável no decreto de 31 de dezembro de 1863.

Passo a referir o que a tal respeito pude observar na recente viagem ao Amazonas. Começarei pelas estações fiscais criadas por aquele decreto.

I
As atuais mesas de rendas – A de Manaus deve ser elevada à categoria de alfândega com uma tarifa especial – Gravames do comércio do Alto Amazonas; carestia dos gêneros importados; frete dos vapores – Reflexões sobre a mesa de rendas de Tabatinga

O decreto de 31 de dezembro de 1863 criou duas mesas de rendas no Amazonas, cuja sede são Manaus e Tabatinga.

A de Manaus ocupa uma casa próxima do porto, edifício antigo, alugado a um particular, onde funciona também a Tesouraria de Fazenda, acanhado, impróprio, e com o infalível caráter de provisório que sói distinguir a quase totalidade dos nossos edifícios públicos. Em poucos anos, o aluguel que ali se paga pelas casas que servem de palácio, pelas da Tesouraria, da mesa de rendas e de outras repartições, representará o capital suficiente para se construírem, à custa do Estado, edifícios decentes e apropriados.

Falta à mesa de rendas, além de espaço, o material indispensável e a barca que possa servir de armazém flutuante, segundo prescreve o dito decreto.

Sobra-lhe o pessoal, o que não é raro acontecer no Brasil. Tem ela um administrador, um escrivão, um escriturário, um porteiro, três guardas e oito marinheiros. Acha-se o trabalho da escrituração regular e em dia; entretanto, não estava em exercício o respectivo escrivão. O expediente é pequeno e o serviço dispensa, com efeito, o lugar de escriturário; o de porteiro pode ser exercido por um dos guardas.

O pessoal da mesa é tão sobejo, que ao ex-administrador, parecia ele bastante para desempenhar o serviço de alfândega, se fosse a mesma repartição elevada a esta categoria, podendo neste caso um dos guardas, como cabo-comandante, exercer as funções de guarda-mor. Com o pessoal da mesa de rendas, sem acréscimo de despesa, ter-se-á, pois, a alfândega de Manaus, se não cometerem o erro de exagerarem o quadro da futura estação.

Devo, confessar, aqui, a minha opinião sobre a conveniência de estações semelhantes às mesas de rendas criadas pelo decreto de 31 de dezembro, antes de franqueada a navegação do Amazonas.

Elas me parecem prejudiciais ao Tesouro, onerosas para o comércio e inúteis para a fiscalização.

Antes de demonstrá-lo, careço advertir que, a meu ver, não era preciso criar nenhuma estação fiscal no Amazonas antes de aberta a navegação a todas as bandeiras; e que, se isto não se houvesse de fazer, era melhor extinguir as ditas estações, repondo as coisas no antigo estado. Realizada a livre navegação, sim, é que será preciso criar em Manaus uma alfândega, e estações fiscais da natureza das mesas de rendas em outros pontos.

Com efeito, a mesa de rendas de Manaus, no exercício de 1864-65 apenas produziu a receita nova de 8:442$000; porquanto, tendo sido o total ali arrecadado 16:703$000, há que deduzir daí as verbas de receita interior, que dantes cobrava a Tesouraria de

Fazenda. Aquela soma de 8:442$000, proveniente dos impostos sobre a importação e a exportação que o decreto de 1863 mandou arrecadar, parece não ter crescido no exercício atual e é, além disso, inferior à despesa da mesma repartição. O mesmo acontece com a de Tabatinga. Nesta última a receita é extremamente insignificante. Somadas as despesas das duas estações desde que começaram a funcionar (1864) e comparadas com as respectivas receitas, vê-se que estas são muito inferiores, deixando um deficit contra o Tesouro de 19:990$000.[30]

Além de prejudiciais ao Tesouro, tais mesas de rendas são nocivas ao comércio, como disse.

Na verdade, a sua receita, procedente dos impostos de importação e exportação, é a que mandou cobrar o decreto de 1863 pelo expediente dos gêneros estrangeiros e nacionais, pela armazenagem e pelo expediente das capatazias. Anteriormente ao decreto, tais impostos lançados sobre o comércio do Alto Amazonas não existiam. O referido decreto trouxe os ônus seguintes: 1.º obrigou o dito comércio ao pagamento de 1 1/2% pelo expediente de mercadorias estrangeiras, e ao de 1/2% pelo dos nacionais; 2.º prescreveu a cobrança do imposto de capatazias que, entretanto, não se paga atualmente, por não haver o serviço de capatazias nem em Manaus nem em Tabatinga; 3.º determinou a necessidade de formalidades fiscais e de despachos, desconhecidos até então; 4.º agravou ainda por isso o comércio do Alto Amazonas, pois que a despesa dos despachos no Pará lhe é debitada pelos seus comissários desta praça na razão de 1% sobre o valor dos gêneros, sejam nacionais, sejam estrangeiros. Li em um documento oficial que a mesa de rendas de Manaus encontrou aí, da parte do comércio, grande oposição, entre outros motivos, porque cobrava os direitos de expedientes sobre as mercadorias procedentes do Pará, que até então desembarcavam sem ônus algum, de bordo dos vapores da companhia do Amazonas para as casas dos seus donos.

Enfim, as mesmas estações são inúteis para a fiscalização : porquanto, não há contrabando no Amazonas. A própria mesa de rendas de Tabatinga ou da fronteira é mera formalidade. Não existe, nem existirá o contrabando, por agora ao menos, porque o comércio é feito pelos paquetes da companhia do Amazonas e pelos do governo peruano, cujas administrações oferecem a esse respeito todas as garantias desejáveis. Não existe contrabando no Amazonas. Todo o mundo é concorde nisto. Demais, pode tranqüilizar-se o vosso fisco. Nada se consome no Amazonas ou nada se exporta por ali, que não pague direitos no Pará que é o único porto da entrada. Por outro lado, para supor que mercadorias estrangeiras despachadas livremente no Pará (entrando no entreposto) e remetidas para o Peru, regressem deste país e sejam introduzidas furtivamente por nossa fronteira, é preciso esquecer que as nossas povoações próximas dela são quase desabitadas, como é todo o Solimões, e pouco ou quase nada consomem. Ora, o frete desse regresso nos vapores ou mesmo nas embarcações a vela, e os riscos do contrabando, não dariam lucro às tentativas desse gênero. Com

---

[30] De uma tabela fornecida pela Tesouraria de Fazenda da província do Amazonas vê-se que: durante os exercícios de 1863-64, 1864-65 e primeiro trimestre do seguinte, a receita da mesa de rendas de Manaus foi de 22:730$861 e a despesa de 32:697$394; durante o mesmo período, a receita da de Tabatinga foi de 659$580 e a despesa de 10:673$268.

efeito, em todo o exercício de 1864-65, apenas entraram em Tabatinga mercadorias estrangeiras, no insignificante valor de 13$650, reexportadas do território peruano, as quais pagaram na respectiva mesa de rendas os direitos de consumo por não serem de fabrico da República vizinha; essas mercadorias eram umas varas de lãs e fitas de seda, que pagaram 4$770 de direitos. Pode bem ser que, aumentando a população e comércio, aumentem os incentivos e as probabilidades de lucro para o contrabando. Agora, porém, naqueles desertos não há interesses que o fomentem. Se ele aparecer algum dia, o meio seguro de extirpá-lo, o meio único, ali no Amazonas, como lá no sul do Império, é reduzir as nossas tarifas, aproximá-las das tarifas dos países vizinhos. Ora, quanto ao Peru, cumpre confessar que a sua tarifa, com a taxa geral de 18 a 20%, é muito mais cômoda do que a nossa com a de 35%. Depois, acerca da província peruana de Loreto, acontece que atualmente as mercadorias entram e saem dali sem pagar direitos de alfândega ou outros quaisquer. Entretanto, o comércio é tão pequeno, e as povoações da fronteira ou de todo o Solimões tão acanhadas que não podem ainda, nem poderão por algum tempo, dar proveito ao contrabando. Por isso não há paralelo entre o comércio dessa fronteira com as do Rio Grande do Sul, muito mais povoadas e muito mais industriosas,

O decreto de 31 de dezembro de 1863, bem inspirado e útil quanto ao comércio de trânsito com o Peru e ao entreposto para esse fim criado na Pará, concessões que fizeram dar um grande passo à questão do Amazonas, não o foi, portanto, na parte do comércio de cabotagem entre o Pará, Manaus e Tabatinga. Se devesse o Amazonas continuar fechado ao comércio das nações, valia mais voltar ao estado anterior, isto é, extinguir as mesas de rendas. Se franquear-se, porém, a navegação do grande rio, como é lícito esperar, ter-se-á de conceder o comércio direto a Manaus pelo menos, e de tomar providências de eqüidade a bem dos povos situados a tamanha distância do oceano. Admitindo que em Manaus se crie uma alfândega modesta (com o mesmo pessoal da mesa de rendas, o que será suficiente), cumpre que vejamos quais devem ser essas providências, parte integrante do decreto que organizar a dita alfândega.

Tenho a esse respeito, isto é, acerca de alfândegas em províncias afastadas do oceano (Mato Grosso e Amazonas), uma opinião já emitida na Câmara dos Srs. Deputados; a saber, que nessas províncias se deve permitir livre de direitos a importação de mercadorias; que nelas é preferível não haver alfândegas, porque estas, sendo aí estéreis para o Tesouro, embaraçam o comércio, o vexam, e paralisam; que em tais províncias a criação de alfândegas deve ficar adiada para a época do florescimento do seu mesquinho comércio atual. Não tenho esperança de ver adotada essa idéia radical, aliás intuitiva; nossos governos giram no círculo tradicional da rotina, e são inclinados à observância de uma simetria e de uma igualdade numéricas, que não guardam as leis da proporção e são fatais. A mais vulgar das objeções, a da igualdade dos encargos para todas as províncias, não obstante a desigualdade de suas respectivas condições, bastará para repelir-se a medida indicada. Nem hão de valer exemplos estranhos. Já referi o do Peru. Por virtude da lei de 20 de novembro de 1852, confirmada pelo decreto de 5 de abril de 1853, nenhum direito, nem de importação, nem de exportação, se cobra nos dois portos do Amazonas peruano, abertos ao comércio estrangeiro por esse decreto, Nauta e Loreto. Essa lei só excetua os impostos municipais, lançados por motivo de utilidade local. Um recente decreto da Bolívia também isentou de direitos a importação realizada no seu território do Beni por via do Amazonas. Essas providências parecem razoáveis.[31]

Pois bem, se não admitirem igual princípio, que pelo menos não se faça ao comércio do Alto Amazonas uma concessão inferior à que não se duvidou fazer ao de Mato Grosso. Com efeito, segundo bem me ponderou o Sr. ex-administrador da mesa de rendas de Manaus, fora razoável equiparar este porto a Albuquerque, senão conceder-lhe maiores vantagens, porque deve ser o entreposto dos países limítrofes. Ora, o decreto de 3 de dezembro de 1860, que promulgou a última tarifa das alfândegas, diz no seu art. 3.°:

"Na alfândega de Albuquerque se dará o abatimento de vinte por cento na importância dos direitos de consumo e adicionais (enquanto estes subsistirem) das mercadorias constantes da tabela D.

$ 1.° – Esta disposição terá lugar da data da execução do presente decreto até o fim de 1865-66, e daí em diante, em cada ano financeiro que se seguir se deduzirá 5% do mesmo abatimento, até que este cesse.

"§ 2.° – As mercadorias constantes da tabela D, já despachadas para consumo na referida alfândega, que tiverem, por qualquer motivo, de seguir para outra província, satisfarão previamente a importância do abatimento que na época do seu embarque ou entrega da carta de guia tiver lugar, na forma do presente artigo, lançando-se a verba do seu pagamento no despacho respectivo. No caso de falta de verba, na alfândega ou mesa de rendas importadora será a referida diferença cobrada na razão dupla."

A tabela D contém muitos e importantes artigos.

Esta concessão ao comércio de Mato Grosso foi feita pelo ilustre estadista, o Sr. Ferraz, que reformou a nossa tarifa das alfândegas e entrou resolutamente no caminho, que não deverá ser abandonado, da lenta redução das taxas. Invoco a autoridade do nobre ex-Ministro da Fazenda; apóio-me nela para solicitar igual medida a bem do Alto Amazonas.

Manaus se acha, porventura, em condições mais atendíveis que Albuquerque. Conquanto este porto do rio Paraguai demore a maior distância do oceano do que Manaus, navios a vela sobem freqüentemente ali com mais facilidade do que no Amazonas. Depois disso, no rio Paraguai (já franqueado a todas as bandeiras) há uma considerável navegação fluvial a vela, entretida sobretudo por estrangeiros (espanhóis, italianos e argentinos). Acresce que

---

[31] Napoleão III, na sua viagem à Algéria, suprimiu logo a alfândega da fronteira de Marrocos porque, dizia o Imperador, "ela custava mais de 100.000 francos e não rendia mais de 8.00", é justamente o caso das duas mesas de rendas citadas acima. Napoleão III condenou a aplicação à colônia africana do sistema de alfândegas e restrições marítimas da metrópole; atribuiu a isso o seu lento desenvolvimento e, entre outras medidas para torná-la próspera, estabeleceu a seguinte com uma notável decisão: "Declarar em franquia todos os portos da Algéria; suprimir assim todas as alfândegas". (Carta do Imperador ao marechal governador sobre a política da França na Algéria, § II; Jounal des Economistes, nov. 1865, págs. 297 e 302.) As medidas adotadas pelo Imperador foram completadas pela lei de 19 de maio de 1866, art. 9.°, que permite aos navios estrangeiros, mediante licença, a própria navegação de cabotagem entre os portos da Algéria e a liberta do privilégio exclusivo do pavilhão nacional, quer quanto ao comércio entre a metrópole e a colônia, quer entre esta e os países estrangeiros. As medidas deste gênero denotam um trabalho de reforma perseverante, que há de acabar pela extinção do regime protetor em França.

Albuquerque é o empório de uma província mais povoada que a do Alto Amazonas, mais industriosa e mais consumidora. Por outro lado, adiante de Manaus fica a província peruana, em cujos portos nada pagam as mercadorias, o que não consente que dali as venham buscar em Manaus que, aliás, com direitos mais baixos, bem poderia fornecer alguma coisa aos peruanos. Será lícito esperar que Manaus se torne o empório da Bolívia e da Venezuela, pelo menos, se a tarifa da respectiva alfândega não oferecer o obstáculo de taxas de importação tão elevadas como as atuais. Finalmente, sem uma redução, o comércio de Manaus continuará a desfalecer na dependência do Pará, vegetando na estagnação.

A redução proposta influirá no aumento da renda. Animará o comércio, e a receita prosperará. Veja-se o exemplo de Mato Grosso. Antes do decreto de 1860, no exercício de 1858-59, por exemplo, a sua renda de importação foi de 38:715$000, e no de 1859-60, ela foi de 50:498$000; mas, sob o regime do mesmo decreto, a renda subiu em 1860-61 à soma de 63:687$000, no de 1861-62 à de 78:737$000, e no de 1862-63 à de 73:769$000.

Por outra parte, concedido que com esse favor não aumente a importação de Manaus, cumpre atender que a dita redução de 20% sobre os direitos de consumo não determinaria mais que uma insignificante diminuição na renda do Império. Com efeito, os objetos importados em Manaus com carta de guia do Pará pagaram nesta alfândega direitos no valor de 131:047$000 no exercício último. Ora, 20% sobre esta soma apenas seriam 26:209$000, que o Tesouro houvera de perder, no caso em que todas as ditas mercadorias fossem diretamente importadas em Manaus. Nesta hipótese improvável (a de realizar-se em Manaus diretamente toda a importação do Alto Amazonas), perderia também o Tesouro o produto dos direitos de expediente cobrados atualmente em Manaus sobre as mercadorias remetidas do Pará, a saber, cerca de 8:440$000, como já disse. Seria, pois, apenas uma perda total de 34:600$000, ocasionada por uma medida utilíssima. Mas este mesmo insignificante algarismo é exagerado, porque nem toda a importação se efetuará em Manaus, e nem o comércio deste porto se manterá estacionário, antes receberá grande impulso.

A meu ver, porém, ainda o favor deverá ser maior do que se fez a Albuquerque. Em primeiro lugar, conviria que ele se aplicasse a toda espécie de mercadorias, e não somente às da tabela D, já citada. Em segundo lugar, a redução de 20% é muito pequena em relação aos enormes fretes, que a navegação atual impõe ao comércio, fretes que nos vapores são às vezes iguais a um quinto do valor do gênero. A diferença de 20% sobre o total dos direitos calculados segundo as taxas da tarifa é um abatimento insignificante. Por exemplo, em uma fatura de 10:000$000, o negociante de Manaus paga, meio termo, 10% de frete, isto é, 1:000$000. Ora, os direitos da alfândega representam nessa fatura cerca de 3:500$000, tomando-se a taxa média de 35%, que é a da tarifa atual. A dedução de 20% sobre esses 3:500$000 de direitos daria somente 700$000 em proveito do comerciante de Manaus, que aliás pagaria 1:000$000 de frete entre Pará e Manaus. A dedução, portanto, deverá ser maior, e nunca inferior a 50%, não sendo justo que o comércio do Alto Amazonas pague mais de metade das taxas que se cobram nos portos do litoral, que há muitos anos traficam diretamente com o estrangeiro.[32]

---

[32] O Parlamento reconheceu a justiça de uma redução semelhante em favor da alfândega de Albuquerque, permitindo até a isenção de direitos durante um certo período. Eis a autorização contida no art, 8.º da lei de

O Tesouro não perderá com isso: verá Manaus centralizar o comércio das Repúblicas vizinhas, prosperar e retribuir prodigamente os favores que se lhe fizerem,

Hoje esses favores são da maior eqüidade. A província do Alto Amazonas não pode dispensá-los, nem contentar-se com o comércio direto em Manaus, se o sujeitarem à uniformidade da exagerada tarifa das nossas alfândegas. Com efeito, à vista dos livros de uma das casas que mais transações fazem em Manaus, verifiquei o seguinte:

O comerciante do Pará cobra 10% de juro sobre o valor de cada fatura remetida aos de Manaus, a pagar no prazo de um ano. Na falta de pagamento exige letras com o juro de 1 1/2 a 2% ao mês.

Cobra mais 1% pelos despachos da alfândega na remessa dos gêneros, e esta mesma porcentagem é exigida das mercadorias consignadas de Manaus ao Pará.

O comerciante de Manaus paga na mesa de rendas 1 1/2 por cento pelo expediente dos gêneros estrangeiros e 1/2 por cento pelo dos nacionais.

Os fretes nos vapores são, meio termo, 10% do valor da mercadoria; mas há artigos que até pagam 100% de frete; os gêneros de estiva (vinhos, farinha, aguardente, etc.) pagam até 20% ; as próprias fazendas, remetidas em caixas e baús, pagam 8%. Não se pode contestar que seja essa tarifa de fretes exagerada, mesmo na sua taxa média de 10% .

Reunidas essas parcelas, temos que em Manaus os gêneros ficam cerca de 22% mais caros que o preço do mercado do Pará, e alguns (os gêneros de estiva) muito mais, talvez 30%.

O preço do mercado em Manaus é, porém, ainda mais elevado do que isso; porquanto, cumpre lembrar que esse mercado é menor, e deixam menos lucros as transações de detalhe; que há ainda ali os impostos locais sobre casas de comércio e canoas de regatão, que encarecem as mercadorias; que acrescem as avarias nas cargas e descargas; e que tudo isso se ajunta para exagerar o valor dos objetos. É assim que alguns gêneros, víveres por exemplo, se vendem 100% mais caros no Solimões; tais são o café moído, o açúcar, etc.

Que em tais condições possa facilmente aumentar o consumo, é o que ninguém acreditará. Abaixar os direitos será um alívio proveitoso aos consumidores e auxílio indireto para a elevação da receita pela elevação da importação. Permita-se a Manaus o comércio direto com um abatimento de 50% nos direitos e a capital do Solimões tornar-se-á o empório de toda essa redondeza, de Venezuela e Peru até a Bolívia, do rio Branco e do rio Negro, do Ucayali e do Huallaga, do Napo e do Putumayo, do Madeira e do Mamoré.

Elevando Manaus à categoria de alfândega é, pois, necessário conceder-lhe:

1.º – a redução dos direitos de consumo, em favor da importação direta, até 50% pelo menos dos das alfândegas;

2.º – a faculdade de aí entrarem por trânsito, como no entreposto do Pará, mercadorias destinadas quer à Venezuela, quer à Bolívia, quer ao Peru, ou antes, todas as mercadorias destinadas aos países limítrofes. Esta fórmula geral é a melhor. As exceções seriam mesquinhas.

19 de setembro último:

"Fica o governo autorizado para reduzir, como for conveniente, as taxas da tarifa especial da alfândega de Corumbá, na província de Mato Grosso, podendo conceder por espaço de cinco anos, depois de terminada a guerra atual, completa isenção dos direitos de consumo e de exportação".

Resta falar de Tabatinga.

O que vale a mesa de rendas de Tabatinga em uma fronteira quase deserta? Já se viu que ela nada ou quase nada produz para o Tesouro; isto é, apenas cobrou 659$580, tendo aliás gasto 10:673$000 desde a sua instalação.

Ocupando uma palhoça estreita, com duas salinhas, um corredor e uma varanda, baixa, suja e indecente, essa mesa de rendas não tem o caráter exterior de uma estação pública. Já lamentei a falta de decoro de tais estabelecimentos (cap. I, § II) ; como o quartel do destacamento, outra palhoça maior, a mesa de rendas não inspira esse sentimento de respeito, que se deverá ostentar nos estabelecimentos criados nas fronteiras, sendo preferível não os ter quando não podem ser fundados convenientemente.

Tabatinga não tem comércio, a não ser o de trânsito para o Peru, que se realiza diretamente de bordo do paquete mensal da Companhia do Amazonas para o vapor peruano, que aí vem encontrar-se com o da linha brasileira.

Os despachos se fazem sobre água, baldeando-se os volumes de um para outro navio, com assistência dos empregados da mesa de rendas.

Não há ali mais que três insignificantes vendas ou tabernas, cujo capital não excederá de 5:000$000. A povoação inteira não tinha, quando ali passei, mais que 50 pessoas, inclusive 30 guardas nacionais destacados.

O terreno à margem do rio é alto, o lugar é salubre, e domina a navegação.

Como o trabalho é quase nenhum, e reduz-se à conferência dos volumes nas baldeações mensais de um para outro paquete, o pessoal marcado pelo decreto de 1863 é superior ao necessário. É o mesmo da outra mesa de Manaus. Em setembro de 1865, apenas ali estavam, segundo um relatório do ex-administrador, este funcionário e um guarda; e ele acrescentava não obstante que o "serviço se tinha feito regularmente e a escrituração andava em dia". É fora de dúvida que não são precisos mais que o administrador e dois guardas; quanto a marinheiros, basta que o comandante do destacamento forneça os necessários quando forem reclamados. Os lugares de escrivão, escriturário e porteiro são inteiramente supérfluos. A meu ver, o cargo de administrador da mesa de rendas deverá em Tabatinga ser acumulado pelo oficial-comandante da fronteira, que também exerce o de subdelegado de polícia.

O ponto escolhido para a mesa de rendas parece o melhor. Verdade seja que, se a linha divisória, tirada da verdadeira foz do Javari ao Apaporis, corta o Solimões em uma diagonal mui oblíqua (sudoeste a nordeste, como parece), acontecerá que as canoas (ainda que não os vapores por demandarem mais fundo) poderão atravessar por trás do igapó (terra baixa inundada na enchente) fronteiro a Tabatinga, dentro do território peruano, e sair abaixo desse igapó junto às ilhas da foz do Javari, fora do alcance de Tabatinga. Para evitar isso já se indicou a conveniência de transferir-se a mesa de rendas para um lugar que fica 20 milhas rio abaixo, à margem direita, junto ao igarapé do Capacete, onde houve uma situação e ainda existem de pé dois ranchos, ponto situado em terra firme, um dos raros lugares em que o Solimões não é dividido por ilhas, sendo abrangido inteiro pela vista. Uma canoa percorre a distância entre o Capacete e Tabatinga em 7 horas subindo e em 3 1/2 descendo. É porém, um lugar deserto. Não há por agora receio algum de contrabando. Quando haja e seja preciso guardar a passagem das ilhas situadas à foz do Javari, bastará que, conservada a mesa de rendas em Tabatinga, esta destaque para o Capacete um escaler com armamento para sinais; como o rio tem aí meia milha de largura, não seria difícil exercer-se a fiscalização. Durante a enchente, se as bocas orientais do Javari oferecem navegação, são precisas outras precauções; mas só a experiência poderá aconselhar os meios mais adequados contra o contrabando, quando ele aparecer nesses desertos do Solimões.

II
Estações e registros fiscais no Amazonas

Além das estações fiscais de Manaus e Tabatinga, será preciso criar outras?

Se o Amazonas continuar fechado, o meu parecer é, como disse, que nenhuma é necessária, que mais vale permitir livremente ao comércio dos ribeirinhos o comércio interior, sem dependência de fiscalizações vãs e vexatórias.

Se, porém, se permitir a entrada aos navios estrangeiros, a resposta é diferente.

Nesta hipótese, o essencial é haver alfândega em Manaus, com o acessório de um entreposto para os gêneros importados por trânsito com destino à Venezuela, ou aos outros países limítrofes, como indiquei (§ I).

A alfândega de Manaus (modesta, com o mesmo pessoal da atual mesa de rendas) é indispensável. A mesma alfândega bastará para o comércio que um dia se estabelecer pelo Rio Branco com a Guiana Inglesa.

No Solimões[33] bastaria por agora habilitar a coletoria da cidade de Tefé para os despachos de embarcações e mercadorias que porventura se destinem ao território de Nova Granada, pelo Içá, e mesmo pelo Japurá, se para este, não se preferir um registro especial em Tocantins.

Além disso, conviria conservar o posto militar de Tabatinga, incumbindo-o de fiscalizar o comércio do Peru, não sendo aí necessária uma mesa de rendas, ou ficando esta estação com um pessoal menor. Quanto a esta República nada mais é necessário, pois que o comércio atualmente apenas se faz pelos afluentes do seu próprio território e, quando venha a fazer-se pelo Javari, Juruá ou Purus, me parece que são suficientes as estações fiscais de Tabatinga para o primeiro, de Tefé para o segundo, e de Manaus para o terceiro,

Finalmente, seria preciso uma coletoria em S. Gabriel no rio Negro, para conferir os despachos das embarcações destinadas à Venezuela.

Quanto ao Amazonas propriamente dito (abaixo do rio Negro), seria necessário criar a mesa de rendas encarregada da fiscalização do comércio do Madeira e Bolívia. Poder-se-ia fundar essa estação ou em Serpa, defronte da foz daquele rio, ou em Santo Antônio, a primeira das suas cachoeiras subindo, ou em Borba, à margem do mesmo rio e perto da sua confluência. Cuido que o melhor ponto para colocá-la é Borba, vila de certo movimento comercial. Havendo navegação a vapor no Madeira, esse ponto tornar-se-á

---

[33] Nome que recebe o Amazonas depois da confluência do rio Negro.

notável em pouco tempo. Ele centralizará o comércio da Bolívia e será o intermediário entre o Pará e esta República. Cumpre refletir que esse comércio do Madeira não deve ficar dependente da alfândega de Manaus, porquanto fora grande ônus obrigar as mercadorias destinadas a Borba a virem solicitar despacho em Manaus, e daí regressarem para subirem aquele rio. Com efeito, a foz do Madeira fica cerca de 100 milhas aquém de Manaus; seria extremamente penoso para as embarcações a vela subirem contra a corrente dessa foz até Manaus, no que perderiam 5 dias ou mais, tendo de retroceder depois rio abaixo. É indeclinável, portanto, a mesa de rendas especial para o comércio do Madeira.

Quando decretou as mesas de rendas de Manaus e Tabatinga, o governo pareceu preocupar-se com a necessidade de outras em diversos pontos. O aviso de 11 de janeiro de 1864, dando instruções ao Presidente do Pará para a execução do decreto de 1863, pede informações sobre a conveniência da criação de estações semelhantes em Santarém, Óbidos e Gurupá. Não me parece manifesta essa conveniência quanto aos dois últimos no estado ainda embrionário do comércio do Amazonas. Mas, acerca de Santarém, cabe fazer uma reflexão. Esta cidade é o porto principal que encontrarão os navios que entrarem no Amazonas pela boca setentrional, a de Macapá; essa entrada por Macapá deve ser franqueada, como adiante mostrarei; neste caso Santarém deve ter uma estação que verifique os despachos trazidos de Macapá. Demais, a posição geográfica daquela cidade, dominando o comércio de Mato Grosso pelo Tapajós (veja-se o § I do Cap. VI) e o do Solimões, de que é um entreposto natural, aconselhará mais tarde que seja ela habilitada até mesmo para as operações do comércio direto. Santarém fica a 466 milhas de Macapá e a 546 do Pará.[*]

É manifesta a necessidade de permitir-se aos navios a entrada pela verdadeira foz do Amazonas, onde existe Macapá. Hoje a navegação estrangeira, inclusive a do Peru, só freqüenta a boca do sul, ou o braço do Pará, em que se acha a alfândega.

Macapá fica a 30 horas de viagem do Pará, em um vapor de marcha regular, fazendo-se a viagem por dentro dos canais da boca do Amazonas e pela chamada Baía de Marajó; saindo do Pará ao oceano e entrando pelas ilhas da foz, a distância é maior. Situada em uma planície extensíssima e muito fecunda, Macapá atrai a atenção pela sua vizinhança dos estabelecimentos franceses da Guiana, e do território contestado, o Amapá, onde se refugiam os nossos desertores, criminosos e escravos. Ao norte lhe ficam a nossa colônia militar Pedro II e o curso do Araguari. O seu fundeadouro não é bom; aquém do canal é o rio muito baixo. Mas a navegação nada tem de arriscada. Um navio, com a carta dos canais, acossado pelos ventos de leste, tem sempre o recurso de correr para dentro do Amazonas, rio acima, até a Baía de Macapá, pouco adiante da povoação, que oferece perfeita segurança. Para a navegação de longo curso, para os navios que do oceano demandem, não o porto do Pará, mas os territórios dos países limítrofes, ou os nossos portos de Santarém e Manaus, será muito mais cômodo entrar pela foz do Amazonas, passando à vista do forte de Macapá, do que entrar pelas Salinas e subir pelo canal do referido porto do Pará. A primeira derrota é a mais curta e a mais fácil para os navios a vela. Segundo os trabalhos hidrográficos do Sr. Costa Azevedo, entre as duas viagens há a seguinte diferença:

---

[*] Ver nota 45, p.118. (N. da Edit.).

De Macapá a Almeirim	129 milhas
Do Pará a Almeirim	292 milhas
Diferença	163 milhas

Almeirim é uma povoação, em que as duas derrotas se encontram, situada no Baixo Amazonas entre Gurupá e Santarém. Conquanto de Macapá ao oceano, fora da influência das águas do rio, sejam 120 milhas, e só 80 do Pará ao oceano, a viagem por Macapá é pelo menos 120 milhas menor para quem demanda o Alto Amazonas.

Mas, para navios a vela, a preferência tem um motivo mais forte que a distância. Subindo por Macapá o navio tem sempre a favor os ventos de leste, que aí sopram constantemente, e chegam a levantar ondas no Amazonas. Do oceano para o Pará, e muito adiante até Santarém, o navio encontra o mesmo vento, com que atualmente navegam os barcos a vela, às vezes até Manaus; porém, cumpre advertir que, logo depois da cidade do Pará, a começar do furo de Breves, o canal estreita-se muito; em um deles, o Aturiá, furo extremamente pitoresco, verdadeiro corredor cujas paredes formam duas linhas densíssimas de uma floresta soberba, não há mais que 10 braças de largura em certos pontos. Ora, nesses canais em que se subdividem as águas da boca meridional, o vento é fraco e a linha de navegação tortuosa. Demais, de Macapá a Almeirim é a viagem favorecida pelas marés de enchente, que até aí chegam em toda a força; de Almeirim por diante a corrente das marés diárias só se faz sentir pela intumescência das águas, mas já não há correnteza que apresse a marcha do navio. Ao navio que sobe do Pará aproveitam as mesmas correntes das marés, mas são comparativamente fracas.[34]

Assentado que se permita a navegação por Macapá, será preciso colocar farol no cabo ou ponte de Maguari, o qual servirá igualmente aos navios que, vindo do norte, demandem o Pará pelo oceano, e outro na contra-costa de Marajó ou nas ilhas Caviana e Mexiana, fronteiras a Macapá. É por estas ilhas que corre um outro canal, que se diz praticável por grandes navios, e fica fora do alcance das baterias do forte de Macapá. No capítulo I, § II, já dei a descrição desse forte e indiquei os meios de defesa.

Resumindo, pois, chegamos ao seguinte resultado:

Atualmente, fechado o Amazonas, não há criar novas mesas de rendas.

Franqueada a navegação a todas as bandeiras, será necessário:

1.º Elevar a mesa de rendas de Manaus à categoria de alfândega, dando-lhe a faculdade do entreposto para o comércio de trânsito com os Estados vizinhos;

2.º Considerar Tabatinga um simples registro, mais militar que fiscal;

3.º Submeter à coletoria de Tefé a fiscalização do comércio que porventura haja de fazer-se para Nova Granada pelo Içá e pelo Japurá;

4.º Criar em Borba a mesa de rendas fiscalizadora do comércio com o Madeira e com a Bolívia;

5.º Habilitar a coletoria de Macapá, ou o comando da fortaleza, para o registro e

---

[34] Informações do Sr. capitão-tenente Costa Azevedo.

fiscalização das embarcações que demandarem o Amazonas pela boca do norte, sem carecerem tocar no Pará, se isto for permitido, como convém[35];

6.º Criar em Santarém uma mesa de rendas para fiscalizar essas embarcações e habilitá-la a despachar para consumo, ou receber por trânsito, mercadorias destinadas aos portos que lhe ficam além, sejam brasileiros, sejam dos Estados ribeirinhos, assim como a expedir despachos de exportação para mercadorias de procedência dos mesmos portos.

O mais urgente, porém, é a alfândega de Manaus, mas cumpre não perder de vista as reflexões que sobre a respectiva tarifa e a indispensável redução de direitos fiz no parágrafo precedente.

Além dos portos habilitados para o comércio direto e dos que serão apenas dotados de mesas de rendas, há ainda que indicar, pela natureza peculiar da navegação fluvial, aqueles que devem servir de escala ou lugares de refresco e trânsito. Esta questão envolve a do comércio de cabotagem no Amazonas. A minha opinião a esse respeito já é conhecida. Demonstrando a necessidade de se permitir livremente à marinha mercante estrangeira os transportes costeiros, tenho por vezes manifestado a aspiração de ser isso concedido sem reserva nem restrição alguma, quer no litoral do Atlântico, quer no litoral dos grandes rios. Mas, infelizmente, prevalecem escrúpulos que não permitem adotar-se a tal respeito uma medida geral e uniforme. Ser-me-á preciso, pois, indicar sobre este assunto medidas de acordo com o pensamento da política dominante, política certamente adiantada e digna dos aplausos que já mereceu o utilíssimo decreto de 27 de março último, que acaba de executar, por uma medida geral, o pensamento da lei do orçamento de 1862.[36]

No Amazonas, portanto, os navios das potências ribeirinhas ou não ribeirinhas poderão fazer não só o comércio direto, como também o de cabotagem, a saber:

1.º O comércio direto nos portos do Pará (onde já existe alfândega) e nos de Manaus e Santarém, os quais devem ser alfandegados, como acima expus ou o primeiro pelo menos.

2.º O transporte por cabotagem entre esses portos alfandegados (princípio do decreto de 27 de março já citado). Cumpre ajuntar:

3.º A escala, ou simples trânsito em franquia, para se proverem de combustível e munições, por todos os portos principais, devendo ser obrigatórias as seguintes:

A escala de Macapá para os navios que demandarem o Amazonas pela boca setentrional.

---

[35] O decreto de 31 de dezembro de 1863, já reconheceu, no § 4.º do art. 19, que em lugares onde não houver coletorias, ou onde for conveniente, devem haver simples agências, postos de fiscalização e registros, criados pelos presidentes das províncias, com os guardas ou vigias precisos e os escaleres necessários. Esta disposição pode ser aplicada a Macapá, não obstante ali haver coletoria; a Tonantins (comércio do Içá), a S. Gabriel (comércio do rio Negro), e a todas as povoações pequenas, lugares de trânsito para os Estados vizinhos.

[36] A lei do orçamento de 1862 autorizou o governo, no art. 23, §§ 4.º, 5.º e 6.º, para alterar as disposições vigentes acerca da navegação de cabotagem; o governo usou dessa autorização expedindo o decreto de 27 de março último. Este decreto permite, até ao fim de dezembro de 1867, às embarcações estrangeiras (de qualquer nacionalidade e sem dependência da reciprocidade) o serviço do transporte costeiro entre os portos do Império em que houver alfândegas. Esta faculdade abrange expressamente, segundo a frase do decreto, gêneros e mercadorias de qualquer origem.

A de Santarém para os navios procedentes de Macapá, quer se destinem ao mesmo porto de Santarém, quer aos portos do Madeira, quer a Manaus, quer aos portos do Peru.

A da cidade do Pará para os navios que entrarem no Amazonas por este lado, quer se destinem a esse porto, quer prossigam a viagem em direção a outros interiores.

A de Borba para os que demandarem o Alto Madeira.

A de Manaus para os que se encaminharem ao território da Venezuela.

A de Santa Isabel ou S. Gabriel, no alto rio Negro, para os que tiverem o mesmo destino, ou descerem dessa República.

A de Tefé para os que se dirigirem a Nova Granada pelo Içá (Putumayo) e pelo Japurá, podendo designar-se para este especialmente a de Tonantins.

A de Tabatinga, enfim, para os que buscam os portos peruanos.

Tais devem ser as escalas obrigatórias, as escalas fiscais, por assim dizer, segundo o destino dos navios.

Resta dizer quais os pontos onde as embarcações possam arribar e obter combustível e munições.

III

Escalas de trânsito no Amazonas – Favores especiais às embarcações dos Estados ribeirinhos – Liberdade do comércio de víveres – Vantagens da liberdade da pequena cabotagem do Amazonas

A navegação a vapor exige, por agora, o uso da lenha na falta de depósitos de carvão-de-pedra; ora, a lenha ocupa demasiado espaço sobre o convés do navio e debaixo dele. Um vapor mediano, carecendo de 300 a 400 achas por hora, ou 4 a 6.000 por dia, não pode deixar de parar de 24 em 24 horas para de novo receber combustível. Felizmente, quer no Baixo Amazonas, quer no Solimões, há atualmente pontos em que se encontra a lenha de 24 em 24 horas de navegação, meio termo. Por outro lado, se não obedece a essa exigência do combustível, a navegação a vela suporta outra, a demora das viagens fluviais contra a corrente ou contra o vento: viagens em um clima áspero, durante um, dois e três meses, exigem certamente escalas periódicas, lugares de repouso e refresco. Portanto, será preciso, quer para os navios a vela, quer para os vapores, permitir que façam escala e se provejam de munições e combustível e reparem avarias, seja nos lugares de escala obrigatória, seja em outros intermédios.

Quais devem ser estes? Já o governo os indicou, quando estabeleceu as escalas para as embarcações peruanas, em virtude do decreto de 1863.

Com efeito, não há razão alguma para que mesmo aos navios dos Estados não ribeirinhos se negue fazerem escala pelos pontos onde hoje é isso permitido aos da República do Peru.

Estes pontos de escala das embarcações peruanas, que devem ser os das de outras quaisquer nacionalidades, foram designados, depois do referido decreto, pelas presidências do Pará e Alto Amazonas. São os seguintes: Breves, Tajipuru, Gurupá, Prainha, Santarém e Óbidos, na província do Pará; e Vila Bela, Serpa, Coari, Tefé, Fonte Boa, Tonantins (este último por um ato do ano próximo passado) e S. Paulo de Oliveira, na do Alto Amazonas. Em Tajipuru é só permitido receber lenha. No cap. III citarei as distâncias entre os mais importantes desses pontos e o tempo de efetiva navegação a vapor.

Segundo o art. 19, § 3.º, do decreto de 31 de dezembro de 1863, os portos de escala deveriam ser pelo menos os freqüentados pelos vapores da Companhia do Amazonas; e efetivamente eles são todos os da escala da 1.º e 2.º linhas da mesma Companhia, com exceção, na primeira, do Porto de Mós, porque não está situado no litoral do Amazonas, mas sobre o Xingu, algumas milhas acima da sua foz; e, na segunda linha, de Codajás, ainda não designado. Convém que aos estrangeiros se permita igualmente fazer escala neste último ponto, colocando em frente à foz do Purus; e também, no Baixo Amazonas, em Monte Alegre e Almeirim. A este respeito existe uma reclamação do governo peruano, que não há inconveniente em ser atendida.[37]

Todos os lugares acima indicados se acham no litoral do Amazonas. Quanto a iguais pontos de escala nos afluentes, observarei que só a experiência pode aconselhar o melhor. Acerca de dois deles, o Madeira e o rio Negro, já falei das respectivas escalas obrigatórias em Borba e S. Gabriel. No primeiro, ainda há um ponto, o Crato, que serviria de registro fiscal, se não se preferisse criá-lo na cachoeira de Santo Antônio, qualquer que seja a direção da linha divisória, de acordo com o governo boliviano. No rio Negro, entre os dois extremos, Manaus na foz e S. Gabriel na fronteira, há ainda Tapessassu, Barcelos e Santa Isabel; mas parece-me que aí bastam os dois colocados nas extremidades. Enfim, quanto aos demais rios, como o Içá e o Japurá, onde não há absolutamente povoação alguma, artérias desse gigante deserto que apenas servem de estrada, a escala deverá ser aquela que o navegante preferir, a seu arbítrio e sem limitação nenhuma. A experiência, repito, e o desenvolvimento desses territórios, indicarão depois o que convenha fazer.

Não descubro inconveniente em haver grande número de escalas. Aos paquetes da Companhia Brasileira é lícito transportarem mercadorias de ou para cada um dos portos de escala, carregarem e descarregarem em cada um deles, como praticam habitualmente. Aos navios peruanos, por ser a cabotagem reservada à bandeira nacional, não é permitido isso senão em Manaus e Tabatinga. Não obstante a liberal disposição do art. 19, § 2.º, do citado decreto, ainda não se facultou aos mesmos navios peruanos exercerem atos de comércio

---

[37] A nota de 25 de agosto de 1865 do Sr. Seoane, ministro do Peru, reclamava do governo imperial: 1.º, designação de outros lugares mais além dos já designados, para os navios peruanos comunicarem-se com a terra; 2.º, permissão para os passageiros desses navios poderem desembarcar e ficar, independente de licença das autoridades locais, em todos os portos de escala, não o podendo fazer sem essa licença nos arribada. (V. o Relat. do Min. dos Neg. Estrang., 1866, pág. 126)

A nota do Ministério dos Negócios Estrangeiros de 12 de setembro, fazendo aliás outras concessões solicitadas naquela, declara, quanto ao 2.º ponto, que nos portos de Belém (Pará), Manaus e Tabatinga é que podem os passageiros desembarcar e demorar-se independente de prévia licença da autoridade local, sendo nos mais necessária essa licença. Pergunto: para que esta exigência quanto aos passageiros, só porque viajam em um navio peruano? Quantas razões podem exigir a interrupção de uma viagem e obrigar o passageiro a ficar em um porto intermédio? Demais, atendendo ao clima rigoroso daquele rio, à natureza da viagem e ao tempo necessário para percorrer tão grandes distâncias (a saber, de Belém a Manaus seis dias, e de Manaus a Tabatinga oito, em vapor de boa marcha, sendo mais do triplo em navio a vela), me parece

nos outros portos. Além disto, essa mesma disposição limita-se a prometer a descarga (em tais portos de escala) de gêneros peruanos e a carga de gêneros nacionais; não abrange as mercadorias de outra procedência, as de importância estrangeira no Pará. Ora, aos paquetes da Companhia do Amazonas e às embarcações brasileiras em geral é que ficaram reservadas a carga e descarga destas últimas mercadorias. Por virtude do decreto de 27 de março citado, será, como disse, permitido a quaisquer navios estrangeiros, aberto o Amazonas, transportarem mercadorias de qualquer natureza de uns para outros portos que forem alfandegados nesse rio; mas não é natural que então se permita, pelo menos aos não-ribeirinhos, igual transporte entre os portos de simples escala, nem mesmo o de mercadorias nacionais. A referida disposição do art. 19, § 2.º, ficará, pois, circunscrita às embarcações dos ribeirinhos. Ainda assim, e ainda com a sua limitação aos gêneros de produção do Brasil ou dos mesmos ribeirinhos, será esse um favor considerável e uma medida útil. Com efeito, o princípio que dantes prevalecia era o da cabotagem fluvial exclusiva para cada Estado. O tratado com a Venezuela, de 5 de maio de 1859, exprimia este princípio declarando, no art. 8.º, que na navegação comum "não se compreende a de porto a porto da mesma nação, ou de cabotagem fluvial, que as altas partes contratantes reservam para os seus respectivos súditos e cidadãos". Na verdade, essa promessa do art. 19, § 2.º, deve ser posta em prática desde já para os navios peruanos a respeito de certos portos, estendendo-se ulteriormente aos dos outros Estados limítrofes.

Acerca de um desses portos de escala, o de S. Paulo de Olivença, no Solimões, acaba de ser permitido que a ele possam os vapores peruanos vir expressamente para comprar e carregar o gado, de que ali existe criação e de que há falta na vizinha província de Loreto.[38] Para o sustento dos operários, marinheiros empregados de Iquitos, por exemplo, pode a administração peruana contar com o recurso valioso do nosso gado que não encontra consumidor no país (sabe-se que no Solimões a tartaruga substitui a carne de vaca). O consumo da província limítrofe animará os nossos raros criadores, os quais se devem fomentar em um país cujas indústrias são a pesca e a colheita de drogas.

A legação peruana, em 1864, pedira que aos respectivos vapores se concedesse carregar e descarregar em quaisquer portos. Negou-se-lhe então esta medida ampla, e só há pouco é que se permitiu a todos os vapores da República apenas o transporte de gado em S. Paulo de Olivença. O meu parecer é que, por amor de nós e dos nossos vizinhos, se deve alargar o favor, abrangendo todos os portos de escala nos termos da promessa do § 2.º do art. 19 do decreto citado, que ainda não teve execução. Pelo menos há três pontos, além de S. Paulo de Olivença, onde seria indispensável facultar às embarcações do Peru desde já a carga de mercadorias

---

manifesta a necessidade de dispensar-se a exigência da licença, conforme reclamara a legação peruana. Quanto ao primeiro ponto da reclamação, o Ministério de Estrangeiros disse que pedia informações acerca da conveniência de serem designados outros portos em que os navios da República vizinha possam comunicar-se com a terra. Segundo exponho no texto, na província do Amazonas só há um porto que resta compreender na designação; é o de Codajás (defronte da foz do Purus), onde já tocam os vapores da Companhia Brasileira. Quanto à província Pará, entre outros lugares, convém designar os de Monte Alegre e Almeirim, notando-se que o primeiro é importante. Feitas estas concessões, e revogada a exigência de licença para o desembarque de passageiros nos portos de escala, nada mais haverá a acrescentar por agora.

[38] São recentes os atos do governo a tal respeito: datam do fim do ano passado.

nacionais e a descarga dos gêneros do mesmo país: são eles a cidade de Tefé (província do Alto Amazonas), situada quase a meia distância entre Manaus e a fronteira do Peru, em cujo distrito há gado e víveres; a cidade de Santarém e a vila de Óbidos (província do Pará), pontos intermédios entre Manaus e Belém, nos quais há igualmente bastante gado e gêneros de primeira necessidade. A maior procura, aumentada pelos consumidores limítrofes, de farinha e outros cereais, alimentará a nossa pequena lavoura apenas na infância. Da mesma sorte, é nos nossos portos fluviais que se consome uma parte dos chapéus de palha peruanos, mormente os das qualidades inferiores (5 a 10$000), produto principal do território vizinho, e mercadoria de retorno com que o seu pequeno comércio paga ao do Pará. Assim, pois, com a aplicação do § 2.º, do art. 19, a todos, ou pelo menos aos mencionados portos de escala, serão atendidos os interesses do nosso país e os do Estado vizinho, consumidores e produtores reciprocamente.

Parece-me que esse comércio e transporte de víveres deveria ser permitido em todos os portos, e sem distinção quanto a gêneros nacionais e estrangeiros. Que os navios dos povos limítrofes os comprem e carreguem, de qualquer natureza que sejam, brasileiros ou não, é interesse nosso, interesse do nosso comércio, e pode ser um meio de socorro no caso de fome no país limítrofe. Quer continue o estado atual da navegação, quer seja franqueada a todas as bandeiras, penso que as dos países limítrofes, a peruana, a venezuelana, a boliviana, a granadina, devem gozar de isenções especiais para esse comércio de gêneros brasileiros, como permite o decreto de 1863, com o acréscimo de gêneros alimentícios de qualquer qualidade e procedência, mormente nos mencionados portos de Santarém, Óbidos e Tefé. Nesta hipótese, os direitos seriam cobrados pelas coletorias, enquanto não houvesse mesas de renda, sendo que atualmente já as mesmas coletorias cobram os direitos de exportação para fora das respectivas províncias.

Cabe, aqui, observar que, ao menos às embarcações dos Estados ribeirinhos, fora útil conceder o transporte de pequena cabotagem, isto é, o transporte de gêneros de qualquer natureza e procedência, entre os portos de escala, ou entre alguns desses portos. Esta medida seria o complemento das do decreto de 1863. Com efeito, conquanto o referido decreto permita às embarcações do Estado limítrofe a importação e exportação em Manaus e Tabatinga, é certo que os seus vapores não se têm prevalecido desta faculdade, nem parece que lhes seja vantajoso empreender uma viagem para do Pará trazerem mercadorias a Manaus somente, ou vice-versa, lutando demais com a competência dos paquetes da Companhia do Amazonas. Entretanto, nas viagens que os ditos vapores peruanos fazem alguma vezes do Pará ou para o Pará, poderia acontecer que nessa cidade, ou em Tefé, ou Óbidos, ou Santarém (se lhes permitisse embarcar e desembarcar gêneros de importação ou exportação, nacionais ou estrangeiros), fossem preferidos pela comodidade do frete, pela necessidade de rapidez, pelo melhor acondicionamento, ou por outro motivo. Não dissimulo, pois, que a meu ver, no Amazonas, a maior vantagem está em permitir-se o transporte entre os pequenos portos fluviais a quaisquer bandeiras, sem reserva alguma, porquanto : 1.º todas as facilidades dadas a estas redundam a bem da nossa mesquinha produção atual, traduzem-se em proveito nosso, maior que dos estrangeiros; 2.º porque não temos no Amazonas marinha propriamente dita, com exceção dos vapores da Companhia, a que prejudiquem tais facilidades; 3.º porque, ainda que existisse, o interesse dos donos de alguns pequenos barcos, que ali navegam, não deve preferir ao interesse geral e, quanto a esses vapores, pertencem a uma empresa largamente favorecida; 4.º porque a concorrência aumentaria os meios de transporte; 5.º porque o monopólio de fato daquela Companhia não a instiga a servir bem ao comércio dos pequenos portos, que carecem de incentivo.

Habilitada Manaus para a importação direta, não creio que desde já se conseguisse aí o comércio direto em escala considerável. A vantagem imediata resultante, para as povoações brasileiras, da abertura do rio e do comércio direto, não será desde logo tamanha como para as povoações dos Estados limítrofes, e principalmente da Bolívia e do Peru. Continuarão todas, mesmo Manaus, a fornecer-se por intermédio do Pará, donde lhes virão as mercadorias estrangeiras despachadas para consumo. Mas obteriam as nossas povoações uma vantagem incontestável: as embarcações estrangeiras, que fizeram o comércio do Peru e da Bolívia, poderão carregar e descarregar em Manaus por exemplo (em virtude do decreto sobre a livre cabotagem entre portos alfandegados) gêneros remetidos para o Pará ou vice-versa, fazendo concorrência aos vapores brasileiros, abaixando o frete e melhorando o transporte. Do mesmo modo, se às mesmas embarcações estrangeiras facultar-se tocarem em alguns dos maiores portos intermédios, podendo fazer o comércio de grande e pequena cabotagem no território brasileiro, será muito mais notável a vantagem para essas nossas povoações, como Santarém, Óbidos, Tefé, etc.

O projeto sobre a navegação costeira, adotado pela Câmara temporária e pendente do Senado, previu esta hipótese, quando facultou ao governo permitir aos vapores estrangeiros a cabotagem entre os portos dos rios Paraguai, S. Francisco e Amazonas.

IV
Observações ao regulamento de 31 de dezembro de 1863 – Entreposto do Pará – Formalidades dos despachos nas estações fiscais do Amazonas

A livre navegação do Amazonas não carece de um casuístico regulamento especial; as disposições fiscais existentes podem bem regulá-lo com aquelas providências particulares que a experiência for aconselhando. É o que já disse no cap. I, § II. Com efeito, cumpre fazer aos autores daquele regulamento, expedido para reger a navegação do Amazonas por embarcações peruanas, a justiça a que tem o direito o espírito liberal que nele domina. A meu ver, não tem o governo outras providências a adotar, abrindo o Amazonas, a não ser as seguintes:

– Estender as disposições desse decreto não só à Venezuela, segundo prometera o relatório do Ministério de Estrangeiros de maio de 1864, como a cada um dos Estados ribeirinhos;

– Criar as estações fiscais indicadas no § II.

Entretanto, algumas alterações, já aconselhadas por dois anos de experiência, podiam ser e estão sendo adotadas. É assim que, reclamando a legação peruana contra a exigência do art. 29, que obrigava as embarcações dessa nacionalidade ao registro na mesa de rendas de Manaus, não obstante já serem submetidas ao da de Tabatinga, o decreto de 3 de janeiro último dispensou o dito registro em Manaus, que era duplicata inútil e vexatória, pois que obrigava os navios peruanos a uma escala desnecessária (Manaus não demora, como se sabe, na margem do Amazonas, mas pouco acima da foz do rio Negro) e a perder tempo por esse motivo.

Falei do espírito liberal do decreto de 31 de dezembro. Eis um exemplo: segundo os seus arts. 8.º, § 4.º, e 9.º, § 1.º, os portos de Manaus e Tabatinga (onde ele criou mesas de rendas) ficaram habilitados para a importação e exportação diretas (isto é, para a importação e exportação sem despacho no Pará) de algumas mercadorias estrangeiras.[39] Mas, além da restrição quanto às classes de mercadorias, cumpre advertir que o transporte só se poderá fazer, segundo o decreto em embarcações brasileiras e peruanas. Contudo, o mesmo decreto deu o primeiro passo para o princípio da livre navegação. Acrescentarei que nenhuma embarcação ainda se prevaleceu dessa faculdade, nem é lícito esperá-lo pela quantidade limitada das mercadorias cuja importação direta é permitida, pois que aqueles artigos não abrangem as classes de mais consumo (fazendas, por exemplo) ; nem as que compreendem, bastam para compor os pequenos e variadíssimos carregamentos destinados ao embrionário comércio do Alto Amazonas.

Esse decreto organizou o entreposto para as mercadorias de trânsito, criado na alfândega do Pará. Esse entreposto funciona bem. O edifício da alfândega dispõe de espaço suficiente e acomodado para o atual comércio. O regulamento é observado com discrição e inteligência pela administração da alfândega.

No exercício de 1864-65, entraram no entreposto mercadorias no valor de 128:539$000, das quais só 71:945$000 foram efetivamente despachadas por trânsito, sem pagar direitos alguns, para o Peru. O movimento do entreposto tende a aumentar. No primeiro semestre do último exercício (1865-66) foram daí despachados por trânsito para o território peruano 83:799$000, e a soma desse exercício inteiro eleva-se a cerca de 200:000$000, o que é um aumento considerável. A criação do entreposto está, pois, aproveitada e correspondendo à expectativa. O aumento do movimento por trânsito não foi aliás em prejuízo do comércio de reexportação, que no mesmo exercício subiu 160:000$000, tendo sido só de 69:584$000 no de 1864-65.

De maio de 1864 a setembro de 1865, tinham entrado no entreposto 2.476 volumes, e saído 2.205.

A renda do entreposto no exercício de 1864-65 foi de 327$958. A taxa da armazenagem é, para os gêneros estrangeiros, 1/2%, calculado sobre a importância dos direitos de consumo, dentro dos primeiros seis meses, e daí por diante 1% ao mês. As mercadorias nacionais pagam 1/2% mensalmente, sobre os direitos de exportação; a pólvora, armamento, etc., 1% sobre os direitos de consumo. A tabela que isso regula, cobra as despesas de embarque, condução, e outras. As taxas dessa tabela não parecem

---

[39] São elas: sal comum, carne seca, farinha de trigo, carvão-de-pedra, pedra calcária, máquinas de vapor, utensílios da lavoura, instrumentos e materiais para obras públicas, animais, peixes salgados, frutas, gelo, pedra para construção e outras.
Em retorno poderão as mesmas embarcações exportar diretamente por ditos pontos gêneros de produção e manufatura nacional.

exageradas; mas, aumentado o comércio, ela deverá reduzir-se, não devendo produzir mais que o necessário para o custeio do entreposto.

O prazo de seis meses para o gozo da armazenagem de 1/2% parece, porém, curto; e a exigência de 1% por cada mês posterior deve ser abandonada. Longe de se agravarem as taxas dos entrepostos, devera-se diminuí-las extremamente, porque a sua modicidade é um incentivo para atrair o comércio, para facilitar os depósitos e para aumentar o movimento dos portos. O Estado ganha com esse movimento muito mais do que perde com as taxas pequenas sobre a armazenagem.

Em minha opinião, deveriam ser abandonadas igualmente:

– a exigência da caução dos direitos de consumo sobre as mercadorias que entram no entreposto. Essa exigência determina delongas, dependências e formalidades onerosas, como se sabe;

– a obrigação da abertura e conferência dos volumes destinados ao entreposto, atos que se praticam para a avaliação dos direitos de consumo, que hão de ser caucionados, e para o cálculo da taxa de armazenagem. Já disse que a dita caução é escusada e onerosa, mas, se contudo a desejam manter, permitam ao menos que o cálculo dos direitos de consumo se faça à vista das faturas e o cálculo da armazenagem quer sobre essa base, quer por uma taxa certa segundo a medida cúbica ou de peso.

Foi contra essas duas exigências que ouvi queixas de vários comerciantes do Pará, que aliás todos rendiam justiça à discreta aplicação da lei e à retidão manifestada pelo atual Sr. Inspetor da alfândega. Com efeito, os volumes de mercadorias destinadas ao Peru contêm geralmente uma grande variedade de objetos; em uma só caixa, há artigos de diferentes classes, indústrias e valores. Como esses volumes têm de atravessar péssimos caminhos, sendo em alguns carregados pelos índios, e de sofrer muitas baldeações, são eles na Europa encaixotados e arrumados de modo particular. O desarranjo que ocasiona a conferência no Pará traz avarias e prejuízos. O art. 8.º de outro decreto de 31 de dezembro de 1863 (n.º 3.217) já previu essa hipótese dizendo que "na conferência dos gêneros destinados a entreposto, poder-se-á dispensar uma verificação rigorosa, conforme as circunstâncias". No entreposto do Pará, porém, pelo motivo exposto, deve-se dispensar inteiramente a conferência das mercadorias, sendo recebidas pelas faturas, base para o cálculo dos direitos.

Pelos arts. 217, 218 e 219 do regulamento das alfândegas, confirmados pelo art. 2.º, § 2.º, do decreto 3.217 de 31 de dezembro de 1863, a concessão de entrepostos particulares depende do Ministro da Fazenda. Do Pará e de Corumbá se há de vir ao Rio de Janeiro para isso! Não sei como não se exigiu que o negócio seja sujeito ao Conselho de Estado e decidido por decreto imperial. O senso comum mostra que tais negócios devem ser tratados e resolvidos perante os inspetores das alfândegas, que são os chefes responsáveis deste ramo de serviço público, com apelação para os inspetores das Tesourarias de Fazenda, ou para os presidentes de província em conselho com essas autoridades, e vocalmente, sem mais papelada alguma.

O art. 27 do regulamento de 31 de dezembro citado submete as embarcações peruanas, nos portos de Manaus e Tabatinga e nos outros em que carregarem ou descarregarem, ao imposto de 80 rs. por tonelada e por cada dia de estado ou demora, acrescentando que isto se cobra para as despesas de faróis e balizas. Essa taxa da ancoragem é exagerada. Nas doze viagens anuais que os vapores peruanos fazem a Tabatinga para aí receberem as cargas do paquete da Companhia do Amazonas, eles teriam de pagar, demorando-se só dois dias de cada vez, cerca de 1:000$000. Não conto as viagens extraordinárias. Com aumento do comércio, a taxa da ancoragem deverá ser reduzida. A legação peruana já reclamou a este respeito. Seria mais razoável uma taxa fixa pela entrada de cada navio nos portos habilitados do Amazonas.

O processo dos despachos na alfândega e mesas de rendas exige algumas reflexões.

Este assunto é um daqueles em que o comércio merece ser atendido sem demora. As formalidades atuais são vexatórias e inúteis. A papelada no Pará é tal que os despachos de um dos vapores da Companhia do Amazonas, em uma recente viagem do Pará a Manaus, pesavam 8 libras. Esses enormes papéis são designados ali pelo nome de papagaios. As cartas de guia do Pará, que acompanharam o manifesto do paquete Tapajós na viagem do mês de novembro último, foram 29, das quais 17 de gêneros estrangeiros e 12 nacionais. Os despachos processados pela mesa de rendas de Manaus, em conseqüência daquelas cartas de guia, foram 37, por primeiras e segundas vias, e produziram a receita seguinte: expediente dos gêneros estrangeiros, 95$352; idem dos nacionais, 11$672; somando 107$024, produto de toda essa papelada, ou menos de 3$000 por cada despacho!

Os manifestos e cartas de guia vêm por primeira e segunda vias do porto da procedência do gênero, assim como é igualmente por duas vias que no porto de destino se processam os despachos para a saída dos gêneros. Cada uma das vias deve conter minuciosamente a quantidade e o valor de cada artigo, exigência penosíssima, pois sucede comumente que cada volume contém muitos artigos de classes e natureza diversas. A bem do comércio de cabotagem do Amazonas, mormente do que fazem os paquetes da Companhia, que devem inspirar perfeita confiança ao fisco, dever-se-ia permitir o seguinte:

1.º que no porto da procedência se faça uma só guia, a qual seja arquivada na estação fiscal respectiva, e por ela se organize o manifesto que acompanha as mercadorias;

2.º que no porto de destino se faça um só despacho;

3.º que estes despachos contenham simplesmente o número dos volumes e o seu valor, sem especificação de cada artigo, ficando a estatística de tais mercadorias a cargo da estação que expedir as cartas de guia.

Sabe-se que o nobre ex-Ministro da Fazenda, o Sr. Sousa Franco, em 1857, dispensara as cartas de guia, restabelecidas depois de 1860, sem que disto provenha grande utilidade. Ao menos no Amazonas poderiam ser dispensadas sem inconveniente.

Em Manaus e em Tabatinga os despachos se fazem sobre água, em virtude da portaria da Tesouraria de Fazenda de 23 de julho de 1864. Como não há ali nem armazéns nem pontes de descarga, deve essa concessão continuar. Habilitada Manaus para o comércio direto e para o de trânsito, bastaria por agora haver uma embarcação de grande bojo, onde atracassem os navios, a qual servisse de depósito e de barca vigia, com alojamentos para os guardas, etc.

Acrescentarei que, nas notas das mercadorias de entreposto, se deveria suprimir a nota especial de saída, bastando que nas de entrada se indiquem à margem os volumes efetivamente retirados.

Não ajuntarei palavras para encarecer as providências que aponto. Presumo haver observado cuidadosamente, durante algum tempo, o que mais interessava ao comércio do vale do Amazonas. Acredito que o resultado desse estudo consciencioso não passará despercebido da administração central.

CAPÍTULO TERCEIRO

COMÉRCIO E NAVEGAÇÃO

Para avaliar-se bem o movimento comercial do vale do Amazonas, darei um resumo da população que se presume espalhada por aquela imensa superfície.

Ei-lo:

No Brasil, 256.480 habitantes, dos quais 215.600 na província do Pará e 40.880 na do Alto Amazonas, algarismos que considero moderados;

No Peru (província de Loreto), 51.000;

Na Bolívia (departamento do Beni, Bacia do Madeira), 30.000;

Na Venezuela, 16.000.

O total pouco excede de 363.000 habitantes. Não inclui, porém, nem os raros habitantes das fronteiras do Equador, de Nova Granada e das Guianas, que se julgam desertas, nem, quanto à Bolívia, os departamentos meridionais da Bacia do Madeira (Santa Cruz e Cochabamba), que com o do Beni possuem 600.000 habitantes. Com estes, o total da população derramada no vale do Amazonas sobe a perto de 1.000.000.

Essa população é, na maior parte, semibárbara. Os seus hábitos, os seus costumes, as suas indústrias, a própria língua (pois que em muitos dos povoados a língua geral ou tupi é a única conhecida), denunciam a raça dos aborígines ainda não transformada pelo contato com os europeus.

Isto posto, o fato de um ativo movimento comercial no Amazonas deve surpreender.

I
Comércio do Amazonas

Aqueles que, percorrendo o grande rio, o encontram na máxima parte deserto, sem povoados e sem navegação, perguntam naturalmente onde é que se consomem os 7.000 contos de mercadorias importadas anualmente pelo Pará, ou onde é que são produzidos os outros 7.000 ou 8.000 contos, que essa região exporta? A resposta é fácil. Não é só nas margens do rio principal, é nos afluentes, nos furos, nos igarapés, onde há terras firmes e a residência fixa é possível, é nessas paragens, encobertas pelas ilhas e pelas florestas, que abundam os gêneros de exportação, que se colhem os produtos espontâneos, que se preparam as drogas; é aí que o tapuio ignaro e semi-selvagem produz e consome, na obscuridade, na solidão dos bosques, longe dos povoados, os objetos que figuram nas estatísticas do Pará. As miseráveis choupanas, as desertas aldeias e as vilas do Amazonas fazem com a cidade do Pará esse importante comércio de 15.000 contos, que assinam àquele porto o quinto lugar na escala da exportação do Brasil, o quarto ou o quinto na da sua importação.

E, coisa notável, se algumas povoações estão decadentes ou estacionárias, o comércio progride. Porquanto, assim como a população, em busca das drogas e no preparo dos produtos da pesca, vive errante e movediça, assim o comércio se dissemina por uma superfície imensa.

Por exemplo, enquanto o rio Negro, outrora mais povoado, é hoje quase deserto, o Madeira, que o era há 13 anos quando por aí desceu Gibbon, conta hoje muitos sítios e feitorias; o Purus começa a atrair trabalhadores e regatões, e como ele o Coari, o Tefé, o Juruá, etc.

O porto do Pará cresce constantemente na escala do nosso comércio. Antes era o do Maranhão que remetia por cabotagem ao Pará grande quantidade de mercadorias estrangeiras despachadas naquela alfândega. Hoje é o Pará que pelo contrário, já supre por cabotagem ao Maranhão e ao Ceará algumas dessas mercadorias superabundantes no seu mercado. Assim, a exportação do Pará por cabotagem (para outros portos alfandegados) de mercadorias estrangeiras, que em 1860-61 foi só de 65:853$000, subiu em 1864-65 à soma de 779:366$000, destinadas ao Maranhão, Ceará, etc. Por outro lado, diminui no Pará a importação por cabotagem das mesmas mercadorias estrangeiras, a qual, tendo sido de 419:834$000 no primeiro daqueles exercícios, foi só de 247:782$000 no último.

Eis, aqui, um resumo dos valores do comércio do Pará no exercício de 1864-65, segundo os quadros da alfândega:

Importação – Total . . . . 7.883:535$000
        O total é distribuído do seguinte modo:
1.º Importação direta no porto do Pará . . . . 4.757:317$000
        No exercício de 1860-61, que teve maior, a mesma importação foi de . . . . 5.704:745$000
2.º Importação de gêneros estrangeiros já despachados para consumo em outras alfândegas   247:782$000
        No dito exercício fora de . . . . 419:834$000
3.º Importação de gêneros nacionais das outras províncias . . . . 1.457:099$000
        Ainda não teve superior nos exercícios anteriores.
4.º Importação especial de produtos da província do Alto Amazonas, verificada no porto do
Pará . . . . 857:783$000

Esta soma compreende: 1.º os gêneros sujeitos ao direito de expediente de 1/2% ; e 2.º os somente sujeitos ao de capatazias, no valor de 468:206$000. Entretanto, me parece que esse algarismo é inferior à soma real das mercadorias remetidas dos portos do Alto Amazonas para o Pará. Fácil é que se confundam as designações das procedências. Contudo, não altera isso o resultado geral, porque o que não figura no cálculo parcial dessa verba da importação, há de ser representado na soma da exportação total do vale do Amazonas, que se faz inteira pelo Pará.

5.º Importação de gêneros do Peru no Pará . . . . 562:554$000
        Desta soma apenas 4:340$ entraram por trânsito com destino a país estrangeiro.
        Exportação – Total . . . . 7.953:686$000

Esta soma é distribuída assim:

1.º Exportação para fora do Império . . . . 5.850:371$000
        A dos quatro exercícios precedentes foi pouco inferior.
2.º Exportação para dentro do Império . . . . 833:988$000

Desta soma foram 56:621$000 de gêneros nacionais e 777:366$000 de mercadorias estrangeiras, que figuram na navegação com carta de guia para outras alfândegas do litoral.

3.º Exportação do Pará para a província do Alto Amazonas . . . . 860:905$000

Desta são: gêneros nacionais, 199:780$000; e estrangeiros já despachados para consumo 661:125$000.

Notarei que a importação do Alto Amazonas parece ser, à vista de outros dados, um pouco maior do que a desse algarismo, que aliás é só o das remessas da cidade do Pará, sem compreender as dos portos intermédios.

4.º Exportação para o Peru . . . . 408:412$000

Distinguem-se aqui: gêneros nacionais remetidos para o Peru, 60:080$000; estrangeiros já despachados para consumo, 206:801$000; reexportados, que pagaram os respectivos direitos, 69:584$000; navegados em trânsito na forma do decreto de 1863, e que entraram no entreposto, 71:945$000.

Reexportação e Baldeação . . . . 7:254$000

As mercadorias desta classe figuram sempre em quantidade insignificante. Falo da reexportação para fora do Amazonas, ou para outros portos do Brasil; porque para o Peru ela já foi considerável: no exercício de 1862-63, foram para o Peru reexportados 154:761$000, e no de 1864-65 foram 69:584$000, como já mencionei; mas a mesma reexportação para o Peru declina com o aumento do comércio de trânsito livre por via do entreposto.

Resumindo, temos que o movimento comercial do porto do Pará foi no exercício de 1864-65:

Importação	7.883:535$
Exportação	7.953:686$
Reexportação	7:254$
Total	15.844:475$

Dos países limítrofes, só está discriminado o movimento comercial com o Peru[40], Não menciono os valores procedentes da Bolívia ou para ela remetidos pelo Madeira, porque não figuram com designação especial nas estatísticas oficiais; o comércio com a Bolívia confunde-se com o comércio nacional, e é sujeito aos mesmos impostos e à mesma fiscalização. Outro tanto acontece com o da Venezuela. Mas, acerca do exercício 1864-65, tenho presente uma nota dos produtos desta República entrados em Manaus por via do rio Negro. É uma estatística da respectiva mesa de rendas, por onde se vê quão insignificante ainda é esse comércio, que só poderá aumentar com a regularidade das viagens de um vapor até S. Gabriel. Advertirei que não consta ali o valor exato das mercadorias que os venezuelanos compram e levam de retorno. Eis a nota da importação da Venezuela em Manaus no referido exercício de 1864-65:

---

[40] No exercício de 1865-66 o comércio do Peru aumentou, como se verá no Cap. V.

Mercadorias	Quantidades	Valor
Coroas imperiais de penas de ave	25	200$000
Maqueiras (redes) de mereti	360	1:800$000
Ditas de tucum com franjas	220	4:000$000
Piaçaba em obra (amarra) polegadas . .	25	1:000$000
Dita em ramas: arrobas	2.000	1:960$000
Tábuas diversas	960	750$000
	200	200$000
		9:910$000

Incluo, aqui, essa notícia como curiosidade para a história do comércio do vale do Amazonas.

Para dar uma idéia dos países com que o porto do Pará entretém maiores relações comerciais, publicarei a seguinte nota, relativa ao exercício de 1862-63, extraída de documento oficial :

Importação no Pará		Exportação no Pará	
Procedências		Destinos	
Grã-Bretanha	2.151:588$000	Grã-Bretanha	1.929:715$000
Estados Unidos	863:182$000	Estados Unidos	1.633:177$000
França	451:122$000	França	1.325:649$000
Portugal	734:957$000	Portugal	576:631$000
Alemanha	148:186$000	Alemanha	74:140$000

O comércio para os Estados Unidos foi sempre alimentado e continua a sê-lo pela exportação de goma elástica, que naquele país é a matéria-prima de muitas oficinas. A importação procedente dos mesmos Estados cresce com a facilidade das comunicações introduzidas pela nova linha de paquetes a vapor entre Nova York e o Rio de Janeiro, com escala pelo Pará. Entretanto, parece que não diminuirá o comércio com a Grã-Bretanha: uma linha de paquetes de Liverpool acaba de se estabelecer, em competência com aquela; estes paquetes partem mensalmente do grande porto inglês para o Pará, Maranhão e Ceará no Brasil.

Indicarei adiante quais as diferentes mercadorias que figuram quer na importação, quer na exportação de três grandes regiões, as províncias do Pará e do Alto Amazonas e a República do Peru (caps. IV e V).

Resta-me fazer o leitor considerar a carreira brilhante do comércio do Amazonas durante os últimos quinze anos. Ele talvez encontrará nisso o mesmo motivo de animação que sempre me acompanhou na esperança de um rápido e constante progresso para aquele país. Eis, aqui, os dados de três exercícios financeiros:

Comércio do Pará	1850-51	1851-52	1855-56
Importação direta de mercadorias estrangeiras	2.456:168$	2.299:637$	2.866:239$
Importação das mesmas por cabotagem	356:290$	289:663$	228:508$
Importação de mercadorias nacionais por abotagem	272:096$ 1.991:943$	199:842$ 1.846:797$	126:997$ 2.605.287$
Exportação de gêneros nacionais Reexportação e baldeação	2:755$	15:820$	17:789$
Totais	5.079:252$	4.651:759$	5.844:820$

Ora, no exercício de 1864-65, a soma do comércio do Amazonas pelo porto do Pará excedeu de 15.000:000$000, como acima se viu. Logo, no período de 15 anos, ele triplicou, isto é, aumentou na razão de 300%. Tão rápida carreira, devida principalmente ao vapor, é mais que muito lisonjeira, e recorda os exemplos fascinadores da prosperidade de algumas cidades dos Estados Unidos e da Austrália.

Poder-se-iam ajuntar outros algarismos; os que mencionei, porém, hão de satisfazer a curiosidade do leitor.

II

Navegação a vela – Navegação a vapor – Vapores existentes no Amazonas – Distâncias entre os portos freqüentados pelos vapores

A navegação de longo curso do porto do Pari acusa o mesmo movimento ascendente. Eis aqui os algarismos de dois exercícios:

NAVEGAÇÃO	1851-52		1863-64	
	Entrada	Saída	Entrada	Saída
Navio de longo curso	85	85	138	133
Toneladas	14.600	16.766	38.440	37.122
Equipagem	909	859	1.703	1640

Uma estatística publicada pelo Ministério da Marinha (Relatório de 1860) contém os seguintes algarismos sobre o número dos navios registrados no ano de 1859 na província do Pará:

Embarcações	Número	Tripulação
De cabotagem	16	485
Do tráfico dos portos e rios	433	1.995

A tripulação toda, exceto 45 homens, era gente livre, a saber: índios e mestiços.

Acerca da do Alto Amazonas, dizia o relatório da respectiva presidência em 1865 :

"Se não tem crescido o número dos transportes, têm estes pelo menos aumentado de capacidade, acomodações e rapidez.

"Os antigos barcos a vela, acrescentava, acanhados e morosos em vencer a distância que separa as duas capitais (Pará e Manaus), têm sido abandonados a pouco e pouco pelos carregadores. De 57 que se registraram em 1860, com 1.614 toneladas e 359 tripulantes, somente 37 se empregaram no comércio de cabotagem entre o Pará e esta província, no exercício de 1863-64, arqueando 1.057 toneladas e tripulados por 247 pessoas."

O porto de Manaus conta às vezes um número de embarcações que muito agrada ver naquelas paragens. Ali eu vi quatro vapores fundeados durante alguns dias. Eis um quadro da mesa de rendas contendo o movimento da navegação no exercício de 1864-65:

EMBARCAÇÕES ENTRADAS [41]

Procedência	A Vela			A Vapor			Total		
Pará	73	633	994	24	1.152	3.696	97	1.785	4.690
Peru	....	....	....	4	586	613	4	586	613
Venezuela . .	9	88	474	....	....	....	9	88	474
Tabatinga . .	....	....	....	12	1.620	1.620	12	360	1.620
	82	721	1.468	40	2.098	5.929	122	2.819	7.397

Eis aqui uma estatística do porto de Tabatinga, no segundo semestre de 1864-65, conforme os mapas da respectiva mesa de rendas:

[41] O número de embarcações saídas é o mesmo.

EMBARCAÇÕES ENTRADAS [42]

Nacionalidades	Procedências	A Remos			A Vapor		
		Números	Equipagem	Tonelagem	Números	Equipagem	Tonelagem
Brasileiras .	Peru	5	50	230	. . . .	. . . .	. . . .
Brasileiras .	Manaus . . .	. . . .	. . . .	. . . .	6	315	494
Peruanas . .	Peru	7	70	352	9	380	1.500
		12	120	582	15	695	1.994

A navegação a vela no Amazonas é possível fazer-se com regularidade e brevidade, por barcos de todas as dimensões, até Santarém (a 466 milhas do Pará). Até aí aproveitam os navios o vento de leste, sendo que até Almeirim, pouco antes, alcançam as marés diárias da enchente e vazante. Ao navio a vela que entrar por Macapá, a subida é ainda mais favorável, por seguir o rumo geral de leste – oeste (V. p. 81).

A navegação a vela é também praticável, e faz-se até muito acima de Santarém, às vezes em pouco tempo. Recordo-me de haver encontrado no porto de Coari, acima de Manaus e a 1.116 milhas do Pará, o barco Vingador, que em uma de suas últimas viagens subira do Pará a Manaus em 12 dias (862 milhas). O mesmo barco viera até Coari com 40 dias de navegação efetiva. É do porte de 6.000 arrobas e foi construído no rio Trombetas, perto de Óbidos. Um barco ligeiro, melhor fabricado, é certo que vencerá mais depressa as distâncias do rio.

O vapor é um verdadeiro meio de locomoção no Amazonas ou ao menos no Alto Amazonas, onde faltam as marés diárias e o auxílio das brisas do oceano.

O Amazonas é atualmente percorrido por vapores desde a foz de Yurimaguas (sobre o Huallaga) no Peru, a saber, 2.430 milhas.

Era esta a extensão percorrida outrora pelos barcos brasileiros da Companhia de Navegação e Comércio, cujos paquetes foram os primeiros a penetrar no Solimões e no Marañon (Amazonas peruano). Hoje os barcos dessa Companhia param em Tabatinga, e o resto do serviço até Yurimaguas, que eles dantes faziam, é desempenhado por vapores do próprio governo do Peru.

O Amazonas, porém, é navegável a vapor acima da foz do Huallaga até o Pongo de Manseriche, na estação das águas; assim, o rio principal (Amazonas, Solimões, Marañon, três denominações que correspondem a três seções do seu curso) tem da foz até o Pongo de

[42] O número de embarcações saídas é o mesmo.

Manseriche cerca de 2.450 milhas navegáveis a vapor. Não conto aqui as grandes extensões igualmente navegáveis em diversos tributários.

Vejamos quais os paquetes que atualmente freqüentam o grande rio:

VAPORES DA COMPANHIA DO AMAZONAS

Nomes	Força (Cavalos)	Lotação (Toneladas)	Tripulação	Linhas em que servem
Manaus	200	681	52	1ª linha, a saber: do Pará a Manaus, uma viagem quinzenal.
Belém	200	681	52	Idem
Tapajós	200	751	52	Idem
Inca	100	627?	46	2ª linha, a saber: de Manaus a Tabatinga, uma viagem mensal.
Ycamiaba . . .	100	627?	46	Idem
Tabatinga . . .	60	180	32	em disponibilidade
Explorador . .	16	80	?	Idem
Soure	100	?	46	Este fazia ultimamente o serviço da 3ª linha, do Pará a Cametá (no Tocantins), e mais as viagens a pontos próximos do Pará.

Além daquelas três linhas, subvencionadas pelo governo geral há mais três à custa do governo provincial, do Pará a Chaves, do Pará à Tapera, e do Pará a Soure.

Os oito paquetes acham-se escriturados no valor de 1.030:000$000 (Relatório da Companhia, 1866).

VAPORES DO GOVERNO PERUANO

Nomes	Cavalos	Lotação (Toneladas)	Linhas em que servem
Morona	150	648	Tabatinga a Yurimaguas
Pastaza	150	648	Idem
Napo	?	?	São pequenos barcos muito
Putumayo	?	?	velozes, destinados a explorações

Há, além desses, dois pequenos vapores pertencentes a particulares, que navegam pelos arredores da cidade do Pará. Da esquadra brasileira diversas canhoneiras têm percorrido o Amazonas. Agora ali estaciona a Ibicuhy. Finalmente, a presidência do Pará, à custa dos cofres provinciais, fez construir em Inglaterra dois pequenos vapores, que acabam de chegar, e devem funcionar no Tocantins.

Sobem, pois, a 17 os barcos a vapor que presentemente possui o Amazonas.

O quadro seguinte indica as distâncias e o tempo gasto nas viagens entre os pontos principais das escalas da primeira e segunda linhas da Companhia do Amazonas:

Escalas Principais	Distâncias (Milhas)	Tempo de Efetiva Navegação a Vapor	
		Subindo	Descendo
		h. m.	h. m.
Gurupá	252 do Pará	27 40 do Pará.	21 45
Santarém	466 "	50 "	37 17
Óbidos	535 "	57 45 "	41 32
Serpa	756 "	83 "	57 42
Manaus	862 "	95 45 "	65 42
Tefé	373 de Manaus	49 13 de Manaus.	31 35
Tabatinga	859 "	124 13 "	74 25

Eis, aqui, as distâncias entre os portos de escala situados no litoral do Amazonas:

1.ª Linha:

Belém a Breves	150	milhas
Breves a Gurupá	102	"
Gurupá a Prainha	123	"
Prainha a Santarém	91	"
Santarém a Óbidos	69	"
Óbidos a Vila Bela	91	"
Vila Bela a Serpa	130	"
Serpa a Manaus	106	"
	862	"

2.ª Linha:

Manaus a Coari	254	milhas
Coari a Tefé	119	"
Tefé a Fonte Boa	149	"
Fonte Boa a Tonantins	135	"
Tonantins a S. Paulo	95	"
S. Paulo a Tabatinga	107	"
. . .		
	859	"

A linha de navegação a vapor sustentada pelo governo peruano (Tabatinga, na fronteira, a Yurimaguas, porto do Huallaga) é menor que cada uma das nossas; percorre a extensão de 709 milhas, faz uma só viagem redonda por mês, em conexão com o paquete da segunda linha brasileira.

Haverá talvez curiosidade em conhecer as distâncias entre cada um dos pontos de escala da linha peruana: eis alguns dados. Segundo as distâncias indicadas pelo viajante Raimondi, de Tabatinga a Yurimaguas não haveria mais que 453 milhas. Os seus cálculos, porém, são visivelmente vagos, o que se reconhece pelo tempo que gastam os vapores. Com efeito, acima de Nauta o Amazonas, tomando o nome de Marañon, oferece muitas voltas que se não percebem nas cartas. O comandante de um dos vapores peruanos, o Pastaza, que mais vezes tem feito a mesma navegação, pôde calcular a distância aproximada pela marcha do navio (cerca de 8 milhas úteis, descontadas as da corrente). Ei-la, segundo uma nota que devo à obsequiosidade do Sr. Wilkens de Matos, cônsul do Brasil em Loreto:

Portos de Escala	Tempo		Distâncias
	h	*min.*	Milhas
Tabatinga a Loreto	4	. . . .	32
Loreto a Maucallacta	13	20	110
Maucallacta a Pevas	4	30	36
Pevas a Iquitos	14	. . . .	112
Tbatinga a Iquitos	35	50	290
Iquitos a Nauta	10	. . . .	80
Nauta a S. Rejes	4	15	340
S. Rejes a Paranari	5	. . . .	40
Paranari a Urarinas	11	. . . .	88
Urarinas a Laguna	8	30	68
Laguna a Santa Cruz	6	. . . .	48
Santa Cruz a Yurimaguas	7	40	61
De Iquitos a Yurimaguas	52	25	419
Tabatinga a Iquitos	35	50	290
De Tabatinga a Yurimaguas	88	15	709

Temos, portanto:

Naveg. a vapor no território do Brasil . . . . 1.721 milhas
Naveg. a vapor no território do Peru . . . . 709 milhas

Total . . . . 2.430 milhas

São 800 léguas do curso do enorme rio que o vapor domina atravessando a América.

A política do direito exclusivo dos ribeirinhos, que tão cara nos fica, obrigando-nos a sustentar uma dispendiosíssima linha de vapores, não é menos penosa ao governo peruano que ali mantém outra no seu território. Segundo me informam, esse governo gasta com 4 vapores, 2 navios a vela e as oficinas de Iquitos cerca de 300.000 piastras, ou 540:000$000 (1 p. = a 1$800). Há que deduzir daí o lucro deixado pela navegação a vapor, que é feita à custa do Estado.

III
Tráfego dos paquetes da Companhia do Amazonas – Elogio do seu serviço; melhoramentos indispensáveis – subvenção; reforma do respectivo contrato

Do relatório da Companhia do Amazonas, publicado em 1866, reproduzo os seguintes dados sobre o seu movimento em 1865.

Linha	Passageiros	Passagens	Fretes	Total
1.ª	7.377	107:503$757	214:414$664	321:918$421
2.ª	1.137	16:179$704	41:564$868	57:744$572
3.ª	2.693	11:061$628	3:226$637	14:288$265
4.ª	1.405	11:612$500	16:801$967	28:414$467
5.ª	407	1:230$626	2$630	1:233$256
6.ª	606	2:134$500	14$170	2:148$670
Total	13.625	149:722$715	276:024$936	425:747$651

Eis aqui agora o valor aproximado das mercadorias transportadas pelos paquetes no mesmo ano:

Linhas	Importação	Exportação	Total
1.ª	2.859:028$950	2.630:684$600	5.489:713$550
2.ª	785:398$800	757:414$820	1.542:813$620
3.ª	51:980:800	125:578$000	177:558$800
4.ª	218:541$000	637:100$000	855:641$800
Total	3.914:949$550	4.150:777$420	8.065:727$770

Na 5.º e 6.º linhas só se transportaram encomendas.

A Companhia de Navegação e Comércio do Amazonas foi organizada por virtude da lei de 6 de setembro de 1850, art. 2.º, § 1.º. Esta lei preceituava que os vapores se prestassem à rebocagem, o que não se verificou, e admitia que para realizar a navegação a vapor se empregassem embarcações do Estado. O decreto, que organizara a empresa, concedia-lhe privilégio exclusivo, mas posteriormente foi este rescindido em compensação das subvenções e outros favores que depois se fizeram.

A Companhia do Amazonas é a melhor das empresas do mesmo gênero no Brasil. O seu serviço é perfeitamente regular. Os seus paquetes têm boa marcha, boas acomodações, asseio e serviço dignos de elogio. São mais próprios para essa navegação que os vapores peruanos. A sua direção, desempenhada no Pará pelo Sr. M. A. Pimenta Bueno, cavalheiro dotado de grande atividade, energia e aptidão administrativa, nada deixa a desejar. A Companhia do Amazonas é superior à Companhia Costeira (Brasileira de Paquetes), e honra o Brasil. Cabe aqui referir que ela prestara, com zelo inteligente, bons serviços à comissão científica do ilustre sábio norte-americano Mr. L. Agassiz; e eu folgo de render-lhe homenagem por este fato, recomendável certamente para todos os brasileiros que conhecem a reputação do professor Agassiz e avaliam o dever do bom acolhimento de um hóspede tão distinto, cuja viagem marcará, com a de Humboldt, a segunda data memorável na história do vale do Amazonas.

Farei algumas observações a bem do melhoramento do serviço.

I. A Companhia não possui em ponto algum da sua escala, a não ser no Pará, armazéns para as mercadorias; e estação para viajantes, assim como escritório, ela só os tem nas duas capitais de província (Pará e Manaus). Quanto a pontes de descarga, nenhuma absolutamente, exceto a do Pará. Em nenhum dos ditos pontos de escala das duas primeiras linhas, com exceção das capitais, a Companhia não possui nem uma casa sequer. Fácil lhe fora construir em cada um uma pequena ponte coberta; isso não exigiria grande despesa; mas não o tem feito, nem em Manaus, pelo menos. Entretanto, o decreto de 10 de outubro de 1857 (na condição 18.º) concedeu à Companhia terrenos de marinhas para se edificarem pontes, telheiros e edifícios necessários ao abrigo dos passageiros, acondicionamento, embarque e desembarque dos gêneros. Cumpre acrescentar que nem ao menos há depósitos flutuantes em todos os pontos. Com efeito, tais depósitos (batelões com um guindaste) só existem em Santarém e Manaus. A administração deveria ter compelido a Companhia a construir pontes cobertas, cuja necessidade é escusado demonstrar.

II. Os comandantes dos paquetes não atendem muitas vezes áos interesses do comércio. Eu achava-me em Manaus quando um deles foi suspenso por haver recusado receber aí cargas de certo negociante, não obstante havê-las despachado à agência respectiva. Este fato foi discutido nas folhas. Quando passei em Serpa, ouvi referir o fato de haver outro comandante largado do porto, em que somente se demorara cerca de meia hora, não obstante solicitar o delegado de polícia que esperasse o tempo necessário para receber 36 recrutas e a correspondência oficial, o que não excederia das horas de escala. A condição 11.º do decreto de 1857 torna o despacho dos vapores dependente das autoridades locais. Este fato deu lugar à correspondência entre a administração provincial e a agência. Ultimamente, foi objeto de longa discussão o transporte da caldeira de um locomóvel, que a presidência do Alto Amazonas mandara buscar para o serviço de uma olaria projetada em Manaus. A caldeira achava-se no Pará há meses; a Companhia escusava-se de mandá-la nos seus paquetes alegando diversos embaraços, não obstante reiteradas solicitações da presidência de Manaus. Foi o vapor Pastaza (peruano) que efetuou o transporte do maquinismo.

III. Em alguns dos portos de escala a carga e descarga se efetuam durante a noite, mesmo a desoras, como eu próprio vi. Os comandantes querem apressar a viagem, seja como for. Por esse motivo, também o serviço se faz debaixo de chuva, e com uma precipitação que não pode evitar as avarias. Referirei um fato. Fonte Boa, pequena povoação do Solimões, que é uma das escalas, fica dentro de um lago; nós chegamos no Ycamiaba à embocadura desse lago às 9 horas da noite de 14 de novembro. Largamos na mesma noite, às 4 horas. Do ponto em que ficamos, aquém da boca do lago, até Fonte Boa, há três horas de viagem em canoa. O vapor a faria em meia hora. Pois bem ; além de chegar e sair à noite, o vapor não entrou no lago, e seguiu largando na margem do Solimões três passageiros de 1.º classe, que foram dormir em uma cabana e esperar o dia para subirem à povoação. Dos passageiros um era o próprio vigário da freguesia, deputado provincial. Conquanto nos meses da maior vazante, agosto a outubro, a boca do lago não tenha água suficiente para o paquete Ycamiaba, aliás de 5 pés de calado, nessa ocasião já o rio estava de meia enchente e havia fundo bastante. No regresso da fronteira, chegamos a Fonte Boa às 11 horas da noite, e largamos as 2 1/2 da manhã repetindo-se a mesma entrada e saída noturnas, conquanto desta vez houvéssemos subido até a povoação.

Quanto ao tempo das demoras nos portos de escala, parece-me que em geral é suficiente. Na subida, o tempo que se gasta em receber a lenha (4 a 5 horas pelo menos) é bastante para a carga e descarga. Na descida é que convém que seja maior, porque se recebe menos lenha.

IV. Nos recibos de carga lançam os comandantes a seguinte cota: "Ignoro o conteúdo". Nisto se baseiam para não responderem pelas avarias. Ora, em primeiro lugar, a cota é inexata; porquanto, nos manifestos explicam-se a quantidade e a natureza da carga, com os nomes e marcas dos consignantes e consignatários. Em segundo lugar, as leis não reconhecem tal meio de isenção da responsabilidade. É por isso que, se se rasgam as sacas de cacau ou castanha, se se extraviam algumas arrobas, os donos perdem. Assim, não obstante ser o frete nos vapores inferiores ao dos barcos a vela, estes ainda são preferidos: por exemplo, de Santarém ao Pará, os barcos transportam uma arroba de cacau por 400 réis, e os vapores por 290 réis; entretanto, parte destas mercadorias de Santarém desce nos barcos a vela. O mesmo acontece de Breves ao Pará, distância percorrida pelos paquetes em 14 horas, e em 5 dias pelos navios a vela: a aguardente sobe até Breves nas canoas e barcos, e neles desce o cacau; entretanto, o cacau paga 242 réis por arroba nos paquetes e 320 nos barcos.

V. Ouvi queixas contra a taxa dos fretes. Com efeito, entre Pará e Manaus, as mercadorias de estiva pagam de 18 a 20% ; o meio termo dos fretes das mercadorias de uma fatura variada é de 10%. Do Pará a Tabatinga os fretes sobem às vezes a 30% sobre o valor das mercadorias. Assim, do Pará a Tabatinga, uma barrica de cerveja (custo: 17$600) paga 4$700, e uma de farinha de trigo (custo: 18$000) paga 5$000. Acresce que de Manaus a Codajás, por exemplo, as mercadorias pagam o mesmo frete que para Coari e vice-versa, achando-se aliás aquele ponto a quase meia distância. Codajás é o centro do comércio do Purus.

As tarifas atuais não podem deixar de ser reputadas provisórias. Como o movimento comercial tem aumentado muito, deve a administração conseguir que sejam reduzidas.[43]

---

[43] Isto é reconhecido no último relatório do Ministério das Obras Públicas: 1866, pág. 133.

Entretanto, acrescentarei que, todavia, a tarifa dos paquetes da Companhia é mais razoável que a dos vapores peruanos, que se reputa exagerada. Eis o paralelo que fazia há pouco um correspondente do Pará, no Jornal do Comércio:

"Deste porto (Pará) ao de Manaus uma passagem de 1ª classe custa 100$000, igual passagem de Manaus até Tabatinga vale 80$000. A distância percorrida pelos vapores da 1.ª linha, entre este porto e o de Manaus, é, se não estamos em erro, de 862 milhas inglesas; sendo a de Manaus até Tabatinga de 859 milhas. Paga, portanto, um passageiro de 1.ª classe daqui para Manaus 116 rs. (frações desprezadas) por cada milha de efetiva navegação, e 93 rs. de Manaus a Tabatinga. Até Yurimaguas (extremo da linha peruana), distância 710 milhas, uma passagem de 1.º classe custa 70 pesos ou 126$000, e uma milha de navegação 176 rs.; 60% mais do que do Pará a Manaus, e 83% mais do que de Manaus a Tabatinga!

De Tabatinga a Loreto, 32 milhas, pagam-se 3 pesos por uma passagem de 1.ª classe e conseguintemente 168 rs. por cada milha de navegação. De Tabatinga a Iquitos, a mesma passagem custa 28 pesos ou 40$400, e a distância é de 290 milhas, o que dá para cada milha a soma de 139 rs. De Tabatinga a Nauta, distância de 370 milhas, a quota é de 36 pesos ou 64$800, e por isto custa cada milha 175 rs. A mesma desproporção e injustiça que se encontra na tabela de passagens, existe na de fretes.

Um garrafão de uma frasqueira de cachaça, a que se dará o valor de 4$000, paga deste porto ao de Manaus o frete de 1$200; 1$320 de Manaus a Tabatinga, isto é, 30% no primeiro caso e 33% no segundo. De Tabatinga a Yurimaguas o frete é de 3$375, ou 84%.

Uma arroba de açúcar, que custa 5$000, paga 300 rs. até Manaus e 270 rs, até Tabatinga. De Tabatinga a Yurimaguas o frete é de 792 rs!

Uma arroba de arroz pilado na 1.ª linha paga 300 rs, e 330 rs. na 2.ª, sendo o seu valor 2$500; de Tabatinga a Yurimaguas o frete é 371 rs.".

VI. A Companhia do Amazonas é acusada de não servir a portos, que aliás têm direito à navegação a vapor.

No Baixo Amazonas, deviam os paquetes tocar no de Monte Alegre, à cuja vista passam e que é um dos lugares de mais futuro da província do Pará. No Alto Amazonas deixam de subir a Maués, vila florescente, centro de um interessante distrito agrícola: para aí chegarem, entrando pelo Paraná-Mirim, por onde acaba de navegar a Ibicuhy e onde há 12 palmos de água em qualquer estação, os paquetes não retardariam sua viagem mais que 8 horas. A Companhia deveria fazer tais serviços espontaneamente, sem que os exija a administração, e sem o acréscimo de novas subvenções por isso. É, com efeito, estranhável que, para tocarem os paquetes no Porto de Mós, pouco acima da foz do Xingu, fosse preciso uma subvenção adicional da província do Pará. A Companhia recebe tão largas subvenções do governo geral, e tem fruído tantos favores, que fora lícito esperar vê-la empenhada em prestar serviços não retribuídos nem exigidos. O seu procedimento, porém, excede de toda a expectativa. Nem sequer se tem ela incumbido de explorações nos tributários do Amazonas, não obstante dispor de vapores apropriados, que estão em descanso no porto do Pará. Nem ao menos organizou uma comissão de pessoas competentes para esse serviço e para a construção de cartas fidedignas. Nem sequer sustenta uma colônia das muitas que ao princípio prometera fundar. Nem um estabelecimento, nem uma escola industrial, nem um esforço inteligente a bem do progresso no Solimões! Eu já disse que no Solimões ela nem possui uma casa, um armazém, uma ponte. Isto parece-me significativo.

Não será escusado dizer alguma coisa sobre o contrato com a Companhia do Amazonas, começando pela subvenção.

Que essa subvenção é exagerada, mostram claramente os seguintes dados comparativos que me forneceu o Sr. capitão-tenente Costa Azevedo. A Companhia Brasileira de Paquetes a Vapor tem uma subvenção excessiva em relação à de outras empresas semelhantes, como é a linha norte-americana de Nova York ao Rio de Janeiro; entretanto, a da Companhia do Amazonas é muito superior.

Os vapores da referida Companhia Brasileira recebem, por 24 viagens redondas na linha do norte, a soma de 768:000$000 anualmente. Navegam as seguintes distâncias:

Rio de Janeiro a Bahia	720 milhas
Bahia a Maceió	270 milhas
Maceió a Pernambuco	113 milhas
Pernambuco a Paraíba	66 milhas
Paraíba ao Rio Grande do Norte	75 milhas
Rio Grande do Norte ao Ceará	240 milhas
Ceará ao Maranhão	390 milhas
Maranhão ao Pará	400 milhas
	2.274 milhas

Percorrem eles por ano 109.152 milhas e navegam efetivamente 540 dias.

Os paquetes da Companhia do Amazonas recebem pelas viagens das três linhas uma subvenção do Tesouro Nacional na importância de 720:000$000, e navegam as seguintes distâncias, como se viu no § II:

1.ª linha: duas viagens redondas por mês: 862 milhas;

2.ª linha: uma viagem redonda por mês: 859;

3.ª linha: duas viagens redondas por mês (Belém a Cametá no Tocantins) : 100.

Os paquetes da mesma Companhia percorrem, portanto, 65.792 milhas, e navegam efetivamente 263 dias cada ano.

Comparemos agora as subvenções.

	Subvenção	Milhas Navegadas	Tempo de Efetiva Navegação
Companhia Brasileira de Paquetes	768:000$	109.152	540 dias.
Companhia do Amazonas	720:000$	66.792	268 " .
Diferenças	48:000$	42.360	277 " .

Este quadro mostra claramente quanto esteja a Companhia do Amazonas superior à outra; esta navega por mais do dobro do tempo, e percorre quase o dobro da distância, mas apenas recebe uma subvenção quase igual. O mesmo resulta desta outra comparação:

	Subvenção Recebida	
	Por milha	Por dia de navegação
Companhia Brasileira de Paquetes	7$000	1:422$000
Companhia do Amazonas	10$700	2:647$000
Diferença	3$700	1:225$000

Entretanto, apesar dessa enorme desproporção, cumpre advertir que a subvenção da Companhia Brasileira de Paquetes é muito elevada à vista da de outras empresas nacionais. Eis, aqui, algarismos do relatório do Ministério das Obras Públicas em 1866 (pág. 184).

Na linha do sul, a citada Companhia Brasileira de Paquetes percorre do Rio a Montevidéu 58.320 milhas anualmente, e recebe a subvenção de 288:000$000, ou 4$938 por milha.

A Companhia Maranhense, navegando 20.136 milhas nas costas setentrionais do Império, percebe 120:000$000, ou 5$975 por milha.

A Baiana, com 36.912 milhas, e a Pernambucana com 47.124, gozam da subvenção de 84:000$000 a primeira, e de 134:000$000 a segunda, ou 2$275 por milha para uma, e 2$843 para a outra.

Finalmente, a Companhia Americana que mensalmente liga o Rio de Janeiro a Nova York (United States and Brazil Mail Steam Ship Co.), navegando 129.600 milhas, com um serviço muito mais dispendioso que o das linhas costeiras e fluviais, apenas recebe 200:000$000 do governo brasileiro e 300:000$000 do norte-americano; o que faz 3$935 por milha de navegação.

Se procurarmos exemplos em empresas da Inglaterra ou dos Estados Unidos, veremos que a diferença é muito maior. No primeiro daqueles países o meio termo da subvenção por milha é de 2,10 dólares, e no segundo de 1,85 dólares, isto é, cerca de 4$000 quanto ao primeiro, e ainda menos quanto ao segundo.

Devo ajuntar que a Companhia do Amazonas ainda recebe outros auxílios pelos cofres provinciais do Pará, a saber: subvenção pela linha entre Arari, Soure, Chaves e Macapá, 60:000$000; e, por tocarem no Porto de Mós (sobre o Xingu) os vapores da 1.º linha, 6:000$000 (lei do orçamento de 1864, art. 13, §§ 6.º e 7.º). Total do subsídio provincial, 66:000$000. Reunido ao geral, produz a soma de 786:000$000.

O capital primitivo da Companhia de Navegação e Comércio do Amazonas era de 1.200:000$. No último balanço, ele representa o efetivo de 3.000:000$, correspondentes a 15.000 ações de 200$000 já emitidas. O ativo, porém, é, sem contar as ações por emitir, 3.839:888$000. Por diversos atos tem o governo permitido a elevação do capital. Mas não se pense que essa elevação se fez ou por emissão real de novas ações, ou por empréstimos, ou novas chamadas sobre as ações emitidas. O capital se há elevado da seguinte maneira: computando-se no mesmo capital todas as sobras de receita acumuladas. "Quem" o diz textualmente é o decreto de 11 de setembro de 1863, que permitiu a elevação do capital, que era de 2.000:000$, à soma de 4.000:000$. Ora, esta soma preencheu-se depressa, ou quase ficou preenchida daquele modo (pelas sobras da receita) em menos de dois anos. Não conheço empresa alguma que goze de tão extraordinária faculdade, que, tendo tão grande subvenção, possa com os saldos desta aumentar o capital. Com efeito, sendo este de 1.200:000$ há doze anos, no começo da empresa, e havendo triplicado nesse período por meio das sobras anuais, resulta que estas regulam por 300:000$ cada ano, o que corresponde a cerca de 3/8 da subvenção. Esta soma, portanto, deve ser suprimida na reforma do contrato, Ainda mais: além de tão avultadas sobras, os acionistas têm auferido sempre um juro considerável, isto é, o dividendo de 12%. Mas, para os acionistas do capital primitivo, hoje triplicado sem novas emissões de ações ou sem novas chamadas, esse dividendo deve-se reputar triplo, ou é realmente de 36%. As ações da Companhia, que são de 200$000, têm o valor real de 300$000, ou 50% de prêmio.

Inovando o contrato anterior, diz o decreto de 10 de outubro de 1857 : "A subvenção poderá ser reduzida, passados 15 anos contados daquela data, mas essa redução deverá deixar sempre salvo o dividendo de 12%." Esta cláusula é aplicável não só à subvenção que esse decreto concedia (35:000$000 mensais), como também à adicional de 16:000$000, concedida pelo de 20 de fevereiro de 1858, e à de 9:000$000 pelo de 9 de maio de 1860. A dita redução poder-se-á tornar efetiva, segundo o decreto de 1857, a começar de 10 de outubro de 1872. Por outra parte, o prazo da duração dos favores do mesmo decreto, prazo dentro do qual a Companhia goza de uma subvenção, ainda que seja reduzida em 1872, é de 20 anos, e só terminará em 1877. A providência da redução da subvenção depois de certo prazo era prudente; mas a Companhia já soube evitar esta dificuldade solicitando periodicamente novas elevações do capital. O governo as foi concedendo sem advertir que, devendo a redução das subvenções fazer-se de modo que deixe livre o dividendo de 12% (na forma do decreto citado), tinha a Companhia interesse na conversão das suas sobras (as sobras da receita, ou da subvenção, que é o mesmo) em capital, de modo que, aumentado este, a soma destinada a dividendo nunca excedesse de 12%, e tornasse impraticável a redução estipulada. Nem exigiram ao menos um fundo de reserva mais largo, nem reforma nas tarifas e na subvenção, nem aumento do serviço! Fizeram o favor sem se advertirem da causa que motivava o pedido.[44]

Entretanto haverá ainda um meio jurídico para reduzir a subvenção, findo o prazo estipulado: é o de entender-se que o dividendo de 12%, que o decreto de 1857 manda ressalvar, deve ser calculado sobre o capital daquela época (1.200:000$000), e não sobre o atual, tanto mais que este não foi aumentado por novas contribuições dos acionistas, mas pelas sobras de receita como já disse.

A Companhia do Amazonas carece de ser fiscalizada por amor dos interesses do Te-

---

[44] Um recente decreto de 21 de abril de 1866 acaba de permitir à Companhia a faculdade de realizar a transferência de suas ações em qualquer praça estrangeira. Por este decreto, como a transferência não tem limites, a Companhia pode passar inteira a capitalistas ingleses, por exemplo. Assim, ela obtém indiretamente a licença, que debalde impetrará para transformar-se em Companhia estrangeira vendendo o seu contrato, Imagine-se o Amazonas fechado às outras bandeiras, mas usufruído por uma empresa inglesa (por exemplo) com a enorme subvenção do Brasil, Parece-me que a ocasião de conceder-se esse ou outro favor semelhante era muito oportuna para se alcançarem reformas no atual contrato.
Devo acrescentar que o nobre ex-Ministro das Obras Públicas, o Sr. Paula Sousa, no citado Relatório, pág. 133, reconheceu a necessidade de "obrigar a Companhia a apresentar um balanço explicativo e exato do seu estado a fim de que não possa iludir a disposição estabelecida na condição 5.º do contrato de 1857, aumentando porventura ficticiamente o seu capital".

souro. Nos seus próprios documentos públicos há coisas que carecem de esclarecimento e parecem estranhas. Por exemplo, no balancete que acompanha o relatório do ano de 1862, se lê a soma por que se achava então escriturado cada um dos paquetes; nos outros posteriores só se encontra o total; mas esses mesmos totais excitam reparos pela sua grande diferença. Assim em 1862, sete paquetes estavam escriturados com o valor total de 480:000$000. No balancete do ano seguinte, porém, suprimindo-se as verbas do valor de cada paquete, só aparece uma verba geral, mas esta é de 900:000$000, algarismo redondo. Como é que duplicou esta verba? Entretanto, neste último ano (1863), só há novos dois paquetes mais (Belém e Ycamiaba), cujo valor total, cerca de 300:000$000, não preenche a diferença. Ainda mais : o balancete de 1865 eleva o valor dos paquetes a 1.030:000$000, sem igualmente dar os valores parciais; a diferença é muito maior, enquanto que na lista só figuram dois vapores novos, o Soure e o Explorador, pequenos barcos cujos preços não podem explicar o excesso. Esses algarismos divergentes talvez sejam um jogo de escrituração para autorizar o pretendido aumento de capital; mas por isso mesmo merece a Companhia uma fiscalização atenciosa.

Para se elevar a subvenção estipulada em 1852, prevaleceu em 1857 o motivo alegado de prejuízos sofridos pela Companhia nas tentativas de colonização: mas esses ficaram compensados pela concessão de 92 léguas quadradas de terras devolutas. Se o governo pudesse prever então que o movimento comercial dos paquetes se elevaria rapidamente, na escala em que se tem verificado, não teria certamente concedido tão largos favores, Com efeito, a soma das mercadorias exportadas pelos paquetes das três linhas foi em 1856 (o ano anterior ao da inovação do contrato) de 1.186:000$000, mas em 1865 subiu a 4.150:778$000, isto é, mais do triplo. As mercadorias importadas representaram em 1856 o valor de 837:000$000, mas em 1864 elevaram-se a 3.914:949$000, isto é, mais do quádruplo. Os lucros provenientes dos fretes e passagens subiram, portanto, em igual proporção. Disto resulta que o governo deve obter da Companhia uma considerável redução nas tarifas de fretes e passagens a bem do público, que se queixa das taxas atuais, e tratar com ela sobre a imediata redução da subvenção. Na verdade, não se tendo verificado os receios e as previsões desanimadoras, que autorizaram as concessões de 1857, 1858 e 1860, e pelo contrário tendo subido os lucros da Companhia acima de toda a expectativa, é lícito considerar o contrato vigente um negócio, em que cabe ao Estado a ação de lesão enorme. As cláusulas seguintes: a reversão ao Tesouro de toda a renda líquida superior a 12%; fiscalização por um agente do governo; obrigação de construir pontes e armazéns; de só empregar braços livres; e de estabelecer trens fluviais rebocados a vapor no Madeira e outros afluentes, são medidas que, a meu ver, se deve contemplar na reforma do contrato, que reputo justa e necessária.

Objeta-se, porém, dizendo: o que o Estado paga à Companhia lhe é indenizado pelas rendas da alfândega do Pará, que cresceram rapidamente com a navegação a vapor. Não contesto o fato, mas noto o seguinte: em 1852-53, começo da navegação a vapor, a renda dessa alfândega foi de 926;043$000. Em 1864-65 (uma das maiores) foi de 1.978:547$000. A diferença, ou o aumento é de 1.053:504$000. Abata-se a despesa com a subvenção, ou 720:000$. Restam 333:504$000. Ora, esta pequena receita líquida não se alcançaria, mesmo sem o vapor, pelo aumento extraordinário das transações em todo o país do ano de 1856 por diante, pelo crescimento da população, pela maior procura e maior valor da borracha? Certamente que sim. Entretanto, tendo coincidido com a criação da Companhia a da nova província do Alto Amazonas, e fazendo o Estado com essa província uma despesa que tem exercido a respectiva receita na importância de 300 a 400 contos anualmente, bem se vê que aquele saldo de 333:504$000 fica absorvido. Donde resulta que atualmente não há lucro líquido algum para o Tesouro Nacional.

Seja como for, por mais caro que custe ao contribuinte, abençoemos o vapor que sibila nas solidões do Amazonas; rendamos graças aos autores da lei de 1850!

Quem se recorda de que outrora, antes dos paquetes a vapor, a descida de Manaus ao Pará consumia um mês, e a subida podia demandar mais; quem considera que hoje isto se faz em menos de uma semana; que no Pará toca mensalmente o paquete da linha norte-americana que liga o vale do Amazonas aos mercados dos Estados Unidos, e outro de uma linha de Liverpool que o põe em direta comunicação com os portos da Inglaterra e da Europa; quem considera que uma carta pode ir hoje em 16 dias de Manaus a Nova York, de Manaus ao centro da América do Sul, em uma longitude ao oeste de Cuiabá, a 1.000 milhas do oceano, no coração desse Eldorado misterioso; há de certamente cismar com delícia no porvir magnífico que os novos meios de comunicação reservam ao nosso território ocidental do equador, e aos vastos países dos nossos vizinhos.

Colocado entre dois oceanos e entre a Ásia e a Europa, o vale do Amazonas será o centro do comércio do mundo, como nas visões de Colombo a América lhe aparecia entre duas grandes massas de água, equilibrando a Terra.

CAPÍTULO QUARTO

BRASIL: PROVÍNCIAS DO PARÁ
E ALTO AMAZONAS

O espírito público, que já condenou outros erros, decidiu soberanamente da questão do Amazonas. Os interesses econômicos de uma vasta região do Império e a fisionomia da nossa política exterior encontrarão no livre comércio do grande rio, os primeiros um auxiliar poderoso, e a segunda um característico saliente que deve acentuá-la. Tais são em resumo os motivos que atuam sobre a consciência pública. Mas, se todos aceitam e muitos proclamam o princípio, não faltam astuciosos rotineiros, que na discussão dos meios práticos esmaguem a idéia capital sob o peso de reticências ardilosas, ou entre as paredes de uma regulamentação casuística. Porquanto, tanto vale conservar o Amazonas fechado, como tornar esta medida dependente de mil providências cautelosas, convenções, fortes, artilharia, frotas, desse arsenal de chaves e ferrolhos velhos, com que trancamos a porta à civilização do século. Presumo haver assinalado o erro fundamental dessa doutrina funesta, que é a história do cão na manjedoura. Não voltarei a essa discussão geral, porque não há quem se proponha domar a rotina ou convencer a má fé; a primeira esmaga-se, e a segunda pune-se arrancando-lhe a máscara. Para assinalar, porém, o outro lado da questão, pretendo agora indicar a importância atual das nossas províncias ribeirinhas; ver-se-á do quadro ligeiro da sua situação que o que mais reclama a medida do livre comércio do Amazonas, é o próprio interesse do Brasil, e que pois essa medida deve ser decretada como coisa sua, como ato da sua soberania, necessário ao bemestar dos povos e ao desenvolvimento da riqueza pública.

I
Província do Pará – População e comércio – Rendas gerais e provinciais – Produções – Reflexões sobre os produtos naturais e o futuro econômico do Amazonas

Em um dos últimos documentos oficiais da província do Pará avaliava-se em mais de 200.000 almas a sua população. Eis aqui os dados de dois anos:

Anos	População Livre	População Escrava	Total
1854	167.909	30.847	198.756
1862	185.300	30.623	215.923

Não deve escapar ao leitor a proporção de 1 escravo sobre 6 livres. Todavia, eu julgo que há exagero no algarismo de 30.623 escravos. Na província vizinha, a do Alto Amazonas, a proporção é 1 por 45. Essa raridade de escravos é a maior vantagem econômica daquelas regiões. Demais, é difícil conservar a propriedade sobre o homem ali, nas vizinhanças de desertos e de florestas vastíssimas, sendo possível a fuga para os territórios limítrofes, em nenhum dos quais se permite a escravidão, que foi abolida há pouco no último que a tolerava, a Guiana Holandesa. A indústria mais produtiva do Amazonas, a extração e fabrico da goma elástica, não é o produto do trabalho escravo; é o índio ou o mameluco que a preparam e vendem nos portos fluviais aos mercadantes do Amazonas. O escravo existe em algumas povoações, em engenhos de açúcar, e na pequena lavoura de gêneros alimentícios.

Além da capital, bela cidade de mais de 30.000 almas[45], e de Cametá (sobre o Tocantins), centro agrícola de uma importância considerável, o Pará possui dois pontos no litoral do Amazonas dignos de menção: Santarém e Óbidos. Os outros não passam de pequenas vilas; tais são Breves, com 380 habitantes, e Gurupá com 250, centros de distritos extensos, mas despovoados: o de Breves apenas contém cerca de 2.500 habitantes. De Macapá já falei no cap. I, pág. 41.

Mas Santarém, na confluência do Tapajós, 450 milhas ao oeste do Pará, é uma cidade cujo aspecto risonho agrada ao viajante. Segundo o Sr. Costa Azevedo, que em 1863 recolhera cuidadosamente muitas informações estatísticas, Santarém possui em toda a extensão da paróquia 7.568 habitantes; destes, eram escravos 243. O distrito contém cerca de 790 fogos. A cidade tem mais de 1.000 almas; alguns lhe atribuem 2.000. Há aí estrangeiros exercendo o comércio. Possui sobrados de boa aparência. Santarém é um porto comercial que muito promete, mormente pela navegação e comércio com Mato Grosso, donde desce o Tapajós. A este respeito darei algumas informações no cap, VI, § I.

Santarém planta e colhe o cacau; colhe também a castanha e a goma elástica, etc. Cria muito gado e já possui um engenho de açúcar movido a vapor. O gado, que aí encontra bons pastos, poderia constituir um excelente ramo de comércio se fosse o transporte fácil; entretanto, já os paquetes o levam regularmente para Manaus e para Belém. Mas o futuro de Santarém é o de um verdadeiro país agrícola. Já se experimentou ali o plantio do algodoeiro, cujo produto pareceu bom. A duas léguas ao sul de Santarém correm as montanhas que, começando adiante de Gurupá, à margem esquerda do Xingu, se prolongam até o Tapajós. Essas montanhas são ainda mais férteis que as outras da margem setentrional do Amazonas, no município de Monte Alegre. São magníficas para a cultura. Estão cobertas de vastas florestas. Ao sul delas estendem-se imensas planícies de espessas matas e árvores gigantescas, desertos que ainda não se devassou e nem conhece o homem civilizado. Situada em terra firme (não alagada na enchente), que gradualmente se eleva às montanhas de que falo, à beira de dois grandes rios, pois que uma parte está voltada para o Amazonas e outra para o Tapajós, em um lugar varrido por brisas frescas e constantes, Santarém goza de um clima reputado salubérrimo. Nas vizinhanças da cidade reside há muitos anos uma família, cujos chefes são um alemão e uma norte-americana, emigrantes dos Estados Unidos; ainda vigorosos, vivem com seus filhos uma vida semelhante à dos naturais.

---

[45] A cidade do Pará é igualmente conhecida pelo nome de Belém. A sua situação é muito vantajosa. Os seus arredores, cujas ruas são sombreadas pelas árvores alterosas representantes das florestas amazônicas, impressionam ao viajante de um modo extremamente agradável; eles revelam gosto e perseverança nos administradores municipais. Não há outra cidade no Brasil que mereça igual elogio. Cumpre acrescentar que esse aformoseamento data do tempo colonial. Belém é iluminada a gás. Há aí o arsenal de marinha e as oficinas da Companhia do Amazonas.

Óbidos é pouco inferior, mas o seu distrito é talvez mais povoado. Tem cerca de 150 casas, quase todas cobertas de telhas; é dividida em 4 ruas, 7 travessas e 2 praças. Dão-lhe 1.000 habitantes, e 11.130 ao distrito inteiro. É aí que se encontra o forte, guarnecido de artilharia de 80, de que já falei (cap. I, pág. 42),

Perto de óbidos entra no Amazonas o rio Trombetas; nas suas florestas existem muitas centenas de escravos fugidos. Os mocambos do Trombetas são diversos; dizem que todos contêm, com os criminosos e desertores foragidos, mais de 2.000 almas. Os negros, industriados talvez pelos outros companheiros de desterro, vivem ali debaixo de um governo despótico eletivo; com efeito, eles nomeiam o seu governador, e diz-se que os delegados e subdelegados são também eletivos. Imitam nas designações de suas autoridades os nomes que conheceram nas nossas povoações. Os mocambos atraem os escravos; nomearam-me uma senhora que viu em pouco fugirem para ali 100 dos que possuía; outros proprietários há que contam 20 e 30 perdidos desse modo. Os negros cultivam a mandioca e o tabaco (o que eles vendem passa pelo melhor) ; colhem a castanha, a salsaparrilha, etc. Às vezes descem em canoas e vêm ao próprio porto de Óbidos, à noite, comerciar às escondidas; com os regatões que sobem o Trombetas, eles o fazem habitualmente. Diz-se que também permutam com os holandeses da Guiana os seus produtos por outros, e principalmente pelos instrumentos de ferro e armas. Os mocambos têm sido perseguidos periodicamente, mas nunca destruídos. Eu acredito que eles hão de prosperar e aumentar. O terreno contestado do Amapá, a leste, na fronteira com as possessões francesas, para onde também se refugiam escravos e desertores, e estes mocambos do Trombetas são, a meu ver, dois sérios impedimentos para a introdução de mais braços escravos no Amazonas.[46]

A cidade do Pará é uma das que prometem maior e mais rápido florescimento. O comércio que se faz por este porto excede hoje de 15.000:000$000. Tem tido sempre um movimento ascendente: em 1863-64 a sua importação era 23,7% superior ao termo médio do qüinquênio anterior; e a exportação 22% mais que a de igual termo médio. O mercado do Pará será não só o lugar de trânsito obrigado, como principalmente um verdadeiro empório do Amazonas, o armazém dos países limítrofes.

Sem o recurso do crédito, limitada ao auxílio restrito da caixa filial do Banco do Brasil, a praça do Pará não pode alargar o círculo das suas operações. Um movimento comercial tão importante poderia justificar um banco de emissão especial do Amazonas, ou a concessão dessa faculdade à caixa do Banco Mauá. Estou certo de que o alargamento das transações e o movimento ascendente do comércio com os Estados Unidos aconselharão bem depressa esta medida, sendo manifesta a insuficiência da caixa provincial do Banco do Brasil, e reconhecida a impraticabilidade da boa direção e livre movimento de tais filiais a tamanha distância e sob condições tão diferentes. Não insistirei, porém, nas considerações que a respeito do crédito para as províncias estampou no Correio Mercantil, em 1863, o respeitável estadista que no Senado representa com tanto lustre a província do Pari, o Sr. Sousa Franco.

O progresso do Pará avalia-se pelo das suas rendas.

---

[46] A pretendida colônia militar de Óbidos, que figura no orçamento, na realidade não existe, nem é necessária. Quando passei por aí, a colônia apenas tinha o seu médico, pago pelo Ministério da Guerra; quanto a colonos, não havia nenhum; ela é uma superfluidade, havendo já o forte e a sua guarnição.

1852-53	....	936:011$000
1854-55	....	1.435:752$000
1856-57	....	1.420:483$000
1858-59	....	1,442:827$000
1860-61	....	2.092:746$000
1862-63	....	1.549:259$000
1863-64	....	2.185:891$000
1864-65	....	1.978:547$000

Na renda própria da alfândega a marcha do progresso é ainda mais notável. Eis aqui o termo médio de sete quatriênios :

1836-40	....	228:603$000
1840-44	....	277:178$000
1844-48	....	454:902$000
1848-52	....	635:07$$000
1852-56	....	l.131:993$000
1856-60	....	1.320:557$000
1860-64	....	1.960:121$000

Em relação ao período de 1836-40, a renda da alfândega foi dupla em 1848, tripla em 1852, quíntupla em 1856 e sêxtupla em 1860. Estes algarismos oficiais (Relatório da Providência, 1864, pág. 60) dispensam reflexões.

As finanças provinciais têm igualmente prosperado. Em 1853, os cofres da província recolheram 220:543$000; em 1860 alcançaram 793:955$000. O algarismo da receita arbitrada na lei do orçamento para o ano de 1865 é 799:016$000. O termo médio dos exercícios anteriores é, contudo, menor. Para essa extraordinária receita provincial contribui, em 1863, a goma elástica[47] com cerca de 200:000$000 arrecadados sobre uma soma oficial exportada de 228.268 arrobas, no valor de 3.695:338$000.

Para avaliar da força produtiva do Pará, reproduzirei aqui um quadro oficial da quantidade e valor dos gêneros da mesma província exportados da capital no exercício de 1863-64:

Qualidade dos gêneros	Unidades	Quantidade	Valor
Algodão	arrobas	5.586	107:515$375
Arroz pilado	”	98	231$100
Dito com casca...............	”	126.431	113:195$505
Açúcar bruto	”	24.871	47:425$511
Cacau	”	234.537	1.132:441$305
Castanha	alqueires	55.451	196:849$600
Couros secos		42.572	113:342$000
Ditos verdes	libras	1.134.000	117:803$950
Goma elástica fina	arrobas	169.571	3.112:517$270
Dita entrefina, grossa e sernambi ..	”	58.697	582:821$495
Grudes de peixes	”	1.825	40:839$425

---

[47] Borracha, seringa, goma elástica e caoutchouc são sinônimos, como todos sabem. A árvore chama-se seringueira.

Óleo de copaíba	libras	151.384	63:027$960
Peleteria diversa	"	117.960	69:842$650
Piaçaba	arrobas	11.325	24:039$850
Salsaparrilha	"	2.269	36:304$000
Urucu fabricado	"	3.190	15:797$625
Gêneros diversos			53:248$503
			5.827:243$124

A pequena quantidade de açucar exportado não representa a produção total da província, onde cresce o número de fábricas ou engenhos, nas quais se estão propagando as máquinas de vapor, graças às facilidades prestadas pelas oficinas da Companhia do Amazonas. Além disso não figuram no quadro anterior os gêneros alimentícios produzidos e consumidos na província, como sejam a farinha e outros cereais, o peixe salgado, etc.

O cacau, que representa uma soma considerável na exportação, não é no Pará, como é na província do Alto Amazonas, um produto meramente espontâneo. Ele é em geral cultivado, desde o tempo da metrópole, nas margens do grande rio, onde se vêem os bosques de cacaual, nos lagos e igarapés. Constitui uma ocupação regular dos habitantes dos municípios de Cametá, Óbidos e Santarém. Das 239.717 arrobas colhidas em 1863, pertencem ao município de Cametá 110.714, e ao de Santarém 96.818.

Infelizmente, os produtos naturais, e a borracha particularmente, enchem quase todo o quadro da produção do Amazonas. Ninguém ignora que a extração das drogas, sendo mais e mais distantes as florestas que as contêm em abundância, determina a disseminação da população. Daí resulta que os povoados ficam desertos na estação da colheita, e que para isso, assim como para o preparo da manteiga da tartaruga, por exemplo, se improvisam no leito dos rios, sobre as ilhas efêmeras da vazante, povoações provisórias, de um aspecto tão interessante por seu lado pitoresco, como deploráveis por sua condição econômica. Esse transtorno da vida social; essa depravação moral alimentada pelo trabalho em comum e ausência de todas as regras da decência, essa existência nômada, preocupam a todos os que observam os coisas do Amazonas.[48] Mas não há recurso algum eficaz que possa remover o inconveniente. Só o tempo o conseguirá. Com efeito, enquanto os produtos naturais, como a borracha, artigo de aplicação variada, no qual o Amazonas exerce um monopólio apenas contestado pela ilha de Java e poucos lugares da Índia, enquanto esses gêneros puderem remunerar pelo seu preço elevado os gastos de produção e compensar os fretes, a extração das drogas continuará como até agora. Entretanto, é certo que o desenvolvimento moral do povo e principalmente o exemplo do imigrante conseguirão alterar gradualmente os hábitos da população e melhorar os processos da sua indústria. Acerca da goma elástica, hoje obtida pelos mesmos métodos primitivos, é lícito esperar que se propague o cultivo regular da seringueira em terrenos e ilhas vizinhas das cidades e vilas. Ouvi falar em Belém de um proprietário de certas ilhas da foz do Amazonas que está ensaiando esse cultivo. A administração parece que se preocupa com isto, e muito agradaria vê-la alcançar que o

---

[48] V. o relatório do Sr. major Coutinho sobre o Purus, anexo ao do Ministério das Obras Públicas de 1865, pág. 85 e segs.

exemplo fosse imitado. A lavoura da seringa poderá ser uma indústria séria e valiosíssima para o Amazonas: é nos grandes lucros do produtor desse artigo tão caro, que se deve depor a esperança de uma próxima transformação nos processos atuais.

Conquanto me pareça da maior urgência que o governo e os particulares se empenhem em conseguir que a seringa, a salsa e outros artigos sejam produzidos por uma plantação regular, como já é o cacau, outrora tão bem silvestre, não temo da sorte do Pará, nem receio o despovoamento e a aniquilação, que tenho visto profetizada àquela região. Pelo contrário, o que se vê é que a população se condensa em certos pontos, mormente nos arredores das duas capitais, Belém e Manaus; e, posto não haja infelizmente registros fidedignos da população em épocas anteriores, que sirvam de base a estudos comparativos, é certo o seu crescimento, como se pode avaliar pelo aumento geral da riqueza, pelo extraordinário desenvolvimento da circulação dos produtos, da navegação, do comércio, das rendas do bem-estar geral. Por outro lado, voltando à reflexão acima exposta, o interesse dos produtores e compradores, ajudado pela maior ilustração do povo, aconselhará a adoção de outros processos e a gradual transformação da indústria extrativa em indústria agrícola. Finalmente, o Amazonas e os seus tributários, quando a seringa cessasse de figurar nos quadros do seu movimento comercial, poderiam ainda oferecer mil outros objetos à exploração dos seus habitantes. Não deixarei a propósito de lembrar a curiosíssima árvore de leite, de que falam certos viajantes, isto é, a massaranduba (mimusops excelsa, Freire Alemão), de tão variadas aplicações, e donde principalmente se extrai um produto igual à guta-percha da Índia[49], segundo se deduz de exame e estudos feitos recentemente na Inglaterra.

Ainda mais: se o receio de grande retrocesso no desenvolvimento comercial do Amazonas não me parece fundado, cumpre contudo acautelar-nos e promover quantos meios forem úteis para equilibrar a cessação dos lucros atuais e modificar os resultados de uma situação estacionária por alguns anos, enquanto se não operar a transformação do trabalho e dos hábitos econômicos do povo. Com efeito, esse estado estacionário não é improvável, e tanto basta para que seja aflitiva a condição do Amazonas. Ora, além dos indicados, um desses meios é contribuir para o alargamento das transações no centro mais povoado, a cidade do Pará, atraindo para aí o comércio do mundo com as Repúblicas ribeirinhas. No aumento do comércio desses Estados, por meio da livre navegação, há para as nossas povoações do Amazonas dois lucros simultâneos: ganham com o simples trânsito o lucro que deixa mesmo o navio que apenas passa, e o lucro maior auferido da concentração em seus portos, e mormente no grande mercado de Belém, das transações com os territórios vizinhos. Mas, além dessa vantagem obtida como intermediário quase obrigado, há para o Pará e para toda aquela região outro ganho em perspectiva: a da introdução de braços estrangeiros, talvez uma corrente de imigração para o Amazonas, em suma, um aumento na soma dos produtores e dos consumidores. Haverá, pois, uma compensação infalível: se cessarem ou ficarem estacionárias as indústrias atuais, outros recursos, aberto o Amazonas, virão preencher a lacuna.

---

[49] Obtém-se da seiva da massaranduba: leite que substitui o animal; cola e calafeto para a marcenaria; uma matéria impermeável própria para ferro; o leite coagulado, que é igual à guta-percha. (Relatório do Sr. Secretário Pena, anexo ao de 1864 da Presidência, pág. 15.)

Eu não pertenço ao número daqueles pessimistas ou tímidos que enxergam sempre o futuro através das sombras da sua imaginação abatida. Como o Brasil inteiro, tem o Amazonas certeza do seu progresso. Adote-se uma política firme acerca dos grandes interesses da nação, e a confiança restabelecer-se-á: onde dominava o pavor, reinará a coragem; onde a melancolia da descrença emudecia os espíritos, resplandecerá a vida agitada de uma sociedade em marcha. Adote-se a política generosa de um patriotismo sincero, e sentir-se-á gradualmente suceder a esta impertinente atmosfera de desânimo que nos oprime, o ar aquecido do entusiasmo geral. Mas quantos motivos, quanta decepção, quanto descuido, quanto desprezo, quanta incúria, quanta injustiça, não têm alimentado ali no Pará essa longa descrença e esse abatimento, o mais desagradável traço fisionômico das nossas populações do norte? Neste país, nesta nossa sociedade constituída sob a influência do estúpido despotismo português, e dos prejuízos e usos da metrópole ainda mais estúpidos e detestáveis, não é só o governo o único culpado; talvez não seja o mais culpado. Mas é certo contudo que ministros e presidentes ignaros, indolentes e incapazes não são raros na história do nosso governo, ou são muito comuns.

À nulidade da administração corresponde a nulidade dos melhoramentos reais. Eu não falarei só da instrução popular; dir-se-á que esse fora cometimento ousado demais e impraticável para os tempos de outrora; devo, porém, lamentar que, ainda acerca das coisas mais simples, das medidas mais vulgares, se tenha de sentir a frouxidão, inconsistência e desídia de certos governos. O Pará reclama há muito tempo uma ponte de descarga para a sua excelente alfândega; a obra já foi uma vez (em 1858) autorizada, e é da maior justiça, atento o progresso da renda. Pois bem: moveu-se dúvida, suspendeu-se a ordem, e nem sim nem não, até agora. Os baixos de Bragança dificultam a entrada do porto; o navio que o demanda tem de aguardar o dia claro para fixar o ponto perigoso, e os ventos e as correntes não raras vezes o fazem perder a oportunidade: pediu-se uma barca-farol para esse lugar, uma despesa pouco superior a 40:000$000: ora, um só navio inglês que ali se perca causa ao Tesouro uma perda de direitos igual a essa despesa. Pois bem, ainda nada se deliberou.[50]

Entretanto, não basta que os governos zelem pelo progresso material das províncias, cumpre que não agravem o mal das dissensões partidárias e da política pessoal, tão estéril quanto incompreensível. A melancolia domina o espírito, quando descobre na vida política das províncias um azedume e uma veemência de paixões que abrem por toda a parte desavenças inconciliáveis. A ostentação do ódio político é a mais desanimadora enfermidade de um povo. Por que tanta paixão no vencedor e tanto ódio no vencido? Nada existe em nossa vida social que justifique tamanho excesso na luta. A nossa situação política é a esse respeito idêntica à da Inglaterra: aí, como adverte Montalembert, não se disputando mais sobre certos princípios fundamentais, preciosos bens já adquiridos, não se deplora esse envenenamento das lutas como na França, país em que tudo está em discussão, e todas as liberdades ainda por alcançar.

Cumpra cada um o seu dever; seja cada qual fiel à sua bandeira; mas ninguém esqueça, e antes de tudo o governo, que as disputações políticas devem resolver-se no bem público, e não alimentar-se dos ódios e das vaidades.

[50] O governo acaba de ordenar a construção desse farol (outubro de 1866).

II

Província do Alto Amazonas – População; registro estatístico por paróquias – Povoações do litoral do Alto Amazonas – Estatística das principais; porto de Manaus – Exportação e importação – Rendas gerais; rendas provinciais

O Amazonas é uma esperança; deixando as vizinhanças do Pará penetra-se no deserto.

A sensação de profunda melancolia, que se apodera do espírito, nos adverte de que estamos dentro das mais densas solidões do mundo.

No Alto Amazonas principalmente domina esse amargo sentimento, que obriga a alma a dobrar-se sobre si mesma. Assim como no cárcere do poeta o braço que se estendia tocava a muralha glacial, assim o olhar lançado ali para qualquer ponto do horizonte só encontra o infinito, a enormidade, o silêncio, a ausência do homem e a presença da natureza, grande mas triste.

Um deserto não tem história; mas, como ele contém a semente do futuro, vale a pena, sequer para satisfazer a curiosidade dos vindouros, senão para precisar os pontos da nossa argumentação, definir as condições atuais da parte menos conhecida do grande rio.[51]

A província do Alto Amazonas é a menos povoada do Império, todos o sabem, mas é talvez a única de cuja população haja registros dignos de fé. Um dos últimos chefes de polícia[52] conseguiu que os agentes policiais lhe remetessem listas nominais dos habitantes dos respectivos distritos, com as indicações mais necessárias, fazendo-se na repartição central o cálculo do censo sobre essa base positiva. O trabalho parcial por cada distrito é renovado todos os anos; é assim que já existem os recenseamentos de 1862, 63, 64 e 65. Devo à obsequiosidade do Sr. Secretário da polícia uma cópia do mapa estatístico da população em 1865, com as especificações essenciais, a saber: a condição, a naturalidade, o sexo, a idade, o estado, a residência, as casas e os fogos.

Segundo o mapa, a população rústica e urbana da referida província não passa de 40.443 habitantes. Não se compreende, porém, neste algarismo o dos índios não catequizados: dos que são assim reputados cumpre confessar que não se pode ter uma notícia exata, visto como se acham muito afastados do litoral ou em paragens mal conhecidas. O relatório do presidente em 1863 dizia haver cerca de 17.000 índios de várias tribos, em diferentes aldeias.

Conquanto se deva considerar aquele total de 40.443 almas como o da população conhecida, aldeada ou catequizada, com exceção das tribos com que não há prática habitual de comércio, é ele, contudo, manifestamente insignificante. É uma gota naquele oceano.

---

[51] Esta consideração determinou o autor a ser mais extenso sobre esta parte do vale do Amazonas e o contíguo território do Peru, do que sobre a província do Pará, a qual é geralmente bem conhecida.

[52] O Sr. Estelita Pessoa, coadjuvado pelo seu hábil secretário, o Sr. Barros Pessoa, em 1862, durante a presidência do Sr. Carneiro da Cunha.

Eis aqui como está distribuída a população pelos distritos:

Capital (Manaus)	6.404
Tapessassu	1.398
Canuman	529
Borba	2.335
Crato	5.998
Moura	707
Rio Branco	268
Barcelos	646
Tomar	824
Marabitanas	618
São Gabriel	1.223
Serpa	1.533
Silves	3.426
Alvelos	1.433
Tefé	1.894
Fonte Boa	651
São Paulo de Olivença	1.007
Tabatinga	624
Vila Bela	4.333
Andirá	1.097
Maués	3.609

Esses distritos formam os seguintes municípios e comarcas:

Municípios	Comarcas	
Capital	Capital	16.655
Barcelos	Idem	4.186
Serpa	Idem	1.533
Silves	Idem	3.426
		25.800
Tefé ou Ega	Tefé	5.609
Vila Bela	Vila Bela	5.430
Maués	Idem	3.604
		14.643

O total decompõe-se do seguinte modo:

Livres	39.561
Escravos	882
(Proporção: 1 escravo para 45 livres)	
Estrangeiros	529
Habitantes urbanos livres	1.946
Habitantes rústicos livres	37.615
Casas	5.414
Fogos	6.298

O total de 40.443 é inferior ao que figura em diversos relatórios. No de 1861, eleva-se a população a 46.187 almas; mas então não havia ainda os registros paroquiais, que só naquele ano começaram. Em outros documentos, arbitra-se um algarismo muito maior baseado sobre os cálculos de probabilidade, que infelizmente ainda são o modo de computar a população das outras províncias. Na do Amazonas, porém, conquanto seja uma das menos ricas e a menos povoada, o zelo dos mesmos funcionários a que acima me referi alcançou o que é possível e muito mais fácil conseguir em todas as demais, isto é, uma base positiva para o censo da população. Repito que o dessa província é o resultado aritmético das adições parciais de cada paróquia; e que estas são por sua vez a soma exata dos nomes de cada habitante, tomados por cada fogo, e lançados no respectivo caderno de censo por inteiro, com as designações do estado, naturalidade, condição e sexo, sendo que em alguns distritos até se mencionam a profissão, os diversos graus da idade e a raça, como adiante se verá no quadro da população de Manaus.

Desço a estes detalhes para confirmar o conceito em que se deve ter a fidelidade do censo do Alto Amazonas, organizado pela sua polícia, e para que também se reconheça a praticabilidade de igual trabalho em todas as demais províncias. O serviço prestado por esse censo renovado anualmente não escapará ao ilustre Sr. Ministro das Obras Públicas. O resultado obtido ali é o mais satisfatório possível. Por ele se atinge ao seguinte dado precioso : fica-se conhecendo, graças a essas listas nominais, o minimum dos habitantes de uma província inteira. Já isto é alguma coisa. Trabalhos ulteriores, com outros recursos e outro sistema, determinarão um dia a soma completa, assim como as classificações da fortuna, dos bens, dos valores, das indústrias, etc. Entretanto, nem podemos ainda saber qual seja a população arrolada do Brasil! Nem ao menos a população arrolada das cidades e povoações! Nem a das capitais de província! Nem a da capital do Império! Isto, pura e simplesmente, é vergonhoso: não tem, nem se lhe pode dar outro nome. É vergonhoso, com efeito, que a nossa burocracia ainda não cuidasse disso. Felizmente, nem o exemplo do Amazonas será esquecido, nem faltam esperanças de ver-se em breve alguma coisa já feita. Já o muito ilustrado estadista que há pouco exercia com a sua habitual superioridade, o cargo de Ministro da Justiça, o Sr. Nabuco, acaba de organizar de um modo eficaz o serviço da estatística judiciária completa, ramo precioso do censo. É de esperar que as outras administrações não tardem em imitar um exemplo tão digno de elogio. Estou convencido de que este assunto não será preterido por mais tempo: o elevado pensamento que ditou os decretos de 18 de junho de 1851, suspensos pouco depois, não deve ter cedido perante as dificuldades opostas à execução desses atos inteligentes.

Notarei que não é a polícia a única repartição aproveitável para a estatística. Os presidentes de província poderiam propor às assembléias que acumulassem nos empregados das suas secretarias, que na maior parte do ano pouco serviço têm, o trabalho do censo provincial. Enquanto se não organizasse a comissão do censo nacional, como nos Estados Unidos, bem poderia haver em cada província um censo particular, à imitação do que faz desde 1858 com perfeita regularidade a administração da província de Buenos Aires na República Argentina.[53]

---

[53] V. as publicações sob o título Registro Estatístico de Buenos Aires, dois volumes cada ano.

Sem se criar mais uma nova repartição, e apenas gratificando os atuais empregados das suas secretarias, podiam as assembléias provinciais centralizar nelas o registro estatístico. Para chegar a um trabalho completo será preciso marchar gradualmente, começando primeiro pelo registro da capital, passando ao das maiores povoações, destas às menores, e por fim aos habitantes rústicos. No primeiro período o censo limitar-se-á à estatística da população somente nas suas classificações mais gerais: estado, sexo, naturalidade, condição e cultos. Depois abrangerá as indústrias, depois as rendas, depois os bens, depois a condição das terras e da propriedade imóvel; e assim progressivamente a estatística do país passará a ser o seu retrato, ou, na frase do grande mestre Schloezer, a história do presente. Só por si o conhecimento exato da população urbana, em suas classificações mais largas, será de um alcance imenso para grandes medidas de administração, de política e de finanças. A ninguém escapa a multidão de embaraços e de incertezas que cercam o legislador e o governo na falta de dados positivos sobre a população livre e escrava, nacional e estrangeira, etc. Conhecida exatamente a população urbana, ainda quando a rústica só o possa vir a ser mais tarde, teremos uma base importante para os cálculos aproximativos acerca da totalidade dos habitantes do Império, cálculos que hoje não assentam senão em induções vagas e em fantasias pouco sérias.

A província do Amazonas, dizia eu, é um deserto. Esses 40.000 habitantes pertencem a um território que, no litoral do grande rio, do morro de Parintins (divisa com o Pará) a Tabatinga (fronteira do Peru), mede 370 léguas. Em toda essa extensão apenas se encontram nove povoações: Vila Bela, Vila de Serpa, aldeia de Codajás, paróquia de Coari, cidade de Tefé, paróquia de Fonte Boa, povoação de Tonantins, paróquia de S. Paulo de Olivença, e o posto militar de Tabatinga, também paróquia. Para se avaliarem agora as extensões desabitadas, basta notar as distâncias desses diferentes pontos entre si. A menor é de 30 léguas (Codajás a Coari), e há uma de 54 (Manaus a Codajás). No seio desta natureza virgem, no silêncio dessas águas imensas, longe dos ruídos do mundo civilizado, no centro da América, percorrendo lentamente os espaços desse equador visível, sente-se bem a energia da exclamação do viajante Gibbon no cume dos Andes: "Parecia-me estar ouvindo o globo girar sobre o seu eixo".

Darei uma breve notícia de algumas das povoações da província.

Serpa (antigo aldeamento Itacotiara) é um ponto destinado talvez a ser o centro do comércio do Madeira, que lhe fica defronte. Tem 27 casas cobertas de telha e 30 de palha, distribuídas por 7 ruas, 7 travessas e uma praça. Continha essa povoação apenas 200 habitantes em 1863. A paróquia possuía cerca de 200 casas. Havia aí 75 escravos e 42 estrangeiros. Os bolivianos, descendo pelo Madeira, deixam em Serpa as suas canoas (ubás, construídas às vezes de um só tronco), e descem nos paquetes até ao Pará, onde vendem o cacau, o fumo, couros e outros produtos, e compram os objetos de que carecem (ferro em vergas, machados, instrumentos agrícolas, pólvora, espingardas, licores, quinquilharias, etc.). A viagem de retorno, nas canoas, é penosíssima; exige às vezes três meses e mais.

Tefé (ou Ega) é um dos pontos mais risonhos do Alto Amazonas; é uma cidade, porém, que não possui mais de 400 almas! A paróquia, segundo o censo último, tem apenas 1.894. Tefé é a cabeça da terceira comarca, que abrange cerca de metade da área da província: o censo não lhe dá mais que 5.609 habitantes. É a comarca da fronteira, e por isso a mais despovoada. Os seus habitantes são quase todos índios, e se exprimem na língua geral. Em todo esse território há apenas 88 escravos. O índio, porém, cumpre dizê-lo, é ali um verdadeiro servo, e muito há que providenciar a tal respeito, como direi no cap. VII. Para se formar idéia daquelas solidões primitivas, imagine-se que essa metade da enorme província do Amazonas apenas contém, sem contar as cabanas dos índios selvagens do interior, 928 casas!

A pequena aldeia de Tonantins merece um momento de atenção. A proximidade do Içá (ou Putumayo) promete-lhe futuro. Por ele sobem regatões até aos primeiros portos de Nova Granada, um dos quais, onde há comandante, se acha a poucos dias de viagem da foz do Içá, Escravos de Tonantins e de Fonte Roa têm fugido para o Alto Içá, nos domínios daquela República. Alguns granadinos descem às vezes em ubás, e vêm a Tefé ou a Fonte Boa comprar ferro, instrumentos, armas, vinhos, sal, etc. Nova Granada, pois, tem dois caminhos para o Amazonas: o rio Negro, que serve principalmente a Venezuela e estende um braço para o território daquele país, e o Içá.

No distrito de Tabatinga apenas se contam 624 habitantes. Em S. Paulo de Olivença, que fica pouco antes dessa fronteira, há pouco mais de 1.000. Entretanto, S. Paulo, situada na margem direita do Solimões, é afamada por seus excelentes pastos, grande fertilidade e bom gado. Situada sobre uma colina, cercada de outras, com vales profundos, é um sítio ameno e fresco.

Toda a importância do Alto Amazonas, porém, se resume em Manaus.

A cidade de Manaus (antiga vila da Barra do rio Negro) cresce todos os dias. Era em 1852 uma aldeia insignificante; o censo de 1865 lhe dá 2.080 habitantes. Neste total há 157 escravos. Distinguem-se aí 844 brancos, 700 índios, 280 mestiços e 256 pretos. Para autorizar o que já disse sobre a estatística do Amazonas, transcreverei o seguinte quadro fornecido pelo Secretário da Polícia:

POPULAÇÃO DA CAPITAL DO AMAZONAS ARROLADA EM 1865

Casas	Fogos	Número de habitantes	Sexo		Estado			Condição		Cor			
			Masculino	Feminino	Solteiros	Casados	Viúvos	Livres	Escravos	Branca	Parda	Índia	Preta
308	318	2.080	1.084	996	1.673	338	69	1.923	157	844	480	700	56

Naciona-lidade		Idade						Profissão*								
Brasileiros	Estrangeiros	De 1 a 10 anos	De 10 a 20	De 20 a 40	De 40 a 60	De 60 a 70	De 70 para cima	Agregados	Artes	Aprendizes de ofício	Comerciantes	Caixeiros	Empregados públicos	Militares em serv. ativo	Serviço doméstico
1.912	168	502	562	676	274	54	12	238	95	147	76	88	126	256	344

Atendendo para a proporção entre o número de habitantes e os de idade superior a 40 anos, deduz-se um resultado favorável ao clima e à salubridade do Amazonas, e particularmente de Manaus.

O número de casas de comércio não é pequeno, mas os seus capitais não são grandes. Segundo um mapa da mesa de rendas, que tenho presente, das 73 casas de comércio lançadas nessa repartição, 43 eram portuguesas e apenas 27 brasileiras; havia mais 2 outras estrangeiras.

A importação e exportação que se fazem por Manaus são quase a metade do comércio da província inteira, mas não excederam no exercício de 1864-65 da pequena soma de 887:511$000. A importação foi de 744:656$000. Nesta soma há 4:035$000 de produtos do Peru, a saber, 512 chapéus de palha e 395 arrobas de peixe seco e 9:910$000 de artigos da Venezuela, a saber, redes, piaçaba, etc. Com exceção dessas parcelas, o mais foi procedente do Pará. A exportação é que ainda foi menor; não passou de 142:856$000, representados pelas produtos da província, sendo que só a insiginificante soma de 652$000 se destinou ao Peru. O mais foi remetido para o Pará.

Pequena embora, Manaus ocupa uma situação extremamente pitoresca e um ponto geográfico da maior importância. Como S. Luís, no Mississípi, ela domina o largo espaço da navegação interior pelo Solimões e pelo rio Negro, vê o Madeira internar-se pelo coração da Bolívia, o Purus cortar o Peru, e tem a quatro dias de distância o porto do Pará. Criando a capital de uma província, lançava-se talvez a primeira pedra de um grande Império, em que não sonha o presente, mas que porventura está escrita nos destinos do futuro. Ora, o traço dessa capital deveria revelar um plano, uma idéia grande, um pensamento elevado. Mas, ao contrário, que ausência de gosto e que despropósitos em uma cidade inteiramente nova! Não digo que, como Alexandre, lançássemos ali os fundamentos grandiosos de uma rival de Tiro,

* Ignorada, 710.

ou que com a perspicácia e o gosto de Pizarro em Lima, traçássemos o plano de outra cidade real, la ciudad de los Reys. Quisera que projetássemos uma cidade modesta, porém elegante, que atestasse a nossa civilização de 1850 (a criação da província é dessa época), e fosse na história um protesto vivo contra o mau gosto e brutalidade com que os portugueses edificaram esses ridículos montões de casaria, a que chamavam cidades nas colônias, estragando quanta situação linda lhes oferecia a natureza. Pois bem: imitaram a metrópole, descobriram para a capital do Alto Amazonas o nome bárbaro de uma tribo já esquecida, e com palhoças, curvas e casebres desaproveitaram uma magnífica posição. O que ficou, ficou; quem foi nomeado presidente, deixou-se estar e, enquanto um cuida da sua eleição, outro da do seu compadre, o mal agravou-se dificultando a emenda.

Será curioso no futuro conhecer a soma e a natureza dos artigos que constituem agora o comércio da província do Amazonas. Reproduzirei aqui dados extraídos de documentos oficiais, começando pela exportação:

Alto Amazonas	1853	1855	1857	1859	1861	1863
Total da exportação	246:949$000	389:604$000	431:779$000	453:119$000	639:859$000	1.178:340$000
Artigos principais:						
Pirarucu	70:139$000	140:799$000	114:857$000	152:493$000	209:027$000	221:220$000
Salsaparrilha	39:453$000	19:480$000	21:104$000	37:934$000	26:902$000	25:791$000
Tabaco	27:713$000	22:298$000	....	31:547$000	18:232$000	10:314$000
Óleo de copaíba	25:815$000	12:824$000	15:107$000	31:785$000	50:773$000	44:622$000
Castanha	20:273$000	56:838$000	89:809$000	38:012$000	34:216$000	36:851$000
Manteiga de tartaruga	16:328$000	34:446$000	31:552$000	10:224$000	30:480$000	10:686$000
Goma elástica	9:496$000	59:608$000	133:989$000	107:738$000	222:622$000	511:980$000
Cacau	....	....	....	....	....	67:691$000

Eis aqui um quadro contendo todos os artigos da exportação, suas quantidades e valores, em um dos últimos exercícios:

| Gêneros | Unidades | 1863-64 | |
		Totais dos Gêneros	Importância
Azeite vegetal	Potes	40	260$000
Algodão	Arrobas	45	118$000
Breu	"	50	228$054
Cacau	"	14.140	67:805$450
Cravo	"	41	108$210
Cumaru	"	2	22$080
Couros de boi	"	1.039	2:900$860
Café	"	221	1:583$870
Castanha	Alqueires	18.882	36:851$400
Estopa	Arrobas	14.997	1:716$000
Guaraná	"	299	8:572$000
Madeiras	Números	200	80$000
Manteiga de tartaruga . . .	Potes	1.923	10:686$000
Mexira	"	260	1:421$000
Óleo de copaíba	Canadas	4.076	44:622$200
Peixe seco ou salmoura .	Arrobas	49.500	221:220$400
Piaçaba em rama	"	20.186	26:421$200
Dita em obra	Polegadas	9.284	10:884$100
Peles de diversos animais	Números	940	607$100
Puxeri	Arrobas	134	1:357$000
Redes de mosqueira	Números	160	634$200
Salsaparrilha	Arrobas	3.678	32:142$000
Sebo	"	17	76$000
Seringa	"	36.674	512:575$000
Tabaco	"	778	10:314$625
Total	. . . .	. . . .	993:206$749

Estes quadros conduzem às seguintes reflexões:

O produto espontâneo da natureza, que demanda na colheita menos indústria e capitais, é o que abunda no comércio do Alto Amazonas. Seguem-se em importância os produtos da pesca. Vêm por último os artefatos de certas pequenas indústrias, o fabrico de óleos, o preparo de couros, o corte de madeiras, os tecidos de redes, etc. Isto dá uma idéia precisa do estado semi-selvagem da população. Treze anos de uma administração especial e de consideráveis auxílios pecuniários do governo central ainda não conseguiram apressar a transformação. É que só há um remédio eficaz: a introdução do capital e do braço estrangeiros por meio da livre navegação. No litoral peruano, Iquitos, cidade nascente, está se levantando sob a influência do operário inglês. O que não será bem depressa o Alto Amazonas permitindo-se que por ali transitem todos os pavilhões?

No relatório de 1864, o Sr. Presidente Adolfo de Barros bem assinalou a situação econômica da província com os seguintes dados sobre o aumento da exportação de produtos espontâneos e o decrescimento da dos outros:

Anos	Produtos Agrícolas Decrescimento		Produtos Espontâneos Aumento			
	Café	Tabaco	Salsa	Cacau	Peixe	Goma elástica
	Arrobas	Arrobas	Arrobas	Arrobas	Arrobas	Arrobas
1830	6.200	5.643	....	2.300	13.460	....
1860	270	2.270	....	11.975	53.200	....
1861	630	1.187	1.793	9.936	56.740	16.777
1863	616	927	3.092	14.100	49.500	36.625

A parte da província do Amazonas, que mais exporta, é a confinante com o Pará. Borba (porto do rio Madeira), Serpa (fronteira à embocadura deste), e Vila Bela (próxima da divisa) concentram quase metade, ou mais de metade da exportação. Em 1862, sobre o total exportado de 702:966$000, contribuíram aqueles três portos com 412:092$000, a saber: Borba, 215:731$000; Serpa, 136:064$000; Vila Bela, 50:298$000. Nesse mesmo ano a exportação particular de Manaus apenas subiu a 162:945$000 e, segundo os mapas da mesa de rendas, ainda no exercício de 1864-65 ela não excedeu de 142:856$000.

Passarei à importação.

Não posso extrair dos diferentes mapas que tenho à vista a soma precisa da importação da província do Amazonas. Presumo, porém, que não é inferior à sua exportação, e que orça por 1.000:000$000.

Eis os dados em que se apóia este cálculo.

Segundo os mapas que o inspetor da alfândega do Pará, o Sr. Gama e Silva, se serviu fornecer-me, no exercício de 1864-65 foram daí despachados com destino ao Alto Amazonas valores na soma de 860:905$000. As mercadorias estrangeiras, já despachadas para consumo na mesma alfândega, representavam nesse total o algarismo de 661:125$000. Segundo os quadros da mesa de rendas (de cujo inteligente chefe, o Sr. Honório Ferreira, obtive muitos esclarecimentos), no referido exercício a importação verificada nesse porto subiu a 744:656$000; e, segundo os da outra mesa de rendas, situada na fronteira de Tabatinga, que igualmente tenho à vista, houve aí no mencionado ano a importação de gêneros avaliados em 31:655$000, também procedentes do Pará. Ora, além disso, cumpre advertir que em Vila Bela se realiza diretamente, sem dependência da mesa de rendas de Manaus, que fica além, a importação destinada a esse e ao importante município de Maués, e em Serpa a que pertence ao lago Uatás e aos rios Madeira e Purus. Na verdade, são os paquetes da Companhia do Amazonas que geralmente transportam as mercadorias do Pará, e seria vexatório não permitir que descarregassem naqueles seus pontos de escala (Vila Bela e Serpa) os gêneros destinados a eles e aos arredores sem irem a Manaus fazer novos despachos. Portanto, como a importação de Vila Bela e Serpa não figura nas estatísticas da mesa de rendas de Manaus, cumpre saber qual fosse ela. Um trabalho feito na Tesouraria da Fazenda de Manaus sobre os despachos remetidos pelas coletorias dessas duas povoações, deu o seguinte resultado:

1864-65	Coletoria de Serpa	Coletoria de Vila Bela
Gêneros estrangeiros que pagaram 1 1/2% de expediente	190:148$832	98:892$500
Gêneros nacionais	34:219$200	12:656$000
Gêneros livres dos direitos de consumo e de expediente	14:789$377	41:765$033
Gêneros livres dos direitos de consumo e sujeitos aos de expediente	. . . .	13:746$600
Total	239.157$409	167:060$133

A importação, portanto, de ambos esses pontos elevou-se a 406:217$542. Reunindo-lhe a de Manaus e Tabatinga, deduz-se que a importação total da província do Amazonas subiu a 1.182:528$000, algarismo superior ao que se conclui da estatística da alfândega do Pará.

Resta indicar quais sejam as principais mercadorias estrangeiras e nacionais importadas na província do Amazonas. Para informação do comércio citarei os seguintes algarismos dos mapas da importação em Manaus, no exercício de 1864-65:

Fazendas de algodão brancas . . . . 140:132$000
Fazendas de algodão de cor . . . . 85:086$000
Fazendas de linho brancas . . . . 36:100$000
Fazendas de linho de cor . . . . 21:330$000
Fazenda de lã . . . . 18:000$000
Fazenda de seda . . . . 8:787$000
Roupas feitas . . . . 12:066$000
Armas de fogo e brancas (5.200) . . . . 15:600$000
Obras de ouro (52) . . . . 19:460$000
Calçado (2.839 pares) . . . . 15:800$000

```
Peixe e carne em conservas (9.899 latas) . . . . . . . .    14:267$000
Artigos culinários (29 arrobas) . . . . . . . . . . . . . . .    41:800$000
Paios, presuntos, etc. (896 barris) . . . . . . . . . . . . .    16:200$000
Aguardente e vinhos (597 barris) . . . . . . . . . . . . . .    11:400$000
Farinha de trigo (2.360 barricas) . . . . . . . . . . . . . .    85:000$000
```

Dos gêneros nacionais importados no mesmo exercício foram:

```
Cachaça ou aguardente (39.823 canadas) . . . . . . .    46:569$000
Sabão (2.855 arrobas) . . . . . . . . . . . . . . . . . . . . .    26:000$000
Tabaco (980 arrobas) . . . . . . . . . . . . . . . . . . . . . .    12:000$000
Café moído (772 arrobas) . . . . . . . . . . . . . . . . . .     5:376$000
Açúcar fino e grosso (4.579 arrobas) . . . . . . . . . .    25:684$000
```

Estes e os algarismos anteriores pertencem ao porto de Manaus somente. Para melhor compreender-se o movimento comercial do resto da província, reproduzirei um quadro indicativo de todas as mercadorias, nacionais e estrangeiras, que em 1865 os paquetes da segunda linha da Companhia do Amazonas conduziram para os portos da respectiva escala, situados além de Manaus (Codajás, Coari, Tefé, Fonte Boa, Tonantins, S. Paulo e Tabatinga):

```
Armamento . . . . . . . . . . . . . . . . . . . . . . . . . . . . .      4:334$000
Arroz . . . . . . . . . . . . . . . . . . . . . . . . . . . . . . . . . .      5:166$000
Açúcar . . . . . . . . . . . . . . . . . . . . . . . . . . . . . . . . .     11:189$000
Azeite doce . . . . . . . . . . . . . . . . . . . . . . . . . . . . .      1:178$000
Bebidas espirituosas . . . . . . . . . . . . . . . . . . . . . .     42:140$500
Bolacha . . . . . . . . . . . . . . . . . . . . . . . . . . . . . . . .      5:215$600
Café . . . . . . . . . . . . . . . . . . . . . . . . . . . . . . . . . . .      4:413$500
Carnes salgadas . . . . . . . . . . . . . . . . . . . . . . . . . .      7:578$000
Cera em velas . . . . . . . . . . . . . . . . . . . . . . . . . . . .      7:480$000
Cobre em artefatos . . . . . . . . . . . . . . . . . . . . . . . .      6:445$100
Chumbo . . . . . . . . . . . . . . . . . . . . . . . . . . . . . . . .      1:276$000
Comestíveis . . . . . . . . . . . . . . . . . . . . . . . . . . . . .     15:125$000
Diversos . . . . . . . . . . . . . . . . . . . . . . . . . . . . . . . .     17:806$900
Farinha de mandioca . . . . . . . . . . . . . . . . . . . . . .      4:845$000
Farinha de trigo . . . . . . . . . . . . . . . . . . . . . . . . . .      7:638$000
Fazendas diversas . . . . . . . . . . . . . . . . . . . . . . . .    518:715$500
Ferragens . . . . . . . . . . . . . . . . . . . . . . . . . . . . . . .     65:434$800
Ferro em bruto . . . . . . . . . . . . . . . . . . . . . . . . . . .        802$500
Louça . . . . . . . . . . . . . . . . . . . . . . . . . . . . . . . . . .      4:144$000
Óleos . . . . . . . . . . . . . . . . . . . . . . . . . . . . . . . . . .      2:440$800
Papel . . . . . . . . . . . . . . . . . . . . . . . . . . . . . . . . . .      1:400$000
Pólvora . . . . . . . . . . . . . . . . . . . . . . . . . . . . . . . . .      1:568$000
Sabão . . . . . . . . . . . . . . . . . . . . . . . . . . . . . . . . . .      4:074$000
Sal . . . . . . . . . . . . . . . . . . . . . . . . . . . . . . . . . . . .      4:297$500
Estearina em velas . . . . . . . . . . . . . . . . . . . . . . . .      5:125$000
Tabaco . . . . . . . . . . . . . . . . . . . . . . . . . . . . . . . . .      1:116$000
Vinagre . . . . . . . . . . . . . . . . . . . . . . . . . . . . . . . . .        731$500
Vinho . . . . . . . . . . . . . . . . . . . . . . . . . . . . . . . . . .     33:719$000
                                                                          _____
Total . . . . . . . . . . . . . . . . . . . . . . . . . . . . . . . . . .    785:398$700
```

Podemos, pois, afirmar que o comércio de importação e exportação da província do Amazonas atinge ao algarismo de 2.000:000$000. Ora, por sua parte, o litoral do Peru importa e exporta mais de 1.000:000$000, como veremos adiante. Em 12 anos, portanto, formou-se aí, no Solimões brasileiro e peruano, um comércio que quase não existia dantes. O mais interessante é que ele cresce de ano para ano, que se acha em via de progresso. Cumpre advertir que em 1863 o transporte dos paquetes do Amazonas na segunda linha foi de 251:345$000, no seguinte ano subiu a 429:529$000, e em 1865 a 785:398$800, como acima se viu.

A questão, na verdade, não é saber qual a soma presente do giro comercial, mas verificar se o comércio aumenta e em que razão progride. Ora, ele quadruplicou em 10 anos; e, se não há de caminhar sempre na mesma progressão, é certo que crescerá sempre. Na época da nossa independência o Rio de Janeiro apenas exportava 600.000 arrobas de café, e o comércio do país inteiro era apenas um terço do atual deste porto somente. Quem poderia precisar então o progresso da produção de um e a marcha veloz do outro? O mesmo se pode agora dizer do Amazonas.

Completarei estas notícias com informações acerca das rendas públicas.

A renda geral da província do Amazonas tem aumentado gradualmente. Foi em 1852-53 de 10:219$000; em 1860-61 subiu a 27:683$000; em 1861-62 ficou em 21:575$000; em 1863-64 declinou para 23:599$000; mas em 1864-65 elevou-se a 40:122$000, a maior de todas. O progresso, portanto, foi rápido. Ora, a renda geral dessa província não pode avultar, porque é na cidade de Belém que se cobram os direitos de importação das mercadorias consumidas em todo o vale, e os 7% na exportação dos produtos da mesma província. Esses direitos hão de orçar por cerca de 300:000$000, soma correspondente aos suprimentos que a Tesouraria do Pará faz à administração de Manaus na importância de 300 a 400:000$000 cada ano. A província do Amazonas, porém, não deixa renda líquida nenhuma, sempre que ali existem corpos do exército. Com efeito, desde 1851-52 (época da inauguração) até o primeiro trimestre do último exercício (1865-66), haviam sido:

A receita total . . . . 264:874$000
A despesa efetiva . . . . 3.381:417$000
O *deficit*, suprido pela Tesouraria do Pará . . . . 3.116:542$000

Está, pois, o Tesouro Nacional diretamente interessado em todas quantas medidas concorrerem para fazer prosperar aquele domínio estéril, sob o ponto de vista da renda. É uma propriedade que, com o regime adotado, nada produz líquido, ou só produz para o seu custeio. A medida do livre comércio há de ser para o Tesouro um processo fértil de magníficos resultados.

A renda provincial, como a geral, acusa progresso constante. Foi apenas de 29:454$000 em 1853; mas em 1856 já era de 53:734$000; em 1858 elevou-se a 69:512$000; em 1860 a 94:300$000, e em 1864 passou a 112:386$000. São algarismos oficiais.

A paciência do leitor, já fatigada por tantos detalhes, não me acompanhará em minudências. Entretanto, cuido não ser impertinente rogando que lance os olhos para os seguintes algarismos acerca da instrução pública no Amazonas; são também oficiais: em 17 escolas primárias do sexo masculino, havia apenas 407 alunos; e em 3 do sexo feminino (únicas providas) somente 36 meninas! E destas freqüentavam 23 a escola da capital. Eis aí, pois, um assunto proeminente: não há, para o Amazonas inteiro, negócio mais grave que o derramamento da instrução elementar. Felizmente, quanto ao ensino profissional, por mais socialistas que sejam e são tais instituições, já a província conta com um estabelecimento útil, proveitoso e eficaz, o dos Educandos de Manaus. Ainda que modesto, ele revela, pelos resultados obtidos, quanto pode a perseverança. Instrução elementar, instrução popular, instrução leiga, instrução profissional, isto é, ensino útil sem latim, sem retórica, sem clericalismo, mas abundante de noções práticas e de conhecimentos físicos, – eis a alavanca do nosso progresso.

Não objetem que aquela região, povoada por uma raça decadente, resistirá à civilização, e que essa raça será antes aniquilada que melhorada. Há fatos que protestam contra tanto desânimo. Acabo de ler, com verdadeira emoção, a carta em que uma respeitável pessoa, que acaba de visitar o interessante município de Maués, na parte mais oriental da província, se exprime do seguinte modo: "Por amor do futuro do Amazonas, deveríeis ficar bem contente vendo aqui um distrito agrícola que tanto promete como este (Maués), mais povoado que outros, e povoado de uma classe de homens mais inteligente, mais industriosa e mais moralizada, segundo se diz, de que a que vimos em outras partes". Se, embora afastado da linha da navegação a vapor, há um distrito assim que tanto promete, por que serão os outros, aliás melhor situados, menos felizes? Ao contrário: em Manaus pelo menos o progresso é evidente.

Ah! Mas eu me esqueço do inimigo comum, do grande desbaratador de todas as combinações, a infernal intriga de aldeia elevada à dignidade de política! Ao menos por piedade e compaixão, como pedia o preclaro publicista maranhense[54], ao menos por piedade e compaixão não apliquemos a esses desertos o ferro em brasa da nossa política. Não são as nossas livres instituições, não é o jogo democrático de um sistema baseado sobre a eleição e a liberdade individual, as causas verdadeiras dos lamentáveis abusos da política provincial: é a tendência comum dos governos geral e local para se apoderarem dessas armas e dessas instituições em seu proveito, ou no de seus amigos; é a organização administrativa, a judiciária e a policial combinadas para comprimirem ou corromperem a vida popular. De modo que assim a imoralidade acompanha as instituições democráticas para perturbá-las e desacreditá-las, Post hoc, ergo propter hoc; da coincidência das duas coisas conclui-se contra os inconvenientes do sistema liberal. Não declamemos, porém, contra o regime constitucional aplicado ao país inteiro, sem distinção entre províncias e território. Mas protestemos contra o procedimento dos governos, e principalmente contra certas escolhas de funcionários e certas condescendências criminosas.

Já que o governo aspira à onipotência, que lhe pertença inteira a responsabilidade. Que ele não esqueça que o Amazonas tem fome de justiça e de polícia. O juiz político ou corrompido e a polícia comerciante, instrumentos ambos do governo onipotente e insaciável, prejudicam o melhoramento moral da população, afetam a tranqüilidade do proprietário e prolongam o obscurantismo.

---

[54] J. F. Lisboa, tomo I: Eleições no Maranhão.

Quando se considera nas imensas necessidades morais daquela região, quase se perde a esperança de vê-la melhorada; mas cumpre buscar alento nos sonhos de futuro, que por toda parte acometem o espírito no meio de tantas grandezas. Com o prestígio da ciência, Humboldt profetizou esse magnífico futuro: "É ali, disse ele, que mais cedo ou mais tarde se há de concentrar um dia a civilização do globo". Que a esperança nos indenize do abatimento do presente!

CAPÍTULO QUINTO

ESTADOS RIBEIRINHOS: PERU, BOLÍVIA, VENEZUELA

Tanto como o México, o Peru fere a imaginação dos que refletem sobre a organização social existente ao tempo da conquista espanhola. Havia ali, com efeito, um Império com o seu governo hierárquico, e uma sociedade com o seu regime patriarcal. Havia um culto oficial: o Sol, pêndulo do relógio dos séculos, na linguagem épica do poeta dos Natchez, era ali, nos templos magníficos de prata e ouro, o símbolo rutilante da divindade, e a sua imagem mais fiel nessas regiões ardentes do equador, trono do astro do dia. O Império foi sepultado com o cadáver de Ataualpa, o último dos Incas; o culto desapareceu com os ornatos dos templos. Mas a tradição e a raça ficaram. Os índios do Peru e da Bolívia, e os da Bolívia principalmente, dedicados ao trabalho, não inúteis e nômades como a maior parte dos nossos, atestam o passado da forte e despótica organização sob que viviam.

Não há no Peru nem na Bolívia escravos; havia no primeiro e há ainda na segunda o serviço obrigatório para os índios como até há pouco as companhias de trabalhadores no Pará e Amazonas. O trabalho, porém, é hoje livre no Peru, e quando não seja realmente nas povoações centrais ou nas longínquas aldeias do Solimões e dos outros rios, ao menos o é em nome da lei nos maiores centros de população. O presidente Ramón Castilla, que aboliu a escravidão dos negros no Peru, também suprimiu o tributo pago pelos índios ao Estado desde o tempo dos Incas, tributo conservado pelos conquistadores até os nossos dias, e por muito tempo depois da independência.

Os Incas sucessores de Manco Capac, fundador do Império de Cuzco derrubado por Pizarro, governavam como conquistadores a raça indígena, os índios, à qual pertencem os habitantes dos campos, das montanhas e das pequenas povoações do Peru e da Bolívia. Os monumentos de Cuzco, o templo do Sol, o palácio dos Incas, a fortaleza do cerro Sacsahuaman, etc., atestam o imenso trabalho dos índios sob o governo dos Incas. Garcilasso de la Vega, descendente dos soberanos de Cuzco, pretendia que 20.000 trabalhadores fossem empregados durante 50 anos na construção daquela fortaleza. O índio, com efeito, é dotado de uma paciência inexcedível. As missões correntinas e paraguaias ao sul do Brasil revelam o mesmo. O índio, escreve Grandidier, trabalha lentamente, sem desanimar diante das dificuldades, nem com a duração da obra que começara. "Eu vi na Paz, acrescenta ele, um operário boliviano que, trabalhando todos os dias, não tinha gasto menos de um ano na escultura apenas de um capitel para a catedral... Tal é o caráter desse povo. Demais, sabe-se que o governo dos Incas era já baseado sobre o trabalho constante e forçado da classe baixa. Os impostos que cada cidadão tributado devia ao Estado, pagavam-se em prestações de objetos em ser: cada índio devia cultivar os campos pertencentes quer à divindade protetora, quer ao monarca"[55], É assim que se explica a incrível perseverança dos bolivianos que fazem a navegação dos rios

---

[55] Voyage dans l'Amérique du Sud, 1861.

e particularmente a penosa travessia das cachoeiras do Madeira, e a não menos penosa travessia dos Andes, que eles passam tomando sobriamente a chicha e mastigando a coca.

Certamente o trabalho forçado, ou o regime servil dos índios sujeitos aos comandantes, ao arbítrio, às sevícias e espoliações dos brancos é um sistema deplorável; se ele mantém certa ordem exterior e certa simetria despótica, impede a formação das pequenas fortunas, o crescimento do bem-estar geral, a criação de capitais, o desenvolvimento da civilização, e eterniza o embrutecimento das massas, a maior das tristezas sociais e o maior dos perigos políticos. Mas, entretanto, é lícito supor que um regime sustentado por tantos séculos habituaria o servo ao serviço de cada dia, criaria o hábito do trabalho, assim como que o comércio e as indústrias encontrarão grande auxílio nessa gente acostumada às mais rudes ocupações.

A história secular do regime do trabalho no que foi o Império dos Incas, explica a constituição econômica dos territórios centrais do Peru e Bolívia. Aí, com efeito, a população indígena não há de desaparecer; ela adapta-se à civilização, produz e consome, importa e exporta. São esses povos tributários do comércio do mundo. Mas uma coisa lhes falece: um caminho curto e barato para os grandes mercados do globo. Esse caminho é o vale do Amazonas.

I

República do Peru – População; comércio; rendas – Preferência das comunicações fluviais para uma grande parte desse país – Caminhos da cordilheira para o vale do Amazonas; departamentos a que interessa a navegação fluvial – Departamento de Moyobamba; província de coreto; população; produções; principais povoações; oficinas de Iquitos – Comércio peruano pelo Amazonas, quintuplicado em dez anos; importação e exportação; indústria dos chapéus de palha – Os índios, animais de carga; necessidade de caminhos

O Peru não contém muito mais de 2 milhões de habitantes, a quarta ou quinta parte da população do Brasil. A sua exportação foi em 1859 de 16.715,672 pesos, além de 6 milhões representados pelo ouro e prata exportados. A importação foi de 15,819,222 pesos[56]. Eis aí um comércio talvez de 38 milhões de pesos, soma que proporcionalmente não é inferior ao do Brasil inteiro (270 mil contos). O comércio exterior do Peru cresce e crescerá. Apesar das suas guerras civis, a República prospera. Uma população viva e inteligente não é ali embaraçada nem pela centralização, nem pela rotina. Suas alfândegas (Iquique, Arica, Islay, Callao, Huanchaco, San José e Payta) são regidas por um código singelo e liberal, onde abundam os favores à marinha estrangeira, que facilita o transporte costeiro e permite ao comércio preciosas franquezas.[57] Sua tarifa, que isenta de direitos muitos objetos, não os grava com mais de 25 por cento,

---

[56] Geografia del Peru, por M. Paz Soldán (Paris, 1862), publicada à custa do governo peruano por F. Soldán: pág. 42 e segs.

[57] Regimento de commercio de 16 de dezembro de 1864, expedido pelo ex-presidente geral Pezet ; vide cap. I, arts. 11, 12, 15, 20, 24, etc.

sendo tão módica a base das taxas que na realidade esses direitos ficam muito aquém. É assim que, segundo o citado Paz Soldán, até artigos de luxo e fantasia não pagam mais de 20%.[58]

A razão principal de tão módicas tarifas é talvez a circunstância de ser o guano o ramo fecundo da receita, para qual pouco contribuem as alfândegas. É assim que, na receita total de 1859, na importância de 20.016,401 pesos, figura o produto do guano (monopólio do Estado) com a soma enorme de 14.711,526 pesos, enquanto que as alfândegas só renderam 3.391,942. No projeto de orçamento para 1862, que Paz Soldán transcreve, e onde se arbitra a despesa de 20.000,000 de pesos e a receita em 19.300,000, ainda o guano figura com 14.850,000, e as alfândegas com 3.400,000 somente. Essa feliz situação do tesouro peruano, que o libertou das grandes dívidas e permitiu ao governo entrar no caminho funesto dos armamentos navais construindo, na Inglaterra, navios dispendiosos como a fragata couraçada Independência, será nas épocas de paz, quando cessarem as vertigens das lutas intestinas, uma condição lisonjeira e um estímulo poderoso para os vastos melhoramentos materiais e os trabalhos de viação, de que dependem a prosperidade e a ordem públicas, e cujo adiamento os peruanos exprobram com justiça aos políticos do seu país, absorvidos nas disputas pessoais, na intolerância das paixões e nas lutas antipatrióticas.

A prosperidade do Peru está, com efeito, ligada a tais melhoramentos, e sobretudo à facilidade de comunicações entre as povoações da encosta oriental dos Andes e o curso dos afluentes do Amazonas. Um navio a vela carece de 70 a 100 dias para fazer uma viagem direta dos portos do Peru aos da Europa, pelo cabo de Horn. A viagem pelo istmo de Panamá, interrompida pelas baldeações, não exige menos de 30. A esse número de dias, no primeiro e no segundo caso, cumpre ajuntar o tempo necessário para ir dos portos do Pacífico às cidades da Cordilheira e especialmente às povoações das vertentes orientais, a saber, um a dois meses mais. Entretanto, a viagem direta de um ponto do curso superior de um dos afluentes do Amazonas (o Ucayali, por exemplo) aos mesmos portos da Europa pelo Pará não exigirá mais de um mês. Segundo resulta de explorações recentes no Alto Ucayali, um vapor da força do Morona poderia vir do porto de Mayro (sobre um confluente daquele grande tributário), na base dos Andes, à cidade do Pará em uma dezena de dias, gastando até a Europa cerca de 30. Ora, o Mayro fica próximo de grandes povoações da Cordilheira, do Cerro de Pazco, por exemplo; e daí a Lima, com bons caminhos, não são precisos mais de 10 dias, pois o Mayro dista cerca de 100 léguas de Lima. O resultado dessas explorações pareceu tão importante que um dos jornais de Lima, de outubro de 1864, pôde dizer o seguinte:

"O vapor Morona fez uma viagem de Iquitos ao Pará em quatro dias e 22 horas. A distância entre esses dois pontos é de 720 léguas, ou de 2.160 milhas, de modo que o Morona venceu, descendo, 18 milhas por hora. Do Mayro a Iquitos há 180 léguas, e o Morona bem pode fazer esta viagem em dois dias, rio abaixo, de modo que toda a distância de Mayro ao Pará ficará reduzida a sete dias de viagem, para cerca de 900 léguas. Melhorados os caminhos atuais de Mayro ao Cerro de Pazco, e deste lugar a Lima, facilmente se poderá vencer a

---

[58] Na seção 4.º dessa tarifa (Arancel de la Republica del Peru, 1857), os direitos sobre artigos de seda são taxados, com raras exceções, em 20%.

distância de Mayro a Lima em outros sete dias. E, portanto, serão precisos 14 dias para uma viagem de Lima (litoral do Pacífico) ao Pará (litoral do Atlântico). Calculando doze dias mais para a travessia do Pará à Inglaterra (em paquetes a vapor, cujas viagens sejam concertadas com as dos vapores do Peru), teremos que a viagem de Lima à Inglaterra, através de todo o continente sul-americano, pelos Andes, o Amazonas e o Atlântico, poderá efetuar-se em 26 dias. Se fosse lícito esperar o estabelecimento de um caminho de ferro que, partindo das costas do Pacífico (Callao), chegasse a Mayro, princípio da navegação fluvial transandina, neste caso a viagem reduzir-se-ia mais, suprimindo-se seis dias, Então Lima achar-se-ia a 20 dias de distância da Inglaterra ou da Europa ocidental."

A comunicação da parte oriental do Peru, onde correm os numerosos afluentes do Amazonas, com a cidade do Pará é um fato, e irá aumentando de ano para ano. Com efeito, o maior e mais povoado departamento do Peru é Cuzco, e este tem a sua capital a 189 léguas de Lima, sendo a viagem através da Cordilheira (por Ayacucho e Huancavelica) das mais penosas: entretanto que a mesma cidade de Cuzco fica nas vizinhanças de pontos navegáveis dos confluentes do Ucayali. Verdade é que há outro trajeto mais fácil para Cuzco, se demandar-se por Arequipa, em vez do grande mercado de Callao e Lima, o porto de Islay; mas é este um mercado menor, e além disso de Cuzco a Arequipa há 95 léguas, segundo o viajante Gibbon.

A lei suprema do forte, portanto, desviará dos mercados do Pacífico os consumidores e produtores da Cordilheira, ou ao menos os da sua encosta que olha para o Brasil e o Amazonas. Resta para apressar isso que o vapor circule pelos grandes tributários peruanos da margem meridional, e que melhores caminhos ofereçam as comodidades indispensáveis.

As linhas de comunicação da Cordilheira para o vale do Amazonas peruano (Marañon) reduzem-se a três caminhos principais: o do norte, o do centro e o do sul.

Caminho do norte: os seus pontos mais notáveis são: Chachapoyas (sobre a Cordilheira), Moyobamba (idem) e Yurimaguas (porto do Huallaga). Da primeira à segunda cidade (que é capital do departamento de Loreto) há somente 40 léguas. Segundo a memória de Raimondi, anexa à Geografia de Paz Soldán (pág. 620), era esse caminho péssimo em grande parte. Há lugares em que um animal não pode passar facilmente. O viajante carece apear. Só os índios desde a infância se habituam a essas fragosidades da Cordilheira. Mas cumpre notar que de Chachapoyas ao porto alfandegado de San José no Pacífico, que é o que lhe fica mais próximo, há cerca de 100 léguas sempre pela Cordilheira, e essas são demasiadamente ásperas. Compreende-se, pois, a razão porque a Chachapoyas, a Cajamarca e às povoações vizinhas, muito importa ligarem-se aos portos do Amazonas, de preferência ao Pacífico.

Caminho do centro: é o que vai da cidade de Huánuco (sobre a Cordilheira) a Tingo Maria, porto do Huallaga, acima de Yurimaguas, onde termina a navegação por canoas. É melhor que o de Chachapoyas a Moyobamba, e de igual extensão (40 léguas). Tem o caminho central menos despovoado que esse do norte; encontram-se muitos tambos ou antes ranchos desabitados que servem de refúgio aos viajantes, e que são mais raros nos outros; só as 10 léguas que precedem a Tingo Maria através de florestas são despovoadas. Como de Tingo Maria ao porto de Yurimaguas, até onde sobem os vapores, há 120 léguas só transitáveis por canoas, parece que não será esse caminho o mais favorável ao comércio, que preferirá encurtar a viagem descendo pelo Ucayali, o qual admite vapores em uma extensão muito maior que o outro afluente, seu paralelo.

Caminho do sul: é o que da grande cidade de Cuzco desce, pelas gargantas da Cordilheira coberta de neve, à margem do rio Santana (ou Urubamba), que é um braço do Ucayali, em um ponto chamado Echarate, porto de embarque do mesmo Santana. A distância de Cuzco a Echarate é de 40 léguas. Abaixo desse porto do Santana, cerca de 30 a 40 léguas, fica o Mayniqui, até onde é possível subirem os vapores. Assim a linha de navegação a vapor do Ucayali pode ficar a 70 ou 80 léguas de Cuzco, das quais 30 ou 40 são transitáveis por canoas. Esse caminho não é bom, mas admite passagem a animais em todo ele; é bastante povoado; encontram-se por aí muitas plantações de coca, cacau, café, etc. Oferece, porém, o inconveniente sério da neve e frio em certos pontos da Cordilheira; mas, melhoradas as estradas, a travessia será rápida.

Há diversos caminhos secundários, mais ou menos praticáveis. A mais notável é o que de Cuzco se dirige ao vale do Paucartambo, e daí por uma senda ao vale do famoso rio Madre de Dios, cujo curso é desconhecido, mas que leva suas águas ao Amazonas ou a um dos seus maiores tributários.

Estes esclarecimentos, extraídos do livro de Soldán e da memória de Raimondi, servem para avaliar-se quanto útil seja a navegação fluvial a uma parte considerável da República vizinha, de preferência às comunicações terrestres para o litoral do Pacífico.

Sendo preciso estimar a grande soma de valores com que o Peru poderá contribuir bem cedo para o comércio do Amazonas, mencionarei os distritos ou territórios situados nas direções indicadas e o algarismo da respectiva população.

Os distritos do Peru, sobre ou aquém dos Andes, que podem comunicar-se com a província fluvial de Loreto, são os mencionados pelo mesmo Raimondi nas seguintes linhas:

"No departamento de Cajamarca, a província de Jaen, situada justamente sobre o Marañon, onde a única dificuldade que o grande rio oferece à navegação é o Pongo de Manseriche, pelo qual sem embargo passou La Condamine em 1743, e em 1859 a expedição dirigida pelo bispo de Chachapoyas, e por onde passam continuamente os índios.

"Para o departamento do Amazonas haverá fácil comunicação com a estrada que a Sociedade dos Patriotas projetou para abrir caminho até o Marañon.

"No da Libertad, diz Raimondi que a província de Pataz estava abrindo uma porta para o Huallaga, fazendo um caminho desde a povoação de Tayabamba.

No de Ancahs, a província de Huari tem a sua entrada para o Huallaga pelo caminho das montanhas do Monzon.

"O departamento de Junin comunica-se com o Huallaga pelo caminho de Huacrachuco, pelo das montanhas de Monzon e pelo de Huánuco. Além disso, pode comunicar-se com o Ucayali por meio do caminho que se está atualmente abrindo de Huánuco às montanhas de Puzuzo e porto do Mayro. Seria de grande utilidade continuar também o caminho que se começara do Cerro de Pazco ao dito porto de Mayro, sendo este o mais curto entre Lima e o Amazonas. Também Jauja e Huancayo podem comunicar-se muito depressa com o Ucayali abrindo-se de novo o antigo caminho para Pangoa e o rio Tambo.

"O departamento de Huancavelica abrira passagem para o rio Tambo por meio de um caminho que se começou na província de Tayacaja.

"O departamento de Ayacucho tem sua entrada para a província litoral de Loreto pelas montanhas de Huanta.

"O de Cuzco pode comunicar-se por meio do rio de Santana ou Urubamba, porém carece abrir uma estrada de 17 léguas para evitarem-se os maus passos deste rio.

"Enfim, o departamento do Puno, posto que menos conhecido, tem também rios navegáveis, que vão parar no Amazonas.

"Assim, não há departamento desse lado dos Andes que não tenha sua porta de saída para o Amazonas."

Resta, acrescenta Raimondi, que se construam ou se melhorem essas vias interiores de comunicação, como aliás já se começou a fazer (Mem. cit., págs. 712 e 713).

O Peru está dividido em 14 departamentos, subdivididos em províncias e estas em distritos, além de duas províncias litorais situadas no Pacífico. A nove desses departamentos interessa a navegação do Amazonas. Ei-los, com o algarismo da população que lhes atribui Paz Soldán no seu livro já citado:

Amazonas	28.000 habitantes
Huancavelica	76.000 habitantes
Ayacucho	130.000 habitantes
Cuzco	800.000 habitantes
Cajamarca	120.000 habitantes
Libertad	80.000 habitantes
Ancahs	190.000 habitantes
Junin	210.000 habitantes
Puno	246.000 habitantes
Total	1.880.000 habitantes

Ora, como o total da população do Peru era avaliado em 2.355.000, resulta que só uma pequena parte dela não é interessada no desenvolvimento das comunicações pelo grande rio e seus tributários. Disto convencer-se-á quem examinar com atenção a carta da República, que acompanha o livro de Soldán.

Não está compreendido naquele algarismo o território banhado pelo Amazonas, designado até há pouco pelo nome de província litoral de Loreto, que é o que efetivamente entretém, desde longa data, relações habituais de comércio com os nossos portos fluviais. Darei, por isso, informações particulares a respeito dele.

Também conhecido pelo nome de província de Maynas, com que é designado nas cartas antigas, esse território é tão vasto como a nossa província do Amazonas, tão despovoado e tão pouco explorado. Segundo Raimondi, que o percorreu e escreveu em 1861 depois de estabelecida a navegação a vapor, ele tem alguns habitantes mais que a mesma nossa província, isto é, cerca de 90.000, compreendidos os índios infiéis (não reduzidos ou selvagens) das margens do Javari, Napo e Pastaza, e cujo número se arbitra em 40.000. A população regular, porém, não vai muito além de 50.000 almas, como se vê do quadro junto, cópia de uma informação prestada pelo Secretário da Prefeitura ao Sr. Cônsul do Brasil:

Distritos	Homens		Mulheres	Totais
	Maiores	Menores		
Moyobamba (capital)	1.974	2.520	4.112	8.606
Rioja	474	607	1.003	2.084
Soritor	248	325	536	1.109
Habana	233	324	523	1.080
Calzada	171	270	458	899
Lamas	1.469	2.226	3.588	7.283
Saposoa	696	1.116	1.778	3.590
Tarapoto	1.852	2.906	4.725	9.483
Pachiza	742	806	1.455	3.003
Tingo Maria	44	41	67	152
Yurimaguas (extremo da linha peruana de navegação a vapor)	682	795	1.403	2.883
Alto Amazonas	1.209	1.016	2.608	5.133
Catalina	63	85	126	274
Sarayácu	251	266	511	1.028
Nauta	620	714	1.269	2.603
Iquitos	145	177	326	648
Pebas	306	299	546	1.151
Loreto	213	223	452	888
Total	11.392	14.716	25.486	51.897

Todo esse território era, sob o título de província litoral de Loreto, administrado pelo prefeito de Moyobamba. O atual governo do Peru reconheceu os inconvenientes dessa centralização administrativa, que nenhum movimento podia imprimir às povoações fluviais tão afastadas de Moyobamba. Um decreto de 7 de fevereiro de 1866 acaba de elevar esse vasto território à dignidade de departamento, subdividindo-o em quatro províncias com as seguintes denominações:

Província de Moyobamba, capital a cidade do mesmo nome, composta dos distritos de Moyobamba, Calzada, Habana, Soritor e Rioja.

Província do Huallaga, capital a cidade de Tarapoto, compreendendo os distritos de Tarapoto, Catalina, Sarayácu, Lamas, Saposoa, Juanjui e Pachiza.

Província do Alto Amazonas, capital Balsapuerto, formada dos distritos de Balsapuerto, Yurimaguas, Santa Cruz, Laguna, Cahauapanas, Jeveros e Andoas.

Província do Baixo Amazonas, capital Iquitos, compreendendo os distritos de Iquitos, Nauta, Parinari, Pevas e Loreto.

O distrito de Tingo Maria, com os povoados que compreendia, foi agregado à província de Huánuco, no departamento de Junin.

Cada província é administrada por um subprefeito. A do Baixo Amazonas, além dessa autoridade, tem em Iquitos um comandante naval.

A fertilidade prodigiosa desse departamento, o qual reúne às condições gerais que constituem a grandeza do vale do Amazonas a circunstância de possuir maiores extensões de terras firmes ou terrenos secos e elevados, tem sido bem apreciada por diversos viajantes. O fato da recente colheita de ótimo algodão aí plantado confirmou a sua fama. Os seus produtos principais são: a salsaparrilha, a baunilha, a tartaruga e o óleo, o peixe salgado, madeiras inúmeras.

Nas minas próximas das margens do Huallaga, e mesmo nas suas margens, extrai-se ótimo sal. A indústria da pesca e da venda do peixe salgado torna estas salinas de imediato proveito.

Entretanto, os vapores do Pará, que até levam ao Alto Amazonas farinha e cereais, ainda transportam também o sal! As salinas de Pilluana e Callanayacu, situadas na margem direita do Huallaga, são tão abundantes, diz Raimondi, que por si sós poderiam abastecer de sal a toda a América.[59] Ficam elas sobre a margem, algumas léguas acima do porto de Chasuta. Nessas minas do Huallaga se vão prover os índios das margens deste, do Ucayali, e até os do Solimões. São de pouca despesa de custeio, pelo fácil transporte fluvial.

Cultivados são os seguintes produtos:

Plátanos (bananas) de muitas variedades, alimento comum e pão daquelas populações.

Yuca (ou mandioca) e suas espécies, igualmente comum.

Cana, que dá cada seis meses.

Arroz, milho e até o trigo.

Coca, de uso comum.

Algodão. Este cresce nas imediações de todas as casas; e dele fabricam o tecido, que servia de moeda de troco no interior.

Café, magnífico.

Cacau, não só cultivado, como espontâneo.

Bombanassa (bombonaje), não só cultivada, como espontânea, que dá a palha empregada no fabrico dos chapéus.

Não passarei adiante sem dar alguma notícia dos maiores centros de população, segundo Raimondi.

Moyobamba, capital. Indústria : chapéus de palha de bombanassa. Custam lá de 1 a 2 pesos fortes, os ordinários. Chegam pelo duplo do preço ao Pará.

Tarapoto. Aumenta com a navegação do Amazonas. Fabrica tecidos de algodão. No distrito cultivam-se o algodão, café, tabaco, cacau, cana-de-açúcar, etc. É a passagem do comércio do Brasil pelo Amazonas e Huallaga a Moyobamba.

Yurimaguas, sobre o Huallaga: ponto extremo da atual navegação a vapor durante a enchente.

Laguna, os seus habitantes são índios quase todos: fica a 4 ou 5 léguas da embocadura do Huallaga; aí param os vapores na vazante.

Jeveros, com excelentes índios, dedicados ao trabalho. Moyobamba fica a 30 léguas de Jeveros. Jeveros vai ao Huallaga pelo Aipena, afluente de fácil navegação; no

---

[59] Memória anexa à Geografia de Paz Soldán, p.674.

Aipena, atravessando um istmo, encontram-se furos ou canais que vão ao Marañon, encurtando o caminho.

Balsapuerto, fica a meio caminho entre Jeveros e Moyobamba.

Nauta, à margem esquerda do Marañon, quase defronte da embocadura do Ucayali, antigo centro comercial. Aí havia mais objetos de importação e mais variedade de comestíveis do que na própria capital, Moyobamba.

Loreto, a primeira povoação que se encontra acima de Tabatinga, apenas possui algumas casas e pouco mais de 80 a 100 pessoas dentro do povoado.

Iquitos, porém, é hoje o lugar mais próspero do departamento. Algumas casas altas e pintadas, com portas e janelas de madeira preparadas nas oficinas que ali se montaram, e cobertas de telha, dão-lhe boa aparência. Há casas ladrilhadas, e outras assoalhadas. Tinha 654 habitantes em 1864, inclusive a gente dos navios do porto em número de 200. Havia aí recentemente 39 operários mecânicos, em geral ingleses, sendo 10 peruanos, engajados pelo governo para o serviço das oficinas (fatorias), as quais não constituem propriamente um arsenal, nem um estaleiro. Dessas oficinas uma é a olaria, que se diz poder preparar 30.000 tijolos por dia: tem 10 operários e um maquinismo que ia funcionar, movido a vapor, em novembro passado. Sem o auxílio do vapor, já se tinham feito ali tijolos e telhas, vendidos aos particulares de Iquitos e de Nauta. Cumpre notar que em toda a nossa província do Amazonas só há olarias em Tefé (insignificante) e em Manaus, para a qual acaba de chegar o maquinismo a vapor; a falta de tijolos e telhas é sensível; em Tonantins, perto da fronteira, a 1.400 milhas do Pará, eu vi desembarcarem potes de barro para manteiga de tartaruga remetidos desta capital, donde chegam com um frete considerável. Um milheiro de telhas do Pará vende-se em Manaus por 80 a 100$000. A oficina de Iquitos pode vendê-lo por 24$000; e o transporte, rio abaixo, é insignificante. Além da olaria, há em Iquitos uma serraria, que funciona desde dezembro de 1864, também movida a vapor, e dirigida por 4 operários. Estavam em novembro último montando a serra para preparar grandes peças destinadas aos trabalhos de construção naval. Note-se que a província do Amazonas não tem nenhuma serraria; a Companhia de Navegação acabou com a que pretendeu fazer funcionar em Serpa. Há mais em Iquitos uma fundição de ferro com um martinete tocado a vapor, que se ia montar, quatro forjas e uma fundição de cobre. A mesma máquina de vapor, que move as outras oficinas, serve a esta. Finalmente, Iquitos possuirá em breve o seu dique flutuante de ferro, com capacidade para tomar vapores como o Morona e Pastaza, os quais têm 180 pés de comprimento sobre 25 de largura: a base sobre que descansa o dique já estava pronta, e o trabalho adiantado. Tudo isso se fez em pouco mais de dois anos, e revela perseverança digna de elogio.

Com tais recursos, preparados em um ponto conveniente como é Iquitos, deve a província de Loreto desenvolver-se bem depressa. Felizmente para a paz da América e para o progresso do Amazonas, é lisonjeiro ver que o governo do Peru procura criar ali os recursos da civilização e promover o progresso material, em vez de despender dinheiro com fortes, artilharia, canhoneiras de guerra e regimentos militares. Não há ali, com efeito, fortificações algumas, e de artilharia só existem 2 peças de calibre 12 de cada um dos dois vapores Morona e Pastaza, as quais não estão a bordo. Há algum armamento de infantaria para um corpo de marinha que ali se pretendeu organizar com 300 homens, mas não se executou o projeto. De força regular tem Iquitos apenas 20 homens do batalhão de marinha, e o serviço militar é feito pelas guardas cívicas designadas pelo comandante de cada povoação. Atenda-se, pois, que a olaria, a serraria, a fundição e o dique de Iquitos são estabelecimentos de um caráter mais civil que militar, são oficinas que o Estado dirige na ausência dos capitais particulares que ainda não existem, são recursos indispensáveis para o desenvolvimento material daquelas regiões. Não se trata, pois, de um arsenal nem de uma fortaleza no território limítrofe, como têm adrede espalhado noveleiros levianos, os interessados na interrupção das relações pacíficas entre os dois países, os adeptos da escola fatal do exclusivismo, esses funestos espíritos cheios do ciúme e ódio portugueses para com o vizinho e o estrangeiro em geral, esses beatíficos sebastianistas que oram pela volta do bom regime das velhas idéias, simulando dirigir adorações aos princípios liberais das sociedades modernas. Não há em Iquitos arsenal nem fortaleza. Fiquemos bem certos disto. O governo do Peru não está ali preparando uma Humaitá ou uma Assunção. Não se confundam países e coisas tão diferentes. E, se o Peru não tem até agora revelado a intenção agressiva que lhe emprestam, o que aliás seria justificável se teimássemos em conservar fechado o Amazonas, ou se repetíssemos as cenas de 1862 repelindo os vapores do nosso vizinho, como há de ele mover-nos guerra, como há de aparelhar-se para hostilizar-nos quando acabamos de dar ao seu comércio de trânsito plena liberdade pelo decreto de 1863, e quando nos comprometemos a franquear a todos os povos a navegação fluvial?

Para concluir estas informações sobre a República limítrofe, darei alguns esclarecimentos acerca do seu atual comércio pelo Amazonas.

Segundo as estatísticas da alfândega do Pará, o comércio do Peru ou para o Peru subiu, no exercício de 1864-65, à soma total de 970:965$000.

Esse total é distribuído pelas seguintes verbas que correspondem cada uma a um ramo especial do comércio:

> Exportação do Peru para o porto do Pará . . . . 562:554$000
> Importação do Peru pelo Pará . . . . 408:412$000

Segundo iguais estatísticas relativas ao semestre de julho a dezembro de 1865, e informações prestadas pelo mesmo Sr. Cônsul do Brasil em Loreto, o exercício de 1865-66 elevou-se acima daquele, tendo subido o comércio total a 1.111:706$000, a saber:

> Exportação . . . . 493:724$000
> Importação . . . . 617:982$000

Ora, em 1855, por exemplo, não obstante já haver a linha brasileira de paquetes, o total da importação e exportação não excedeu de 180:000$000. Dez anos depois elevou-se a 1.000:000$000. Quintuplicar dentro de tão estreito período é um resultado certamente lisonjeiro.

Cumpre deter-nos um momento sobre cada uma das duas verbas do comércio, começando pela exportação.

A maior exportação conhecida do Peru foi a do exercício de 1864-65.

Eis aqui a sua marcha ascendente:

Anos	Valores
1857	490:541$100
1858	493:550$000
1859	474:111$125
1860	318:579$000
1861	311:485$720
1862	367:476$000
1863	505:925$843
1864-65	549:498$540

O seguinte quadro contém a lista dos produtos, suas quantidades e valores:

EXPORTAÇÃO EM 1864-65

Produtos	Quantidade e Valores Totais	
Algodão e lã (libras)	9.408	4:090$000
Arroz em casca (alqueires)	8	28$800
Aves domésticas	54	48$600
reu em pães (libras)	246	16$000
Chapéus de palha	120.112	529:266$050
Carne de salmoura (libras)	336	53$960
Farinha de mandioca (alqueires)	54	216$000
Fio de tucum (libras)	1.512	567$000
Frutas	2.000	8$000
Gado vacum (número)	4	100$000
Goma elástica (libras)	3.486	1:604$400
Peixe seco (idem)	82.606	8:260$600
Redes de fio de tucum	812	925$900
Redes de pescar	4	70$000
Salsa (libras)	3.336	1:891$458
Tábuas	6	10$800
Tabaco em rolos	2.403	1:180$475
Tartarugas vivas	39	35$100
Diversos	....	1:180$000
Soma	....	549:553$143

Os chapéus de bombanassa absorvem a quase totalidade da exportação, deixando somente 20:000$000 para os demais artigos.

São 120.112 chapéus, algarismo superior ao dos melhores anos. O preço de cada chapéu, que varia entre 6$000 e 7$000, desceu em 1864 ao termo médio de 4$425; se ele se houvesse mantido, o valor exportado seria mais considerável. A abundância do produto fê-lo descer no mercado; entretanto, a produção é constante, constitui uma indústria popular e antiga de Moyobamba e outros distritos.

Encontra-se no relatório de 1865 (do Sr. Presidente do Alto Amazonas, Adolfo de Barros), uma notícia por onde se vê que a exportação dos chapéus de palha do Peru, no período decenal de 1855 a 1864, subiu ao algarismo de 593.478, representando um valor de 3.687:887$000. É essa, pois, uma indústria séria, e muito recomenda a arte e a aptidão das populações de Moyobamba e do litoral, que nela se ocupam. Eis a notícia:

Anos	Quantidades	Valores	Preço Médio de Cada Chapéu
1855	20.250	121:500$000	6$000
1856	53.480	320:880$000	"
1857	80.716	484:296$000	"
1858	66.370	464:590$000	7$000
1859	66.088	462:616$000	"
1° qüinqüênio	286.904	1.853:882$000	6$400
1860	39.781	278:467$000	7$000
1861	32.793	229:551$000	"
1862	47.111	329:777$000	"
1863	66.774	467:418$000	"
1864	120.112	529:267$050	4$406
2° qüinqüênio	306.571	1.834:480$050	6$481

No exercício de 1865-66 o número de chapéus exportados desceu a 106.221, no valor de 424:884$000.

Passo à importação.

A importação do Peru pelo Amazonas, no dito exercício de 1865-66, decompõe-se nestas verbas principais:

Mercadorias que pagaram direitos de consumo no Pará . . . . 154:670$000
Mercadorias estrangeiras que pagaram direitos de
reexportação do Pará para o Peru . . . . 160:670$000
Mercadorias estrangeiras que entraram no entreposto
do Pará, e dali foram exportadas por trânsito, livres de
direitos, segundo o decreto de 1863 . . . . 197:469$000

A estas somas há que juntar-se as seguintes:

Gêneros do Brasil . . . . 28:708$000
Moedas de ouro e prata . . . . 76:386$000

Entre diferentes artigos importados no departamento limítrofe, os principais são os seguintes:

Manufaturas de algodão	225:518$000
Manufaturas de lã	17:127$000
Manufaturas de seda	7:133$000
Manufaturas de linho	4:138$000
Manufaturas mistas	1:314$000
Roupa feita	14:000$000
Ferragens (principalmente norte-americanas, facas, terçados, machados)	31:052$000
Vinhos	13:784$000
Cerveja	14:000$000
Bebidas espirituosas	11:517$000
Conservas alimentares	10:000$000
Carnes salgadas em barricas	10:000$000
Calçados	7:000$000
Estearinas	5:000$000
Cera em velas	5:000$000
Querosene	5:000$000
Papel	5:000$000
Bolacha comum, doces, etc.	5:000$000
Obras de cobre	4:000$000

As manufaturas de algodão ocupam o primeiro lugar entre os gêneros de consumo do departamento limítrofe. Segundo o Sr. Wilkens de Matos, a quantidade desses tecidos importados no último exercício foi 826.064 jardas, das quais são chitas, 504.718; algodão fino, 86.940; madapolões, 77.044; riscados, 50.525; algodão grosso liso, 43.795.

Dizem que de Santarém e de outros portos brasileiros são expedidos para o Peru os objetos superiores ao consumo desses portos, sendo na maior parte mercadorias estrangeiras importadas no Pará, onde pagaram os direitos de alfândega. É natural que este comércio entre os portos do Amazonas, brasileiros e peruanos, se desenvolva de par com o comércio direto de todos eles pelo Pará. Isto estabelecerá no grande vale um sistema particular de íntimas relações comerciais.

Para convencer-nos de que o caminho natural de grande parte do Peru é pelo Amazonas, basta refletir que as mercadorias enviadas do Pará não vão ser consumidas somente em Loreto, Nauta, Iquitos e outros portos fluviais, mas que são remetidas para as montanhas, para Moyobamba e outros pontos, transitando pelos mesmos portos. Ora, essas mercadorias vêm da Europa em pequenos volumes de três e quatro arrobas, expressamente arranjados para esse fim. Ao saírem do último porto de navegação, de Balsapuerto por exemplo, começam a ser carregados, não em carroças, nem em bestas ao menos, mas nas costas dos índios por grandes extensões de péssimos caminhos. Os índios, desde a mais tenra idade, habituam-se a esse serviço de animais de carga. Transportam um peso de 3 a 4 arrobas por um pequeno salário, 4 5 piastras, durante 10 e mais léguas. É quase incrível a dedicação desses homens; recorda os Incas, e a submissão despótica a que eles por séculos acostumaram o povo. O atraso dessa região avalia-se considerando que a falta de braços é agravada em parte pela distração dos índios para serviços de bestas de carga! Ainda assim o comércio prospera. Supõe-se que se construam pontes, que se lancem aterros, que se rasguem montanhas, que se facilite a passagem a animais de carga (não se trata de estradas de rodagem), e dizei-me se o comércio da parte oriental do Peru não se encaminha todo para o Amazonas.

Segundo Raimondi, o principal cuidado do governo do Peru deveria ser melhorar os três principais caminhos que descem dos departamentos da Cordilheira para as margens do Huallaga e do Ucayali, assim como as vias interiores do departamento de Moyobamba que sobem dos portos fluviais para as povoações das montanhas. Entre esses caminhos interiores há um que merece atenção especial : é o de Moyobamba a Balsapuerto, pouco maior de 12 léguas, e entretanto tão ruim que parece ter mais de 20. É intransitável por animais; forçoso é transpô-lo a pé, e assim o fazem os viajantes e os míseros índios carregando volumes para a Cordilheira. Balsapuerto é o porto de um confluente do Paranapuras, afluente do Huallaga. As canoas e barcos, não podendo transpor o Huallaga acima do Pongo de Aguirre, entram pelo Paranapuras e vão descarregar em Balsapuerto, donde os índios transportam os volumes destinados a Moyobamba. Era horrível esse caminho; dizia Raimondi em 1861 que por ele "no puede pasar un perro si no se le carga". Li, porém, no Registro Oficial de 30 de setembro de 1865, folha publicada em Moyobamba, que uma nova estrada para animais está concluída, mas que o povo não quer abandonar a antiga senda por ser um pouco mais curta, pondo-se em luta com o prefeito, que pretendeu abolir o transporte pelos índios.[60] Pois bem, não obstante todos esses embaraços, o comércio travou-se por aí, existe, prospera e cresce, quintuplicando em 10 anos. O que não seria se alcançasse algumas estradas!

O quadro destas notas não permite descer a muitos detalhes. Do que fica dito deduzirá o leitor uma conseqüência manifesta, a saber: que, posto não seja insignificante o comércio atual dessas regiões, mal se pode conceber a velocidade que lhe imprimirão a livre navegação, a exploração de riquezas ocultas, a indústria e o capital estrangeiros aplicados ao desenvolvimento dos seus prodigiosos recursos.

II
Bolívia – Departamentos ribeirinhos; suas produções; comércio – Distâncias entre eles e os portos do Pacífico

Tanto como o Peru, a Bolívia contribuirá em breve para o rápido aumento do comércio do Amazonas.

"Metade pouco mais ou menos do seu território, observa Maury, está dentro do vale do Amazonas; uma quarta parte dentro do vale do prata; e o resto que não é ermo ou montanha, acha-se no vale do lago Titicaca, onde tiveram origem os Incas e a civilização do Peru." A Bolívia divide-se em três regiões: a do sul, fria, improdutiva, pouco povoada, pobre e com as cidades em decadência; a de Cochabamba a leste, onde o clima é temperado, o solo mais produtivo e a raça espanhola acha-se em todo o seu vigor; a de Chiquitos, ou país dos Mojos, ao norte na bacia do Madeira,

---

[60] A atual administração do Peru parece empenhada em melhorar as condições do seu território fluvial. Um recente decreto organizou o serviço postal criando agências do correio em diversos pontos.

despovoada, mas de um grande futuro para a industria, o comércio, a agricultura e a navegação. Esse imenso território é ocupado apenas por 1.500.000 habitantes. Destes, a metade pertence à raça indígena, sujeita ao trabalho forçado e pagando tributo ao governo, como no tempo dos Incas, regime despótico, posto seja mais doce que a escravidão, a qual, aliás, foi abolida na Bolívia em 1851 por uma lei da convenção nacional.

A importação e a exportação da Bolívia fazem-se atualmente pelos portos do Pacífico, e principalmente pelo de Arica, na República do Peru. Diz-se que o movimento comercial da Bolívia ascende a 10.000:000$, cuja maior parte passa pelo dito porto, e o resto por Cobija e Islay.

A despeito das cachoeiras do Madeira, o comércio da Bolívia pelo Amazonas, que há quatro anos não existia ou era representado por um algarismo quase nulo, sobe constantemente. Em 1864 cerca de 70 ubás desceram pelo Madeira com mercadorias avaliadas em 120:000$000. Esses 120:000$000 eram representados por gêneros agrícolas e produtos da criação, figurando entre eles açúcar, cacau, charutos, charque, couros, graxa, gado em pé, etc.

Podem desde já comerciar pelo Amazonas três departamentos bolivianos, aos quais interessa de perto a navegação a vapor do Madeira e a estrada marginal que deve substituir a penosa travessia das cachoeiras desse grande tributário.[61] São eles os seguintes:

Beni, capital Trinidad, sobre o Mamoré.

Santa Cruz, capital, a cidade do mesmo nome.

Cochabamba, idem.[62]

Sua população diz-se que é de 622.000 homens, sem contar as tribos errantes que percorrem o Beni principalmente. Há aí, segundo Gibbon, 30.000 índios, inteiramente domesticados e prontos para o trabalho.

Segundo informações obtidas pelo presidente do Amazonas em 1865 (o Sr. Adolfo de Barros), esses departamentos produzem: cacau (cerca de 25.000 arrobas) ; charque; couros; arroz; milho; mandioca; cereais diversos; açúcar; algodão; criam o gado de que possuem grandes rebanhos, fiam e tecem o algodão, e os seus tecidos são os que se consomem no país. O mesmo Sr. Presidente foi induzido a crer, à vista de tais informações, que os três departamentos citados (que contêm o duplo de população das duas províncias brasileiras ribeirinhas) poderão exportar gêneros no valor de 3.000:000$000, logo que ali apareça o vapor e se construa a estrada das cachoeiras. Calcula-se que a sua importação atual, por via do Pacífico, não é inferior a essa soma. Trata-se, pois, de um comércio de 6.000:000$000 a adicionar aos atuais 15.000:000$000 de todo a vale. E o referido presidente pretendia que, a exemplo do que já se tem visto, alguns anos de tranqüilidade e de cômodo e livre trânsito por nossas águas farão dobrar a soma do comércio da Bolívia, tanta confiança inspiram a população daquelas paragens, a sua índole e hábitos de trabalho.

Esses departamentos não estão debaixo do equador; estendem-se para os trópicos e ainda além, de sorte que gozam de um clima temperado.

Nessas regiões do Madeira a navegação fluvial é constante todo o ano, e o é também

---

[61] V. o § II do Cap. VI sobre a navegação do Madeira,

[62] Não possuo informações acerca de todos os departamentos da Bolívia. No de Cochabamba, Gibbon em 1853 contava 231.188 crioulos ou descendentes europeus, e 43.747 índios. A sua capital, que é uma cidade notável e bem edificada, segundo o mesmo viajante, continha 30.396 habitantes.

no seu braço principal, o Mamoré, e nos maiores confluentes deste. Canoas que carregam 50 a 200 arrobas os percorrem em todas as estações.

Segundo o Sr. major Coutinho, que fez em 1864 uma viagem de exploração às cachoeiras do Madeira, a agricultura vai-se desenvolvendo nos mesmos departamentos, e é indústria mais exercida ali que no Alto Amazonas. O tabaco, que colhem os bolivianos, é reputado igual ao de Havana, o café ao do Rio e Ceará, e o açúcar ao de Pernambuco. O Sr. Coutinho trouxera amostras desses gêneros que em Manaus foram qualificadas de boa qualidade. Acredita ele que o gado do departamento do Beni contribuirá para aumentar depressa a exportação da Bolívia. Há nos campos do Mamoré muitas fazendas de criação, e o charque boliviano poderá ser vendido por 6$000 a arroba em Manaus, onde se sente carência de carne de vaca.

Segundo Maury, só de quina, extraída da parte do seu território compreendida na zona fluvial do Amazonas, expedira a Bolívia para os portos do Pacífico, em 1851, o valor de 2 milhões de dólares. E, para melhor se ajuizar da exportação possível pelo Amazonas, cumpre não esquecer as consideráveis remessas de lãs que a Bolívia faz das cabeceiras dos afluentes do Amazonas para os longínquos portos do Grande Oceano através da Cordilheira, vencendo inúmeros precipícios, lutando com a neve e com o frio, contornando abismos, subindo até as nuvens para descer ao nível do mar.

Isto quanto à exportação; pelo que respeita à importação dos mesmos territórios ribeirinhos, eis aqui alguns ligeiros esclarecimentos. Os gêneros remetidos dos portos do Pacífico chegam às povoações centrais na Bolívia, à sua própria capital, por um preço fabuloso, por causa das distâncias, dos caminhos e das baldeações. Além disso, a Bolívia só possui um insignificante porto marítimo, Cobija, surgidouro pouco freqüentado; o seu comércio faz-se pelos portos do Peru, de que é dependente. A população dos departamentos do Beni e Santa Cruz é forçada a vestir-se com tecidos grosseiros fabricados no país, segundo informa Gibbon. A louça e o ferro são aí extremamente caros. O mesmo viajante diz que o transporte de uma tonelada de carga de Cobija a Chuquisaca (ou Sucre, capital da República) custava uma soma igual a 500$000, ou mais de 7$000 por cada arroba. Mas da Europa a Cobija observa o Sr. Coutinho, o frete de uma tonelada é apenas cerca de 42$000, "Em 1851, acrescenta este último senhor, os gêneros importados em Chuquisaca avaliam-se em 11.000 contos. O frete representava nesse total a soma de 8.000 contos." Em Chuquisaca, observa o Sr. Presidente Adolfo de Barros, quatro quintos do preço dos objetos representam o frete do transporte das mercadorias remetidas de Cobija ou Arica. Imagine-se o preço por que não hão de elas ser vendidas no Beni, departamento mais distante, aliás colocado na linha fluvial do Amazonas, no caminho da Europa pelo Pará, caminho muito mais curto e muito mais cômodo. Donde se pode concluir com segurança que, se a viagem pelo Amazonas reduzisse o frete, não a uma quinta parte, como é possível, mas somente à metade nos primeiros anos, pois que a mesma viagem será metade menor pelo menos, é certo que esse comércio considerável se encaminhará todo para os nossos portos fluviais. Donde se conclui também que, feitas as primeiras tentativas com êxito feliz, esse comércio aumentará sempre em uma razão progressiva e de um modo espantoso. Ele produzirá para a Bolívia, como já o disse alguém, a revolução que no comércio do mundo operou a descoberta da passagem para as Índias pelo cabo da Boa Esperança, ou a que há de fazer, no século atual, a navegação direta pelo istmo de Suez e Mar Vermelho.

Eis aqui notícias das distâncias:

De Cochabamba a Tacna, cidade do Peru, por onde se vai a Arica, porto preferido pelo comércio da Bolívia, há cerca de 14 dias de viagem, através da Cordilheira. Pela distância a que ficam dos portos marítimos, os habitantes de Cochabamba, como os nossos de Minas Gerais e Goiás, aplicam-se a certas indústrias manufatureiras; tecem o algodão, e até já houve quem ali fabricasse pianos (Gibbon, págs. 144 e 145).

Santa Cruz fica além de Cochabamba, no rumo de leste; entre as duas cidades há 107 léguas, que demandam 30 dias de viagem para mulas carregadas. De Santa Cruz a Arica há cerca de 40 dias; e a Cobija, por Cochabamba e Potosi, não há menos de três meses, porque é uma distância de 345 léguas. O regresso exige outro tanto. A viagem redonda, pois, consome seis meses, e é duvidoso, acrescenta Gibbon, que por ano se possam fazer duas (pág. 160). Por isso é que esse departamento procura produzir tudo, ainda que de má qualidade, e caro, desde os objetos de ouro ou prata e os tecidos, até os gêneros alimentícios próprios de climas diferentes.

A necessidade de atrair o comércio cisandino para o Amazonas resulta de tudo isso. Veremos, na parte destas notas relativa aos afluentes do grande rio, as vantagens e as facilidades que se encontrarão no Baixo e Alto Madeira,

Cumpre que, pela nossa parte, nos apressemos em atrair para os portos brasileiros esse valioso comércio dos territórios aquém dos Andes, quer na Bolívia, quer no Peru, quer na Venezuela, quer em Nova Granada. Temos concorrentes nesse empenho, relativamente à Bolívia.

Já o Peru traçou, construiu e pretende construir uma série de pequenas estradas de ferro, que sobem dos portos do litoral para as primeiras avançadas da Cordilheira, como sejam a de Callao a Lima e a de Arica a Tacna.

Já a própria Bolívia pensa em uma estrada de ferro que vá de Chuquisaca a Tacna encontrar as locomotivas de Arica, na navegação a vapor do Desaguadero e lago Titicaca e em um tram-road daí para o Pacífico.

Já ela olha para os afluentes do Paraguai, o Bermejo e o Pilcomayo, e em Assunção mandou propor uma estrada pelo Gran Chaco que devia ligar os dois Estados centrais.

Os bolivianos, porém, não encontrarão nessas direções vantagens iguais às que oferece o Amazonas. Introduzido o vapor no Madeira, o que depende somente da livre navegação do Amazonas, porque não faltará empresário estrangeiro que o tente logo; e rasgada a estrada marginal das cachoeiras que deve ligar a navegação do Madeira à do Mamoré, não resta dúvida de que os melhoramentos introduzidos nas vias de comunicação para o Pacífico ou o Paraguai não arrebatarão da linha do Amazonas aquilo que há de ser o seu tributário forçado, isto é, o comércio do norte e do centro da Bolívia.

A necessidade urgente de abrir caminho para os portos do Atlântico é há muito sentida pelos bolivianos. Por um decreto de 27 de dezembro de 1837 do célebre ex-Presidente Santa Cruz, poderão as mercadorias estrangeiras entrar nas duas províncias de Chiquitos (limítrofe de Mato Grosso e do Paraguai) e Moxos (ou Beni, sobre o Madeira), livres de quaisquer direitos; assim como serão livres de quaisquer taxas as produções exportadas dessas províncias. Entretanto, ainda nada, nada absolutamente fizeram os governos brasileiro e boliviano a fim de encaminharem o comércio do Beni para os portos do Amazonas, seus mercados naturais. Como acontece quase sempre, o interesse particular andou mais depressa que a previdência dos governos; já as canoas bolivianas sobem e descem regularmente o rio Madeira; já os negociantes do Beni, deixando em Serpa as suas ubás, vão ao Pará vender os seus gêneros e prover-se de artigos necessários, enquanto os vigorosos índios das suas tripulações vão a Manaus esperá-los e empregar-se em trabalhos públicos. Mas não é lícito supor que a livre navegação permitiria a algum ousado ianque ou a um corajoso bretão lançar um pequeno vapor no Mamoré, outro no Madeira e construir a estrada que deve evitar as cachoeiras? Se isto não é improvável, por que não decretaremos a livre navegação do Amazonas de um modo amplo e sem restrições, de sorte que aproveite à própria Bolívia, posto que com ela não tenhamos convenção fluvial ou comercial? Trata-se de acudir a um interesse brasileiro, e é preferível que nos decidamos a abrir o Amazonas por motivos da política brasileira.

III
Venezuela – Províncias a que aproveita a navegação do Amazonas; distrito limítrofe – Navegação do rio Negro – Entreposto no Pará e em Manaus para o comércio venezuelano

Poucos esclarecimentos possuo sobre o território meridional da República constituída recentemente em uma federação denominada Estados Unidos da Venezuela.[63]

Desse interessante país há quatro territórios a que aproveita o comércio do Amazonas, a saber:

As províncias ou Estados de Barinas e Apure, cujos habitantes são descendentes de espanhóis; a de Guayana, atravessada pelo Orinoco, que é a maior da República, e onde existem índios, mas predomina a raça européia; e o distrito chamado do Amazonas, povoado em geral por índios e mestiços.

Este distrito, que é limítrofe com a nossa província do Alto Amazonas, administrado como território sem os direitos de Estado, contém mais de 30 povoações com cerca de 16.000 habitantes. São Carlos e Maroa, sobre o rio Negro, e São Fernando, pouco ao norte de São Carlos, são as suas povoações principais, com cerca de 500 habitantes cada uma.

A grande província de Guayana, que lhe fica adjacente, tem duas povoações importantes, Urbana, que dizem ser maior que Santarém (no Pará), e Caixare, igual a Manaus (no Alto Amazonas).

O Orinoco, que atravessa Guayana, e liga-se pelo Cassiquiare ao Amazonas, tem perto da sua foz, a 150 milhas, o importante porto de Ciudad Bolivar, mercado considerável. De Ciudad Bolivar sobem ainda os vapores pelo Orinoco, e pelo Meta e Apure, seus afluentes, até as províncias de Barinas e Apure, na extensão de 250 milhas. Esta navegação, porém, faz-se

---

[63] Constituição de 1.º de março de 1864. Nova Granada já tinha adotado igualmente a forma federativa, sob o título de Estados Unidos da Colômbia, pela constituição de 25 de abril de 1863.

somente na estação das águas. Só durante três meses, junho a setembro, é que se torna fácil a navegação do Baixo Orinoco. Ele, além disso, não admite senão vapores de fundo chato. De Ciudad Bolivar para cima, mesmo na época da enchente, a navegação a vapor é extremamente lenta: diz-se que exige às vezes 12 dias. Nas cachoeiras do Orinoco, gastam os estafetas do correio cerca de 12 dias pelo menos, e pequenas canoas carregadas levam às vezes dois meses a transpor essa longa série de dificuldades. Ora, de Ciudad Bolivar são remetidos gêneros, quer para o interior da província de Guayana, quer para o vizinho distrito do Amazonas, quer para as mais próximas povoações de Nova Granada. Imagine-se com que despesa e com que fretes não se fazem tais viagens do vale do Orinoco para o do rio Negro! Entretanto, o rio Negro oferece navegação fluvial, e por ele deviam todos esses territórios ser tributários do comércio do Amazonas, que é o seu caminho natural.

Com efeito, o rio Negro, um dos mais consideráveis do mundo, em cuja foz se assenta Manaus, oferece desta cidade à povoação de Santa Isabel 110 ou 130 léguas de fácil navegação, em qualquer estação do ano; apenas nos meses de setembro e novembro, durante as águas mais baixas, alguns passos rasos exigem um calado diminuto, mas ainda assim é suficiente o de três pés, que não é o menor.

Antes de Santa Isabel entra o confluente rio Branco, cuja foz se acha a 50 léguas acima de Manaus, quase a meia distância. Esse confluente oferece 60 léguas de fácil navegação, na maior parte do ano, para vapores de pouco fundo; nas grandes vazantes admite os batelões. A cachoeira do rio Branco, que nas águas baixas interrompe a navegação, evita-se nas enchentes por um furo, que dá boa passagem. Nove léguas adiante da cachoeira encontra-se uma correnteza, aliás pouco considerável. Mais acima, cerca de 22 léguas, fica o forte de São Joaquim, que guarnece a fronteira com a Guiana Inglesa e por onde se estendem os famosos campos de criação. O rio Branco é, pois, com o Alto rio Negro, um contribuinte importante do comércio do Amazonas. Ele tem cerca de 60 léguas navegáveis a vapor, e o rio Negro 110.

As faladas cachoeiras do rio Negro, existentes acima de Santa Isabel, reduzem-se a correntezas que desaparecem ou se modificam durante a máxima parte do ano. Somente pouco abaixo e pouco acima da nossa povoação de São Gabriel, em uma pequena extensão de 5 léguas, é que essas cachoeiras apresentam maior obstáculo, Para quem desce, elas não oferecem dificuldade séria. Sem ter havido ainda melhoramento algum no leito do rio, nem sequer a remoção de uma ou outra pedra que o embaraça, o que aliás seria fácil e útil, grandes batelões da Venezuela descem constantemente por aí; quando eu me achava em Manaus, chegaram duas dessas curiosas embarcações de grande bojo, cobertas de palha, barcos maiores do que as ubás bolivianas e do que as nossas igarités. Diz-se que, cortadas as pontas de algumas ilhas e destruídas assim as sinuosidades que estreitam o canal, um vapor de boa máquina poderia galgar as cachoeiras.

No relatório da presidência do Amazonas, de 1865, encontra-se uma notícia sobre o rio Negro, baseada nas informações do inteligente e laborioso Sr. major Coutinho, que passo a transcrever para que se faça idéia exata das pretendidas cachoeiras desse majestoso rio:

"A cidade de Manaus fica em sua margem esquerda, 7 milhas distante da embocadura. Neste ponto o rio Negro tem uma milha de largura e é o lugar mais estreito. Na foz contam-se duas milhas e acima da cidade 4 léguas e mais, em conseqüência das ilhas que tem este rio em grande número. Em alguns lugares, de uma das margens não se pode avistar a outra.

Observam-se também aqui majestosos golfos, como nos canais que afluem no Purus. O que dá ao rio uma feição curiosa e sem igual. A corrente é por esta razão muito fraca, Na vazante, ao contrário do Amazonas, é quando ela aumenta. Na enchente as águas ficam represadas por este rio, e correm lentamente.

O rio Negro foi sulcado pelos vapores da Companhia do Amazonas durante 3 anos, estando por isso fora de dúvida a sua navegabilidade. A navegação terminava no porto de Santa Isabel, 130 léguas acima da foz. Pouco abaixo desse porto, chegou no ano de 1861 o vapor Pirajá no mês de setembro.

Pode-se estabelecer constante navegação a vapor entre esta capital e a povoação de São Gabriel, e daí à fronteira do Cucuí pelo inverno somente, sendo a distância até Manaus estimada em 250 léguas.

Ultimamente têm descido grandes batelões de São Carlos, que fica acima do Cucuí, na República da Venezuela. A passagem pelas cachoeiras não apresenta grandes dificuldades. Muito maiores, quase insuperáveis, encontram esses nossos vizinhos seguindo pelo Orinoco, por causa dos grandes saltos que tem este rio. Na descida, a passagem das cachoeiras do rio Negro não é muito perigosa; mas não acontece o mesmo na subida, particularmente nos saltos de Camanaus, Furnas, Cucuí e São Gabriel. A dificuldade não provém da falta de profundidade, porém das correntes fortes e desencontradas, que formam redemoinhos perigosos. Talvez a remoção de algumas pedras atenuasse muito esse embaraço; talvez também a abertura de um canal franqueasse a passagem".

Vejamos agora o tempo necessário para uma viagem do centro do distrito do Amazonas (na Venezuela) para Manaus (no Brasil). Eis aqui o número de dias descendo:

De Maroa a São Carlos (Venezuela) há 2 dias de viagem. De São Carlos a São Gabriel (Brasil) 3 a 4. Para passar as cachoeiras de São Gabriel, 1 dia. De São Gabriel a Manaus descem os batelões em 17 dias; os expressos consomem só 14, com a demora em vários pontos. Total, para a descida de batelões de Maroa a Manaus, 24 dias. Quando sopra vento do sul a viagem é um pouco mais demorada. Subindo, porém, são precisos dois meses para fazer a mesma viagem nas atuais embarcações a vela.

A subida de Manaus a Maroa seria muito mais rápida se ali houvesse um pequeno vapor que, ao menos de dois em dois meses, navegasse entre Manaus e São Gabriel rebocando canoas e lanchões. Antes, vapores da Companhia do Amazonas iam regularmente de Manaus até Santa Isabel, mas essa linha ficou suprimida, porque não dava lucro à empresa, visto não se ter ainda desenvolvido o comércio. Mas não é necessário ali um paquete, basta um simples rebocador.

Eis aqui agora o cálculo dos dias necessários para a mesma subida havendo um vapor: De Manaus a Santa Isabel cerca de três dias, que era o tempo gasto pelos paquetes da referida Companhia; o vapor da armada Pirajá, que apenas deitava 5 milhas, consumiu somente 80 horas de efetiva navegação para fazer a mesma viagem. De Santa Isabel a São Gabriel, apenas um dia a vapor. Aí começaria a navegação por canoas; estas atravessariam as cachoeiras de São Gabriel (que se estendem por 5 léguas, como acima disse) em 3 dias. Da última cachoeira a Maroa, ainda em canoa, são precisos cerca de 15 dias. De sorte que, estabelecido um vapor entre Manaus e São Gabriel, ainda que não vencesse ele as cachoeiras, a viagem de Manaus a Maroa (Venezuela) exigiria apenas cerca de 22 dias subindo, e apenas 10 descendo. Ora, de Manaus ao Pará há apenas 5 dias. Donde resulta que, navegando um vapor o rio Negro, a fronteira da Venezuela e o nosso porto do Pará ficariam à distância de 15 dias descendo, ou de 27 subindo, Como as comunicações de Ciudad Bolivar com o centro da província de Guayana exigem dois meses subindo, resulta que seria muito vantajosa para essa província e para o distrito vizinho a via do Amazonas.

Atualmente mesmo, sem haver o vapor, para o distrito limítrofe, isto é, para Maroa, São Carlos, São Fernando, é mais cômodo comerciar com Manaus do que com os portos marítimos da Venezuela. Além de que a viagem de Ciudad Bolivar a esses lugares demanda tanto tempo quanto hoje se gasta de Manaus para aí, cumpre notar que pelo rio Negro é mais fácil transportar grandes volumes ou objetos pesados, os quais se arranjam nas canoas e batelões, enquanto que pela via do Orinoco é preciso caminhar por terra uma parte considerável da distância ao começarem as cachoeiras.

Portanto, é lícito supor que, funcionando o vapor no rio Negro, e concedido um abatimento de direitos sobre as mercadorias importadas em Manaus, logo que se criar a alfândega e se franquear o Amazonas, será Manaus o mercado exclusivo dos povos da fronteira da Venezuela e da parte contígua de Nova Granada.

Adotada a medida da livre navegação, nada obsta, portanto, que, habilitado o nosso porto de Manaus, seja permitido a navios estrangeiros subirem daí até o último ponto navegável, seja Santa Isabel, seja São Gabriel, onde descarreguem as mercadorias destinadas à República vizinha, navegadas em trânsito e como tais isentas de direitos. Nada impede igualmente que apliquemos ao comércio da Venezuela os favores concedidos pelo decreto de 31 de dezembro de 1863, que criou no Pará um entreposto para mercadorias que derem entrada por franquia com destino ao Peru. Neste caso, parece que muito conviria ao comércio da Venezuela que o depósito em entreposto lhe fosse permitido não só no Pará, como também em Manaus, porquanto este será naturalmente o ponto central das suas transações.

Acredito que tais providências não encontrarão embaraços. No relatório do Ministério dos Estrangeiros de maio de 1864, expressamente já se disse que os favores do referido decreto eram aplicáveis à Venezuela. Com efeito, para com este país não prevalece o obstáculo da falta de ajuste acerca dos limites, que ficaram regulados pelo tratado de 5 de maio de 1859.

CAPÍTULO SEXTO

AFLUENTES DO AMAZONAS

Não é uma dissertação acerca de todos os afluentes do Amazonas que pretendo escrever. O leitor não exigirá uma notícia geográfica minuciosa, mas esclarecimentos úteis ao comércio e conducentes ao fim deste trabalho.

Assim, não me ocuparei de rios que excitam um grande interesse científico ou admiráveis pela vasta navegação que oferecem.

O Trombetas, que com o rio Branco liga a província do Pará às Guianas;

O rio Negro que desce da Venezuela, o Içá de Nova Granada;

O Morona, o Pastaza e o Napo[64], que ligam os territórios setentrionais do Peru aos de Nova Granada e Equador;

São linhas fluviais da margem setentrional de muito alcance para o futuro, mas que não exigem observações particulares, além do que já ficou dito acerca de uma delas, o rio Negro, no cap. V, § III.

Na margem meridional diversos tributários atraem a atenção.

Em nosso território, o Tapajós[65] ;

Nele e no da Bolívia, o Madeira; nele e no do Peru, o Purus, o Juruá, o Javari; e no do Peru, o Ucayali e o Huallaga.

São rios consideráveis, são grandes vias de comunicação internacional ou interprovincial, a respeito dos quais pareceu-me útil agrupar aqui alguns esclarecimentos.

---

[64] O Napo é um dos mais importantes afluentes do Amazonas. Diz-se que tem 100 léguas de curso navegáveis por vapor. É navegável sem interrupção até um lugar chamado Puerto del Napo, distante de Quito onze dias de viagem, que, com algum trabalho, se poderia reduzir a quatro ou cinco. Quito e os seus arredores contêm uma população considerável. Nessa capital aparecem às vezes os índios das margens do Napo. (V. a Viagem à Venezuela, Nova Granada e Equador pelo Sr. Conselheiro Lisboa, capítulos XIX e XX, Bruxelas, 1866.) Esse rio percorre a província de Canelos, território disputado pelo Peru ao Equador; o governo deste a cedera em pagamento de dívida a uma companhia inglesa, que ali se propunha cultivar o algodão e explorar minas, trabalhos para os quais se contava com a exportação rio abaixo pelo mesmo Napo e Amazonas.

[65] O Tocantins, considerado como afluente da bacia amazônica, é um rio digno da menção especial. O seu curso é já bem conhecido; estudos recentes demonstraram a praticabilidade da navegação a vapor no seu ramo principal, o Araguaia, na extensão de mais de 200 léguas, entre os presídios de Santa Maria e Santa Leopoldina na província de Goiás. Segue-se a seção das cachoeiras e correntezas, que se estendem por 80 léguas, entre as quais se pretende que há um espaço intermédio de 40 léguas, onde é admissível um trem fluvial rebocado por fortes vapores. Da última dessas cachoeiras (Tapaiunaquara) até a cidade do Pará há cerca de 60 léguas perfeitamente navegáveis, a vapor. Estou convencido de que se há de levar ao Araguaia o vapor que deve sulcá-lo, se há de em breve regularizar a navegação na zona das cachoeiras, abrindo-se a Goiás novos caminhos e novos horizontes. Os leitores sabem que com uma perseverança digna de elevado apreço, o Sr. ex-Presidente Couto de Magalhães acaba de conduzir até as cachoeiras um dos dois vapores construídos especialmente para essa navegação do Tocantins.

I
Tapajós

Começarei pelo Tapajós.

É nas margens do Tapajós que se encontra a interessante cidade de Santarém, que já entreteve comércio regular com Mato Grosso. Ela ocupa uma posição admirável, no fundo do que se pode chamar um pequeno mar, pois que aí as águas do Amazonas, com as daquele grande tributário, estendem-se por uma circunferência de muitas léguas. Ainda hoje canoas do Diamantino, povoação de Mato Grosso, a trinta léguas ao norte de Cuiabá, descem até aí para carregarem o excelente guaraná fabricado pelos índios Maués e outros, que se vende em Cuiabá, onde é tão apreciado. Antes de criar-se a linha de vapores do Paraguai, os cuiabanos vinham regularmente a Santarém prover-se de sal, ferramenta, ferro, vinhos, etc. Há pouco, dois meses antes de minha passagem em Santarém (17 de outubro de 1865), canoas do Diamantino tinham vindo comprar o sal, que em Cuiabá custava, por causa da guerra, mais de 100$000 por alqueire. Entretanto, o frete dessas canoas não é menor de 40 a 50$000 por alqueire.

O Tapajós é perfeitamente navegável a vapor desde Santarém na foz até a cachoeira chamada Itaituba, que fica cerca de 50 ou 60 léguas acima. Das cachoeiras, as de Apuí e Coatá oferecem grandes embaraços. A maior parte delas consiste em corredeiras, que podem ser vadeadas algumas, mas em outras é preciso varar por terra as canoas.

As margens do Tapajós e as suas vizinhanças são ocupadas por muitos índios catequizados; e destes as tribos Maués e Mundurucus são bem conhecidas. Os Mundurucus, tribo numerosa, avaliada em 20.000 indivíduos por um viajante inglês[66], são os melhores índios do Amazonas por seus excelentes hábitos, por seu amor ao trabalho, sua indústria e cultivo do solo.

A navegação no Tapajós, como disse, não apresenta dificuldade até as cachoeiras. Passadas estas, as canoas podem subir ainda até um ponto que dista poucas léguas do Diamantino. Daí as mercadorias podem seguir por terra e a cavalo, até Cuiabá, por uma extensão de 30 léguas somente.

Eis o que a respeito destas interessantes comunicações entre o Tapajós e o Paraguai dizia o Sr. Senador F. Pena, ex-Presidente de Mato Grosso, no seu relatório de 1862:

"Quatro são os varadouros que têm sido efetivamente aproveitados para passar objetos pesados e volumosos das vertentes do Tapajós para as do Paraguai.

O primeiro foi o que abriu em 1746 o sargento-mor João de Sousa Azevedo, para passar as suas canoas do Sepotuba para o Sumidouro. Tinha este varadouro três léguas de extensão. Nunca mais foi praticado, nem tampouco a navegação, muito custosa, do mesmo Sumidouro.

"Em 1820, o tenente Peixoto conduziu pela navegação do Tapajós, Juruena, Arinos e rio Preto, quatro peças de guarnição, de ferro, de calibres seis e nove, que foram posterior-

---

[66] Mr. Bates, The Naturalist on the River Amazon, 1863, vol, 1.º, p.130.

mente varadas do rio Preto para o de Santana, e por este e pelo Paraguai transportadas a Vila Maria.

"Em 1814, o capitão Bento Pires de Miranda abriu um varadouro de seis a sete léguas, do rio Preto para o Ribeirão dos Nobres que deságua no Cuiabá, e por esta via transportou uma ou mais igarités vindas do Pará.

"Em 1846, o capitão José Alves Ribeiro abriu outro varadouro, de um ponto do Arinos, acima da confluência do rio Preto, até o Cuiabá no lugar do Baixio, logo abaixo do Salto, e um pouco acima da foz do rio Manso. Têm vindo canoas e igarités pelo dito varadouro, que tem de 9 a 10 léguas de extensão e, segundo se diz, poder-se-ia encurtar sem muita despesa. Dista 38 léguas, e o antecedente 34 léguas do porto da cidade de Cuiabá.

"Cabe aqui dizer o que me ocorre acerca da navegação desta parte do Cuiabá. Naquelas 38 léguas encontram-se, além de alguns baixios e itaipavas, sete cachoeiras, contando como uma só um grupo de cachoeiras que se sucedem quase sem interrupção no espaço de três léguas acima da Freguesia da Guia, e bem assim abaixo da mesma freguesia outro semelhante grupo de 1 1/2 légua de extensão. Estas cachoeiras, transitáveis tão-somente por canoas, são mais ou menos custosas de vencer-se na subida; porém na descida passam-se, não sem perigo, mas, como vulgarmente se diz, de remo batido, e com muita velocidade. Homens peritos poderiam talvez, sem grande custo, melhorar a passagem de uma ou outra cachoeira; porém, para tornar fácil e seguro o trânsito de outras, e principalmente dos dois grupos de que acabo de falar, seriam precisos, ao meu ver, trabalhos de arte que devem ser adiados por muito tempo, por não haver quem os execute, e por exigirem dispêndio fora de proporção com os meios da província, e ainda mais com o limitado tráfego que se pode fazer por aquela via".

Por maiores que sejam as dificuldades da navegação, a meu ver, deve-se proceder a um estudo sério dessa linha interna de comunicações. Os acontecimentos acabam de assinalá-la como um recurso de que se deve tirar partido. Está hoje demonstrado que as comunicações por terra do Rio de Janeiro com Mato Grosso, qualquer que seja a direção, desde a província do Paraná até ao sul de Minas, oferecem obstáculos gravíssimos. As recentes expedições de tropas para Mato Grosso perderam tempo precioso, e lutaram com embaraços difíceis de superar. A linha do Tapajós, porém, oferecerá tantos? Não vale a pena explorá-la, e verificar por um estudo minucioso a natureza das comunicações apontadas no relatório acima transcrito?

Dever-se-ia, pelo menos, ter experimentado essa linha para o correio de Mato Grosso durante a guerra; as notícias viriam com pontualidade. Parece igualmente que, podendo um vapor chegar até a primeira cachoeira, seria muito mais breve a remessa de tropas por aí. Os corpos do Pará poderiam ter marchado daí para Cuiabá. Ter-se-ia evitado assim a deplorável mortandade que os aniquilou no sul, visto como na região do Tapajós e de Cuiabá não encontrariam a mesma rápida mudança de climas.

Outrora Santarém supria de gêneros as povoações circunvizinhas; ela está destinada a ser o entreposto de Monte Alegre, Almeirim, Prainha, Óbidos, dos povoados do Tapajós, e porventura de Cuiabá, melhoradas as comunicações atuais, isto é, estabelecido um reboque a vapor de pranchas no Tapajós até as cachoeiras, construídos alguns ranchos para estação dos canoeiros durante a travessia das cachoeiras, e criado um posto policial aquém do Diamantino. Isto feito, é provável que o comércio das margens do Cuiabá, do São Lourenço e do Alto

Paraguai freqüente essa linha de comunicações. Em primeiro lugar, porque no Pará os gêneros estrangeiros lhe ficam mais baratos do que no Rio de Janeiro; em segundo lugar, porque os fretes seriam menores. Na verdade, a viagem nos paquetes do Pará a Santarém é apenas de dois dias e meio, e de Santarém a Cuiabá em canoa (como se faz atualmente, sem se aproveitarem as 60 léguas navegáveis a vapor), 30 dias, estando leves as canoas, e 40 a 50 com elas muito carregadas. Ora, a viagem do Rio a Cuiabá, por São Paulo, que é a mais curta, demanda muito mais tempo, e é toda terrestre. Por outro lado, a viagem do Rio de Janeiro ao Prata, de lá ao Paraguai e daí a Cuiabá, exige a vapor cerca de 30 dias, incluindo os das baldeações e demoras nos portos, sendo que só de Montevidéu a Cuiabá os paquetes, aliás ronceiros, não gastavam menos de 24 dias.

Uma exploração das cachoeiras e o estudo dos melhoramentos necessários ao caminho terrestre são, portanto, indispensáveis. Para não falar em outros valiosos produtos, basta indicar a ipecacuanha, artigo de grande preço no mercado, e que muito conviria ser exportado pela via fluvial do Arinos e Tapajós.

Partindo do porto Tatu sobre o rio Carauaí, braço do Maués, chega-se por uma travessia de 14 léguas à margem do Tapajós. Em 1863 o Sr. major Coutinho fizera essa viagem em 4 dias e meio, e disse que poderia encurtar a distância uma estrada traçada por esse terreno, que é elevado, posto que se alague em parte durante o inverno. Como o Maués é a região do fabrico do guaraná, a estrada facilitaria aos cuiabanos (grandes consumidores desse caro e preciso produto dos índios) a passagem do Alto Tapajós para o Maués, em vez de carecerem descer aquele rio e suprir-se em Santarém, na foz.

Estes esclarecimentos, que não contêm novidade alguma, justificam, me parece, a importância que atribuo à navegação do Tapajós. Aberto o Amazonas, não será razoável supor que venha Santarém a ser um ponto comercial considerável, e que se torne preciso um pequeno vapor, ou um rebocador de canoas e pranchas, para economizar o tempo nas 50 ou 60 léguas perfeitamente navegáveis entre a foz e a primeira cachoeira? Não será então preciso habilitar Santarém para o comércio direto? Em todo o caso, deve o governo encaminhar as providências fiscais sobre o Amazonas de sorte que se não oponham às crescentes exigências dos territórios ligados ao grande rio pelos seus numerosos confluentes.

II
Mamoré, Guaporé, Madeira

Ao Ucayali, no Peru, corresponde o Madeira na Bolívia. São dois grandes canais do comércio, que bem cedo hão de ser freqüentados por muitos vapores. Darei aqui uma rápida descrição do Madeira no Brasil e na Bolívia.

Gibbon estudou este país e o percorreu durante mais de dois anos, tendo dos Andes baixado a Cochabamba e ao vale do Mamoré, e descido por este ao do Madeira e Amazonas. Guiar-me-ei, pois, pelo seu roteiro[67], trabalho recomendável por diversos motivos.

---

[67] Exploration on the Valley of the Amazon, feita sob a direcção do Ministério da Marinha, parte II, pelo tenente L. Gibbon, Washington, 1854.

O território banhado pelos tributários do Madeira, ou o que se pode chamar a sua bacia, compreende uma área de 475.200 milhas quadradas, quase tamanho da bacia do Nilo, ou mais extensa que a do Danúbio.

Tem o Madeira três grandes braços: o Beni, o Mamoré e o Guaporé. Este último é antes um confluente do segundo, que é o principal. É o Mamoré que, depois de receber o Beni, toma o nome de Madeira.

Do Beni, que é o braço ocidental, pouco se sabe. Algumas das suas seções são navegadas por balsas. Tem muitas cachoeiras, rochas e áspera corrente. Acredita-se que não é navegável por vapores (Gibbon, p.108). Suas margens têm muito raras povoações, e vagam por elas índios selvagens.

O Mamoré e o Guaporé, porém, já são conhecidos, e há muito tempo freqüentados por comerciantes brasileiros e bolivianos.

O primeiro, recebendo diversos confluentes, começa a ser navegado de um ponto muito próximo da interessante cidade de Cochabamba, colocada no centro da Bolívia. Com efeito, sobre o Chaparé, braço esquerdo do mesmo Mamoré, acha-se Vinchuta, povoação que marca o começo da navegação fluvial, e fica 30 léguas ao sul de Trinidad, que é a capital do departamento do Beni, limítrofe da nossa província do Alto Amazonas. Vinchuta fica a 40 léguas, pouco mais ou menos, de Cochabamba, situada a sudoeste, e de Santa Cruz de la Sierra, colocada a sudeste. Por isso Vinchuta será o empório do comércio da Bolívia com o Amazonas. Entretanto, ainda hoje, as mercadorias estrangeiras vêm a Vinchuta e às cidades mencionadas por via do Pacífico e da Cordilheira, em vez de subirem pelo Madeira. Do litoral do Pacífico a Vinchuta são nada menos que 800 milhas, que se hão de atravessar às costas de animais por caminhos péssimos. Basta refletir sobre isto para se confessar a preferência das comunicações fluviais.

Junto a Vinchuta, esse afluente do Mamoré (o Chaparé) tem 12 pés de profundidade, e 30 pés nos meses de enchente. Gibbon, na sua carta, indica a profundidade verificada por meio de sondagens repetidas. Desobstruído em certos lugares, mas poucos, o Chaparé prestar-se-ia logo à passagem de vapores. A sua profundidade vai aumentando à proporção que se desce. O rio é largo até 200 varas, e a corrente não é poderosa, nem excede de milha a milha e meia por hora.

É à margem de outro braço do Mamoré, o Piraí, que se acha a cidade de Santa Cruz de la Sierra. O Piraí, da sua confluência com o Mamoré até o Porto de Jerez (ou Cuatro Ojos), é freqüentado por canoas. Daí a Santa Cruz há pouco mais de 20 léguas transitáveis por animais. De maneira que Santa Cruz fica a 75 léguas de Trinidad (220 milhas), das quais cerca de 40 se fazem pelos rios.

Abaixo da confluência do Chaparé, tem o Mamoré 20 a 30 pés de fundo, e a largura média de 400 varas. A corrente continua a mesma, com o máximo de 1 1/2 milha por hora,

A cidade de Trinidad, capital do vasto departamento do Beni, ou província de Mojos, é a principal povoação do Mamoré. Não está situada sobre a margem deste rio exatamente, mas a uma pequena distância: na estação das chuvas, porém, sobem canoas até a cidade; é então que grande parte da província fica debaixo da água, oferecendo os rios muito maior e mais fácil navegação. A enchente do Mamoré corresponde à vazante do Amazonas; o mês de maio é neste o da maior enchente; mas é então que o Mamoré se acha vazando. Trinidad é urna cidade quase inteiramente povoada de índios quíchua e de mestiços; é bem policiada, e os índios são reputados muito trabalhadores, pacíficos e ativos. É construída em linhas retas e em quadras iguais, medidas pelos jesuítas, que ensinaram aos índios a edificação regular de uma cidade. O departamento tinha, segundo Gibbon, 30.140 habitantes, índios domesticados e descendentes dos espanhóis (brancos ou mestiços). Trinidad, que então contava 3.000 habitantes, parece maior que a nossa cidade de Manaus, não obstante achar-se no começo da fácil navegação do Mamoré. Trinidad ainda faz a maior parte do seu comércio pelos Andes, apesar das enormes dificuldades da sua travessia. O Beni é um país pacífico, onde não tem repercutido senão de longe as repetidas comoções da Bolívia meridional. É administrado patriarcalmente, com usos especiais, mas com hábitos de ordem tão regulares como os nossos.

Logo depois de Trinidad, a sonda dá a profundidade de 33 pés no Mamoré; e Gibbon diz que assim uma nau de linha poderia flutuar na bacia do Madeira mesmo durante a estação seca. A corrente conserva a velocidade já indicada. Pouco abaixo, junto a um ponto chamado Trapiche, Gibbon encontrou engenhos de açúcar, onde se proveu de algum de boa qualidade, e aí se fabrica também a cachaça. A cana, plantada uma vez, continua a produzir durante 20 anos nesse país dos Mojos. A matéria sacarina só decresce dos 12 anos em diante.

Exaltación é outra povoação abaixo de Trinidad; desta àquela Gibbon gastou 6 dias; é quase a mesma distância que de Trinidad a Vinchuta. Passada Exaltación, o rio conserva 400 varas de largo, e tem 54 pés de profundidade, com a mesma corrente já referida. Pouco adiante, Gibbon encontrou 63 pés; depois o rio estreita-se até 350 varas para oferecer a notável profundidade de 100 pés. Deste ponto em diante há pedras que diminuem o fundo, mas conservando 45 pés, e em um certo lugar apenas 15 pés, ainda assim muito suficiente espaço para grandes vapores. A corrente não excede de 1 1/2 milha por hora.

Abaixo de Exaltación entra no Mamoré o Guaporé ou Iténez. Gibbon fez a viagem entre esses dois pontos em 6 dias descendo, encontrando 33 pés de fundo. Da boca do Guaporé ao forte do Príncipe da Beira (província de Mato Grosso) há uma distância de 55 milhas, que Gibbon percorreu subindo em 9 dias. A navegação é fácil até esse ponto em qualquer estação, daí para cima dificulta-se muito durante a vazante, sendo que do forte para Vila Bela (antiga Mato Grosso) um bote de três pés não poderá então subir. Do forte à Vila Bela, subindo em canoa, gasta-se um mês de viagem. Notarei a propósito que, por agora, é manifesto que não carecemos de vapores no Guaporé. Aí nada temos que defender; essa fronteira é quase deserta. Bastará a navegação de canoas por ora; no futuro faremos, se for preciso, estacionar uma pequena canhoneira; hoje nada é necessário, nem mesmo conservar guarnição no chamado forte da Beira. Da boca do Guaporé à Vila Bela de Mato Grosso, é uma viagem de 39 dias, subindo em canoas; daí a Cuiabá por terra, gastam-se 22. Cumpre ajuntar a viagem da foz do Madeira às suas cachoeiras, e destas à embocadura do Guaporé. O caminho mais curto para Cuiabá é pelos rios Tapajós, Arinos e Cuiabá. Mas, como o Guaporé se eleva a 30 pés na estação das chuvas, seria possível ir um vapor até Vila Bela, o que diminuiria muito a viagem para Cuiabá. Segundo o Sr. major Coutinho, um vapor de 6 palmos faria essa viagem, na enchente, em 4 dias. É, pois, o Guaporé um recurso mais para nossa defesa contra uma agressão da Bolívia, porque em qualquer estação podem canhoneiras percorrê-lo até o dito forte e mesmo até mais 15 léguas acima, no ponto chamado Porto das

Pedras. Foi pelo Guaporé, finalmente, que subiram operários e materiais para a construção do mesmo forte. Governadores de Mato Grosso, na época colonial, foram ao território dessa província pelo Madeira e Guaporé. O comércio, outrora, também se fazia por aí. Os canhões daquele forte foram conduzidos pelo Amazonas, Madeira e Guaporé. Até se estabeleceram postos para a defesa dessa linha de comunicações. Não é ela, portanto, para desprezar, ainda que não exija agora sacrifício algum.

Abaixo da boca do Iténez (ou Guaporé) o Mamoré tem 500 varas de largura, 30 a 60 pés de profundidade, e 1 milha de corrente. Já é um rio de primeira ordem. A dois dias de viagem dessa embocadura fica a primeira cachoeira, chamada Guajará-Mirim, que é antes uma correnteza áspera, por onde um vapor poderá subir e descer, segundo Gibbon (p.281). Segue-se a cachoeira Guajará-Açu, perfeitamente intransitável, e por onde as próprias canoas só passam descarregadas. O mesmo dá-se na cachoeira seguinte, a da Bananeira. Acontece nessas cachoeiras ser preciso perder um dia para romper duas milhas somente. Nas do Pau Grande e Lajens, se passa menos mal. Depois desta última entra no Mamoré o Beni, e da sua junção começa aquele a tomar o nome geral de Madeira. A embocadura do Beni fica cerca de 100 milhas abaixo da do Guaporé. O Beni, logo acima da sua foz, assim como depois de Reys, cidade da rica província de Yungas, onde se colhe café magnífico e afamado, é cortado por diversas cachoeiras. Depois do Beni, seguem-se no Madeira, além de outras, as cachoeiras Misericórdia, Ribeirão, Araras, Paredão, Jirau, Caldeirão do Inferno, Morrinhos, Teotônio e Santo Antônio, mais ou menos difíceis para a navegação das canoas. A de Teotônio, verdadeiro salto, é insuperável.

Transpostas as cachoeiras, isto é, abaixo da de Santo Antônio, o Madeira oferece até 25 braças de fundo, e tem 1.000 varas de largura. É nessa extensão até a foz, isenta de quaisquer obstáculos, que se encontram a aldeia brasileira Crato e a povoação Borba, que tem 300 habitantes, segundo a última estatística. Quando Gibbon por aí desceu, há 13 anos, todo esse território, desde o Crato ao Madeira até Exaltación no Mamoré, era só habitado por temíveis selvagens. Hoje há estabelecimentos regulares, e muitos habitantes pela margem do rio, que se tornou um dos mais freqüentados pelos comerciantes de drogas.

Para se avaliarem as distâncias e o tempo necessário para percorrê-las darei um resumo segundo a viagem de Gibbon rio abaixo :

De Vinchuta a Trinidad são precisos 6 dias, descendo: de Trinidad a Exaltación, igualmente 6; da Exaltación à foz do Guaporé, o mesmo tempo; da Guaporé a Guajará-Mirim, 2 dias;

De Guajará a Santo Antônio (o espaço das cachoeiras), 12 dias.

Total do tempo gasto de efetiva navegação em canoa, na descida de Vinchuta (Mamoré) a Santo Antônio (Madeira) : 33 dias. De Trinidad (capital de Beni) a Santo Antônio são, portanto, 26 somente. Subindo, a viagem em canoa exige cerca do duplo do tempo, ou dois meses. Ela pode ser abreviada pelos navegantes acostumados a freqüentarem esses rios.

Da cachoeira de Santo Antônio à sua foz no Amazonas, tem o Madeira 500 milhas, ou cerca de 170 léguas, desembaraçadas de quaisquer obstáculos, em todas as estações, para um navio de seis pés de calado, e de muito maior na enchente. Da cachoeira de Guajará a Vinchuta (Mamoré e Chaparé) a extensão navegável é quase igual, e um vapor poderia também percorrê-la do mesmo modo. São, pois, 1.000 milhas para a navegação a vapor desse grande tributário.

A duas seções navegáveis, a Baixo Madeira e a do Mamoré, ficam separadas pelo espaço das cachoeiras cerca de 50 léguas em linha reta.

Aquela enorme extensão de 1.000 milhas, dividida pelas cachoeiras em duas seções iguais, é tanto como da costa do Oceano Atlântico a Manaus. Admire-se por esta desmedida navegabilidade a vapor do Ucayali, do Purus, do Juruá, do Madeira, a enormidade do vale do Amazonas e a grandeza dos seus destinos!

Eis aqui, aproveitadas as informações de Gibbon, uma notícia do tempo necessário para a subida, dada a navegação a vapor:

Do Pará a Santo Antônio (primeira cachoeira) sete dias; para atravessar por terra a região das cachoeiras (50 léguas), em linha reta traçada de Santo Antônio a Guajará, cerca de 10 dias, calculando 5 léguas por dia de viagem; de Guajará a Vinchuta, cerca de 4 dias, calculando que o vapor vença 5 milhas por hora somente.

São, portanto, 21 dias de cômoda viagem do Pará ao coração da Bolívia.

Ora, de Vinchuta a Cochabamba, que fica na base dos Andes, há apenas uma viagem de 10 dias, segundo o mesmo Gibbon. Total: do Pará a Cochabamba, centro comercial da Bolívia, 31 dias. De Cochabamba a Chuquisaca (ou Sucre, ou La Plata), capital da República e outro centro importante de população, são precisos 8 dias. Do Pará à capital da Bolívia, pelo Amazonas, havendo o vapor, bastariam, portanto, 39 dias. Mas, partindo da altura do porto do Pará, navegando pelo Cabo Horn e pelo Pacífico e atravessando os Andes, têm as mercadorias de fazer a viagem de 100 dias pelo menos, quase o triplo da outra pelo Amazonas, e isto mesmo entrando no porto peruano de Arica, sem procurarem o boliviano de Cobija, que fica mais distante de Cochabamba do que aquele. Demais, a natureza da penosíssima travessia dos Andes exclui toda a comparação com o transporte pelo Amazonas, quer quanto aos fretes, quer quanto às dimensões dos volumes.

O Madeira, com as suas 170 léguas de fácil navegação no Brasil em todas as estações para os navios de seis pés d'água, e com outras tantas no território da Bolívia, deve, pois, atrair a atenção dos respectivos governos.

No relatório de 1865 do Sr. Presidente do Alto Amazonas, a que já me tenho referido, lêem-se notícias que combinam com as de Gibbon publicadas 11 anos antes, ainda que divirjam em alguns pontos: por isso vou reproduzi-las. Segundo esse funcionário, depois de Guajará, a última das cachoeiras subindo, há sempre água, na máxima parte do ano, para vapores de 5 a 6 palmos de calado até Trinidad, capital de Beni. Cochabamba, acrescenta ele, dista de Trinidad 100 léguas. Destas, 60 se fazem pela navegação do Mamoré e Chaparé, e só 40 por terra. Santa Cruz, outra importan ões atuais pelos Andes, Pacífico e Cabo Horn, ou pelos Andes e Panamá. Tanto estão disto convencidos os homens influentes da Bolívia que, segundo informa o mesmo funcionário, uma lei recente do Congresso isenta de direitos, durante 10 anos, os gêneros ali importados do Brasil.

O Sr. major Coutinho, em uma memória sobre o Madeira[68], igualmente confirma as notícias anteriores. Arbitrando em 50 léguas a extensão de uma estrada, que evitasse as cachoeiras, traçada em linha reta de um ponto aquém da primeira a outro depois da última, calcula o Sr. Coutinho que seis dias bastariam para percorrer essa estrada. Arbitra

---

[68] Relat. do Min. das Obras Públicas de 1865, an. Q.

em oito dias o tempo necessário para ir a vapor do Pará à primeira cachoeira (Santo Antônio). Diz que seriam precisos dois ou três dias para da última (Guajará) subir, ainda a vapor, até Trinidad. Em suma reputa suficientes 16 a 17 dias para ir do Pará a Trinidad, da capital brasileira à capital boliviana. E, como calcula 5 a 6 dias de Guajará à Vila Bela de Mato Grosso, em vapores de força mediana, conclui que bastarão 19 a 20 para a viagem até a extremidade oeste da nossa província central. Ora, do Pará ao Rio de Janeiro gastam-se 15 dias nos paquetes a vapor brasileiros, e 10 nos norte-americanos. Somados aos 20 dias do Pará à Vila Bela de Mato Grosso, temos 30 a 35 dias de viagem fluvial e marítima (exceto seis na estrada das cachoeiras) entre o Rio de Janeiro e os pontos mais longínquos do ocidente do Império! Demais, a viagem nessa direção é ainda mais curta que a mais breve das terrestres. Enfim, as estradas que de São Paulo, Minas ou Goiás vão a Cuiabá, assim como a navegação pelo Prata e Paraguai, servem apenas à parte meridional e à oriental da província de Mato Grosso; para ir de Cuiabá à parte ocidental, ou ao litoral do Jauru e do Guaporé, isto é, à fronteira com a Bolívia, ainda é preciso viajar muitas léguas por terra, Não se verá pois, em um futuro mais ou menos remoto, navegado o Baixo Madeira a vapor e aberta a estrada das cachoeiras, flutuarem no Guaporé um ou dois pequenos vapores, como o que se lançou no Tietê e Alto Paraná?

As correntezas ásperas e as cachoeiras do Madeira, em número de 18, estendem-se por 70 léguas, pouco mais ou menos, contadas pelas tortuosidades do rio. Este, porém, descreve aí uma grande curva para o ocidente; e, segundo as observações de Gibbon, a corda desse arco ou a linha reta não excederá de 50 léguas. Das cachoeiras a maior e a mais bela é o salto de Teotônio, com uma queda de 50 a 65 palmos de altura; das outras, nem todas, como já disse, impedem a travessia das canoas, mas em geral pode-se reputar essa extensão de 50 léguas inteiramente perdida para a grande navegação. O Sr. major Coutinho gastou 19 dias para fazer essa travessia em canoas subindo, e 7 1/2 descendo, viagem que diz ser a mais rápida que se tenha feito: a sua canoa, porém, não transportava senão mantimentos e ligeira bagagem. Uma estrada, portanto, é indispensável, ainda que não seja no começo mais que um picadão pela floresta, como a que em São Paulo se começou a abrir entre as colônias Avanhandava e Itapura, à margem do Tietê, para evitar as 30 léguas obstruídas deste rio.

Para a abertura desse caminho deveriam concorrer os governos dos dois países igualmente interessados, na hipótese em que não haja uma empresa de navegação a vapor do Madeira e Mamoré que se incumba deste serviço, complemento das linhas fluviais.

Tal estrada seria a verdadeira artéria do centro da América do Sul. Só a pode exceder em importância a linha do Purus ou a do Juruá, se estes rios forem navegáveis até as vizinhanças dos Andes.

A sua construção, porém, depende ainda de bem se conhecer a condição dos terrenos que ela há de atravessar.

Há aí alagadiços ou pântanos que exijam grandes despesas? Há rios ou arroios concluentes que transpor, e que demandem pontes numerosas? As obras de arte serão dispendiosas? Há florestas ou montanhas que atravessar? Há rochas, que seja preciso cortar para reduzir o caminho?

Trabalhadores é seguro que se hão de encontrar; numerosos e robustos índios bolivianos do departamento do Beni, dos que tripulam as canoas do Madeira e ficam nos intervalos das viagens trabalhando nas obras públicas de Manaus, estão aí disponíveis e se hão de obter por um salário módico. Tecidos, roupas, armas, etc., bastam para atrair outros. Finalmente, o prefeito do Beni e os comandantes dos distritos desse departamento, pela autoridade de que gozam, podem destacar índios para tal serviço.

Que a estrada se deve abrir pela margem direita (a brasileira), por ser mais elevada que a outra, descobrindo-se montes a pequena distância de diversos pontos do curso do rio e florestas espessas; que a margem oposta é alagadiça, ficando submergida durante metade do ano; que esta é cortada pelo Beni; e que a estrada por aí exigiria pelo menos uma grande ponte para atravessar esse afluente do Madeira, é o que se deduz de vários trechos do relatório de Gibbon, particularmente as páginas 282, 283, 292, 295, 301 e 302. Acredita ele que não há na margem direita receio de inundações.

O que é fora de dúvida, à vista de notícias antigas e recentes, é a impraticabilidade da navegação na região das cachoeiras. Cumpre renunciar a ela e, haja ou não haja vapores nas duas grandes seções desimpedidas, fazer a estrada.

Mas o vapor é necessário. O comércio do Madeira é hoje dos mais ativos que se fazem nos afluentes do Amazonas; é uma grande esperança. Acima se viu (pág. 136) que em 1862 a exportação feita por Borba (porto do mesmo Madeira próximo da foz) fora de 215:731$000, havendo sido a de toda a província do Alto Amazonas nesse ano de 702:966$000 somente. Temos, pois, aí uma base positiva quanto à exportação. Acerca da importação pode-se calcular que não será inferior. Mas o comércio do Madeira também se faz pelo porto de Serpa, cujos negociantes daí remetem gêneros para Borba e Crato, e os vendem aos bolivianos. Ora, Serpa tem um movimento comercial maior de 800:000$000, sendo em 1864-65 a sua importação de 339:970$000, e a sua exportação de 494:226$000, conforme os dados da alfândega do Pará.

Calculando sobre essa base não será exagerado dizer que atualmente passam pelo Madeira cerca de 500:000$000, remetidos do litoral do Amazonas ou exportados para ele, quer do território do Brasil, quer da Bolívia. Não é um algarismo enorme; mas cumpre não esquecer que essa navegação a vapor seria o meio de apressar o desenvolvimento do comércio por aquela parte do Império, do qual tanto se deve esperar.

Ora, esse comércio se faz hoje de um modo muito penoso. O que se destina a Borba e ao Crato sobe contra a corrente do rio; o que se encaminha à Bolívia, carece atravessar as 70 léguas das cachoeiras. Quanto a este, cumpre ainda notar que as embarcações bolivianas, para fazerem a travessia das mesmas cachoeiras, precisam ser demasiadamente tripuladas; algumas contêm 20 pessoas para carregar 200 arrobas apenas, nos pequenos intervalos dos bancos dos remadores. Verdade essa que o salário não é grande: dois pesos fortes por mês e comida; os tripulantes são índios do Beni, gente dócil e dedicada ao serviço, sóbrios, ligeiramente vestidos de uma curiosa camisola feita da casca da palmeira, homens válidos, quais os vi em Manaus. Todavia, sendo a embarcação pequena, muitos os tripulantes, e insignificante a carga, o negócio não pode deixar lucro animador. Compreende-se que assim mal progride o comércio do Madeira[69]. O vapor virá, porém, comunicar-lhe a expansão, que produziu no Baixo Amazonas desde logo, e que está produzindo no Solimões.

E, pois, como efetuar a navegação a vapor do Madeira?

O que acima se disse responde a esta questão. Trata-se de um interesse comum aos dois países limítrofes, Brasil e Bolívia; não é um interesse exclusivo do Brasil. Para que se faça um serviço completo, será preciso estabelecer um vapor regular abaixo das cachoeiras no território brasileiro, e outro acima delas, no Alto Madeira ou Mamoré, território boliviano; será também preciso abrir o caminho que permita a baldeação por terra, dispensando a travessia por meio de canoas, travessia penosa, arriscada e muito cara. Essa estrada de 50 léguas ligará os dois vapores, as duas seções de 500 milhas cada uma navegáveis em todas as estações. Uma tal empresa tem o caráter internacional dos serviços que presta. Foi como empresa internacional que começou a navegação a vapor do Amazonas, subsidiada pelo Brasil e pelo Peru. Que se proceda do mesmo modo quanto à Bolívia. Promovam os dois respectivos governos a incorporação de uma empresa, auxiliada por ambos, que rasgue a estrada das cachoeiras e lance no curso inferior e no superior do grande afluente dois pequenos vapores, dois rebocadores de pranchas carregadas, porquanto por agora não é preciso mais.[70]

Dir-se-á que não se oferecerá por agora nenhuma proposta de empresários que pretendam fazer o serviço do Madeira, ou que, se aparecer, faltará a coadjuvação da Bolívia, sempre perturbada por comoções intestinas. Pois bem, se assim for, é razoável que o governo brasileiro adie a incorporação de uma linha de vapores para o Madeira, que não se comprometa em um contrato pesado aos cofres públicos, procurando habilitar-se primeiro para julgar acertadamente do sacrifício que mereça o comércio do grande afluente. Nesse intuito conviria adotar um expediente. A saber: dos pequenos vapores de diferentes classes, que hoje possui a armada, ou dentre as canhoneiras que hão de compor a divisão naval do Amazonas, seja uma empregada provisoriamente na navegação mensal do Madeira, partindo de Serpa, onde tocam

---

[69] Eis que a este respeito se lê no último relatório da Companhia do Amazonas (pág, 22) : "As relações comerciais com a Bolívia pelo Amazonas, apesar da perigosa travessia das cachoeiras do Madeira, vão-se desenvolvendo, tendo já o ano passado (1865) subido a 64:005$150 o valor da importação e exportação. Para fazer esse comício desceram de Cuatro Ojos no rio Piraí e da Exaltación no rio Mamoré 98 embarcações lotando 32.000 arrobas e tripuladas por 1.276 índios! A simples enunciação destes algarismos dá uma idéia da despesa a que está sujeito esse nascente comércio, e da imperiosa necessidade de ser lançado no Mamoré um vapor para substituir a navegação atual, na qual se ocupam tantos braços que mais produtivamente poderão ser empregados na agricultura e na colheita de drogas."

[70] Isto é o que também se deve ter em vista quando se tratar da navegação do Paraguai. Não deverá ser renovada a dispendiosa linha de Montevidéu a Cuiabá, supérflua na sua maior parte até Assunção visto como, havendo vapores argentinos regulares até Corrientes e paraguaios até Assunção, é mais razoável um contrato internacional, garantido pelas três potências interessadas na navegação a vapor do Paraná, Paraguai, S. Lourenço e Cuiabá. Mediante um pequeno auxílio (pagávamos 200:000$000 à extinta Companhia do Paraguai), teremos navegação mensal entre Assunção e Cuiabá. Enquanto a grande linha internacional se não efetuar, vale a pena empregar no serviço de paquetes alguns dos pequenos vapores que hoje ali possui a esquadra. Este expediente não é uma idéia nova. A lei de 6 de setembro de 1850, que autorizou o governo a estabelecer no Amazonas a navegação por vapor, admitia a hipótese de efetuar-se o serviço empregando embarcações do Estado (art. 2.º, § 1.º).

os vapores da Companhia do Amazonas, até a cachoeira de Santo Antônio. Estou convencido de que, pelo menos, o custeio deste serviço não deixará deficit, se não produzir lucro.[71]

Reputo esse um serviço provisório, e tão justificável como o do governo peruano que, para livrar-se de um contrato oneroso com a nossa Companhia do Amazonas, emprega na navegação, dentro do seu território, vapores do Estado. Mas, tanto como este do Peru, será o do Madeira um serviço preliminar de exploração e reconhecimento. Aberto o Amazonas, estudados os seus recursos, encaminhada para aí maior soma de valores da Bolívia, não faltará empresário que se proponha realizar uma empresa mais vasta, como acima descrevi. Não serão precisos grandes capitais no começo: quatro pequenos vapores, dois para cada uma das linhas, não exigirão, com as respectivas pranchas, mais de 200:000$000; o duplo desta quantia será suficiente para abrir a estrada das cachoeiras, para aí construir pontilhões, ranchos de abrigo dos viajantes e mercadorias, e para comprar animais de carga. Calculemos, pois, um capital de 600:000$000. Não é demasiado para ser levantado com o auxílio dos dois governos interessados, que poderão conceder, em vez da garantia de juros ou de subsídio ânuo, subvenção por uma só vez.

O corpo legislativo votou, na lei do orçamento de 1865, a quantia de 96:000$000 para subsídio anual da navegação a vapor no Madeira. Basta ponderar que no vale deste rio, dentro do território brasileiro, apenas se contam 8.862 habitantes, a saber 2.335 no distrito de Borba, 529 no de Canuman, 5.998 no Crato, e que além disso há apenas mais algumas praças no destacamento de Santo Antônio, para se reconhecer que uma tão pequena população não justifica uma despesa tão

---

[71] A despesa mais considerável seria a de combustível. A julgar por outros, a de um pequeno vapor entre Serpa e Santo Antônio, que vencesse 7 milhas por hora na subida e 10 na descida, seria, por viagem redonda (cinco dias), 1:000$000, a saber; 5.000 achas de lenha por dia de navegação, à razão de 40$000 o milheiro. Este cálculo do consumo de combustível é autorizado pelos seguintes exemplos:

O paquete Belém, um dos maiores da Companhia do Amazonas, com uma máquina de 200 cavalos, gasta 9 dias na viagem redonda do Pará a Manaus, e consome cerca de 50 achas, e um pouco de carvão-de-pedra. A sua máquina queima até 500 achas por hora, ou 12.000 por dia, que custam 480$000. O Ycamiaba, da mesma Companhia, com uma máquina de 120 cavalos, consome 350 achas por hora, e cerca de 7.000 por dia, meio termo (280$000).

O primeiro, consumindo só carvão, exigirá cerca de 22 toneladas e o segundo cerca de 13 por dia.

Cada tonelada de carvão custa 22$000 à Companhia no Pará, e equivale a 540 achas de lenha.

O Morona, vapor peruano, da força de 150 cavalos, e que deita 12 a 13 milhas, consome 300 a 350 achas por hora, ou cerca de 7.000 por dia.

O preço da lenha varia; os fornecedores a compram aos índios, no Pará e no Alto Amazonas a 20$000 e 22$000 por milheiro de achas. Geralmente a vendem à Companhia por 40$000; só em Coari (Alto Amazonas), o preço é menor, 35$000.

A devastação das matas vizinhas dos povoados vai encarecendo o preço da lenha. Parece que uma empresa no Madeira encontraria vantagem em montar o seu serviço de corte de lenha, com mais proveito para os pobres índios, hoje defraudados pelos fornecedores desse combustível. Parece igualmente que seria conveniente experimentar a substituição da lenha pelo carvão-de-pedra, estabelecendo-se depósitos em pontos principais. Para a navegação do Madeira, cuja viagem redonda exigiria apenas cinco dias, bastaria haver um depósito em Serpa, começo da linha.

avultada. Com efeito, o essencial é estabelecer a navegação simultaneamente no Mamoré e no Madeira, e ligá-los por uma estrada sofrível, trazendo aos portos brasileiros a contribuição do comércio boliviano. Para isso é que seria justo um auxílio considerável.[72]

III
Purus, Madre de Dios, Juruá

Muito mais navegável que o Madeira, o Purus, seu paralelo, é um dos mais admiráveis rios do mundo. Não tem cachoeiras. Presta-se à navegação de barcos de 10 a 12 palmos de calado, durante a maior parte do ano, na extensão de 400 léguas, e em todo o tempo admite embarcações de menor mando d'água. Até 250 léguas da foz, na enchente, a nau mais alterosa poderia sulcá-lo, e em todo o ano essa parte do rio admite grandes navios, porque tem sempre 12 a 20 palmos de profundidade no canal. Algumas pedras, que se encontram em certos pontos, em nada embaraçam a navegação. Não há na foz do Purus os cachopos que E. Grandidier, guiado por outros viajantes, presume que estorvam a sua entrada. A foz tem a largura de 1 milha. A sua situação é excelente: demora a 45 léguas de Manaus.

As margens do Purus, como as do Madeira, contêm drogas preciosas em abundância: a seringa, a salsa, a copaíba, o cacau; e os terrenos podem produzir café, algodão, cana, milho, feijão, mandioca.[73]

Pretendeu-se por algum tempo, e ainda se diz, que em certo ponto do curso do Purus há um canal por onde este rio se comunica com o Alto Madeira acima das cachoeiras deste, circunstância que seria de imenso alcance, pois que neste caso, para se ir ao Mamoré e à Bolívia, fora preferível subir pelo Purus, evitando a travessia das cachoeiras do Madeira. Manoel Urbano, homem audaz que inspira grande confiança por seu zelo, conhecimento dos lugares e trato com o gentio daquelas regiões, subiu em 1864 pelo Mucuim, afluente que entra na margem direita do Purus a 160 léguas da sua foz, e passou das cabeceiras do mesmo Mucuim para um ponto do curso do Madeira na região das cachoeiras inferiores, isto é, perto de Santo Antônio. Mas o Mucuim, na parte final do seu curso, não é facilmente navegável. Manoel Urbano me disse que outro confluente do Purus, o Ituxi, se aproxima mais do Alto Madeira pelo braço chamado Puciari. A hipótese de semelhante canal é aliás inconcebível, porque seria preciso que ele cortasse o vale do Beni, o qual entra no Mamoré entre as cachoeiras, como já mencionei (§ II), Só ulteriores explorações é que poderão verificar se realmente o confluente Ituxi, ou outro qualquer do Purus, se aproxima tanto do Alto Madeira, e com uma profundidade satisfatória, que mais valha fazer-se por aí o comércio da

---

[72] O auxílio pecuniário recíproco dos governos interessados na navegação a vapor de rios comuns foi estipulado na convenção entre o Brasil e o Peru de 23 de outubro de 1851, art. 2.º, e no tratado entre o Brasil e Venezuela de 5 de maio de 1859, art. 22. A linha de paquetes brasileiros foi efetivamente subvencionada, durante cinco anos, pelo governo da primeira daquelas Repúblicas.

[73] Memória sobre o Purus, pelo Sr. major Coutinho, an. ao Relat. do Min. das Obras Públicas de 1865.

Bolívia, traçando-se uma pequena estrada do Mamoré a tal afluente, de sorte que se dispense a estrada muito maior das cachoeiras do Madeira, a qual não terá menos de 50 léguas de extensão em linha reta. É essa hipótese que torna interessante a exploração do Purus para a Bolívia.

Tais explorações hão de reproduzir-se em larga escala, quando as mover o interesse particular. Na Austrália não é o governo que tem promovido as preciosas, perseverantes e audazes explorações através do deserto, de uma a outra extremidade do continente; é a curiosidade científica e a ambição dos colonos. Ali acontece o que já se viu em nosso próprio país com as antigas correrias dos paulistas. O mesmo acontecerá no Amazonas, se o franquearem, se o colono europeu lá aparecer com a sua sede de ouro e a sua perseverança. Entretanto, bem poderá o governo auxiliar iguais trabalhos no Amazonas. Acerca do Purus, o que já se conhece é extremamente animador e curioso. O interessante relatório do Sr. Coutinho acima citado contém a esse respeito informações que reclamam um complemento. Era, por exemplo, admitida geralmente a insalubridade do Purus, que gozava de uma triste reputação; o Sr. Coutinho informa que isso não tem fundamento; sustenta que ali, como sucede no Amazonas, as moléstias não são assustadoras, mas procedem de desregramentos habituais da população e da absoluta falta de higiene. Antes, porém, dessa exploração, já um audacioso comerciante do Pará, o estimável Sr. Pereira Carneiro, empreendera por vezes viagens ao Purus, aonde foi o primeiro a passar acima da foz, e depois disso não se pôde mais duvidar da praticabilidade de uma vasta exploração no Purus.

Não é só porque possa interessar ao comércio da Bolívia, se se verificar a hipótese acima aludida, que o Purus merece estudo. Ele é o primeiro tributário que demanda o território do Peru; talvez mesmo seja o que mais curto caminho ofereça para o vasto departamento de Cuzco. Com efeito, o prático Manoel Urbano subiu pelo Purus até ao Rixala, ponto acima daquele até onde chegara no vapor Pirajá em 1862 o Sr. major Coutinho, o qual ficara nas barreiras de Huitanaã, lugar que se presume ser a 700 milhas da foz. Mas em 1865 um viajante inglês, o Sr. W. Chandles subiu em canoa muito além daqueles pontos, no intuito de verificar as cabeceiras do Purus e de resolver o problema da sua identidade com o famoso Madre de Dios. Chegou até a latitude S. 10º 5′, determinou, calculando haver percorrido pelas voltas do rio, que é muito sinuoso, 1.620 milhas acima da foz, mais do duplo da viagem do Pirajá. Segundo ele, até a embocadura do Curumaha, que deságua na margem esquerda à distância de 1.430 milhas da foz, tem o Purus a largura de 60 a 100 braças, e duas a duas e meia de profundidade, o que é admirável.[74] Em outra viagem, que de novo empreendera ao Alto Purus, o mesmo viajante, deixando o rio principal, seguiu pelo Aquiri, seu afluente da margem direita, cuja foz demora a 958 milhas da boca do Purus, na lat. 8º 45′ S., e long. 24º 16′ O., do Rio de Janeiro. Por esse afluente navegou 460 milhas até que ele se estreitou tornando-se raso. A última posição geográfica do Aquiri, que ele determinou, foi a do rio Maloca: 11º3′17″ lat. S., e 27º long. O., do Rio de Janeiro. Mas o mesmo viajante acrescenta que o Purus propriamente dito ainda se estende até 12º lat. S., e que ele tem outro grande afluente do lado direito, o Itaxi, que, como acima disse, se inclina para as cachoeiras do Madeira.[75]

[74] Relat. do Presidente do Alto Amazonas, o Sr. Adolfo de Barros, 1865, p.30 e 31.

[75] Memória do Sr. Chandles, publicada com o Relat. do Min. das Obras Públicas de 1866, an. NN.

O mesmo viajante muito recomenda a tribo dos índios Hypurinás, ribeirinha do Purus, da qual se pode colher o mesmo proveito que dos Mundurucus do Tapajós. Fala dos Manetenerys, que cultivam o fumo e dele fazem uso, colhem a salsa e o algodão, o fiam, tecem e colorem admiravelmente. Do tecido fazem camisolas compridas de que se vestem e capuzes com que se cobrem. Diz que os Canamarys têm ainda melhor índole: também fabricam o pano de algodão e fazem as mesmas camisolas. Acrescenta que os Catianas, outra tribo ribeirinha, têm os mesmos usos e indústria, e colhem os mesmos produtos que os Manetenerys.

O Purus é dos mais importantes afluentes do Amazonas.

É lamentável que os conhecimentos geográficos ainda estejam muito atrasados acerca da longitude de diversos pontos do curso dos tributários. Há numerosas observações sobre a latitude; poucas, porém, quanto à longitude. Daí alimenta-se a antiga controvérsia sobre o Madre de Dios, esse rio curioso, que descendo das vizinhanças de Cuzco, a cerca de 40 léguas, se perde no deserto de florestas virgens, e não se sabe que direção toma, nem se é um dos afluentes diretos do Amazonas. A hipótese de confundir-se ele com o Purus ainda não parece fora de discussão depois dos reconhecimentos feitos por Chandles. Na carta do Peru por Soldán (1862), vê-se que o Madre de Dios corre a leste do departamento de Cuzco, a leste do vale do Paucartambo, entre 13º 50' e 12º lat. S. Soldán não dá a continuação do curso do Madre de Dios além de 12º lat. S. Presume-se que o Madre de Dios, formado por outros rios menores que correm do departamento de Puno, ajunta-se com o Paucartambo, tomando o nome de rio Mano. Que o Madre de Dios é um rio considerável na lat. S. 12º 30', já sabíamos pelas explorações de Gibbon. Este viajante, que acreditava na confusão desse com o rio Purus (pág. 52), determinou a posição astronômica de um ponto a que chegou no Madre de Dios (pág. 50), a saber: long. O.G. 70º 26', e lat. S. 12º 32'. Ora, esse ponto quase coincide, quanto à longitude, com aquele a que chegou Chandles no Aquiri, mas, quanto à latitude, há entre eles a distância de 1 grau e meio. Chandles presume que o Purus não nasce dos Andes, atenta a formação geológica dos terrenos que atravessa; e, se não nasce dos Andes, não se pode confundi-lo com o Madre de Dios que tem neles a sua origem.[76] Demais, da lat. 10º S. em diante o Purus, segundo Chandles, ramifica-se em diversos braços pouco volumosos, quase rasos, nenhum dos quais pode ser o Madre de Dios, que a 12º32' Gibbon já encontrou volumoso e considerável. Uma exploração do outro grande braço do Purus, o Itaxi, que parece prolongar-se na direção que se presume ser a do Madre de Dios, talvez resolva a questão.

Com efeito, para onde se dirige este importante curso d'água que, descendo dos Andes, é denominado Amaru-Mayú (rio-serpente) pelos índios quíchua, Madre de Dios pelos espanhóis e também Mano ou Marcapata por diversos geógrafos?

Corre ele para o Beni e o Madeira, é o mesmo que o Beni, como supõem outros viajantes?

Ou será o curso superior do Juruá e do Jutaí, rios ainda desconhecidos na sua parte mais remota?

A solução do problema é de grande empenho para o comércio, e para o do Peru principalmente. Com efeito, como todos esses rios, Purus, Juruá, Jutaí, Javari, são

---

[76] Relat. do Sr. Presidente do Alto Amazonas, citado, p.31.

mais orientais que o Huallaga e o Ucayali, e como alguns deles, o Purus e o Juruá, têm mais água e oferecem mais fácil navegação que o próprio Ucayali, parece que, se as suas cabeceiras são um desses rios numerosos que descem dos Andes e ficam a poucas léguas do Cuzco, é preferível comerciar por eles do que pelos outros afluentes, Huallaga e Ucayali.

Acerca do Juruá, que corre pelo meio dos dois grandes afluentes, Purus e Ucayali, sabe-se que é um rio de primeira grandeza, um dedo gigante desse Centimano, que se chama Amazonas. Atribuem-se ao Juruá mais de 300 léguas de franca navegação. Segundo as opiniões mais comuns, o seu curso superior inclina-se para oeste, isto é, para os Andes, para o departamento de Cuzco. É assim que não bastará determinar as posições astronômicas do curso do Beni e as do Purus; será preciso, a fim de se determinar o melhor e mais direto caminho para os departamentos da Cordilheira peruana, reconhecer o curso superior do Yuruá, e pelo mesmo motivo os do Jutaí e do Javari.[77] Todos esses volumosos cursos d'água disputam a precedência ao Purus. O Juruá, porém, é o que mais prende a atenção. Suas margens são habitadas por índios de índole excelente. Distinguem-se entre eles os Conibos, que são bonitos e atrativos. As suas florestas contêm salsa, cacau, copaíba e algodão que os índios tecem, como os do Purus e Ucayali. Alguns navegantes pretendem que seja o Juruá o rio mais abundante de drogas preciosas, aquele onde é mais fácil colhê-las. A este respeito ouvi referir verdadeiras maravilhas. Tem o Juruá a mesma feição que o Purus, e afirma-se que a 300 léguas da foz se comunicam ambos por uma ramificação considerável. Será, pois o Juruá o Mano tão celebrado, o Amaru-Mayú, o rio-serpente, o Madre de Dios em suma?

A um homem singelo e verdadeiro, regatão de Fonte Boa no Alto Amazonas, e ao velho Guerreiro de Coari, antigo navegante, ouvi eu afirmar que o Juruá, segundo se acredita, se comunica não só com o Purus, mas também com o Ucayali. Aquele regatão, o alferes Borges, me referiu que, depois de navegar três meses em canoa pelo Juruá acima, no ano de 1864, chegara a um ponto, pouco além do qual lhe diziam os índios da sua tripulação haver um furo (braço ou afluente), chamado Tarauacá, que vai ter ao Ucayali acima de Sarayácu. Diversos índios, acrescentou, têm feito essa curiosa viagem, entrando pelo Juruá e surgindo no Ucayali. Quando Manoel Urbano explorava o Purus, aonde chegou até o Rixala, encontrou índios que lhe disseram terem vindo de Sarayácu por um afluente. Isto pareceu-lhe engano dos índios, mas pode ser exato, se é verdade que o Ucayali se comunica com o Juruá pelo Tarauacá, e este com o Purus. Ora, é certo que os dois rios, Juruá e Purus, correm muito próximos; há ponto em que o curso de um não dista do outro mais de três dias de viagem por terra, ou cerca de 20 léguas. Fenômeno extraordinário, pois que não há aí montanhas elevadas, nem vales profundos, mas uma planície vastíssima que se estende até a Bolívia!

Tracei na imaginação o quadro grandioso dessas enormes correntes d'água, que se despejam no Amazonas, que descem do centro da América do Sul em linhas paralelas e próximas! Pesai na fantasia os desígnios do Criador que dotou esse imenso país de tantos recursos! Não é realmente o paraíso das gerações futuras, como disse Humboldt?

---

[77] O Sr. capitão-tenente Soares Pinto, ajudante da nossa comissão de limites da fronteira, com outros membros da comissão peruana, acaba de subir o Javari para levantar a sua carta. Será este o seu segundo serviço desta natureza nos afluentes do Amazonas, tendo sido o mesmo oficial que em 1864 explorou o Japurá.

E, entretanto, graças à ferrenha política do cão na manjedoura, graças ao admirável princípio do uso exclusivo para os ribeirinhos, graças à porta fechada do Amazonas que nos priva do navio estrangeiro e da especulação européia e norte-americana, ainda nem conhecemos bem as noções elementares da geografia de tão formoso território! As fontes do Nilo, que têm devorado fortunas e devorado existências preciosas, os torrados plainos da Líbia ardente, o Saara, Tombouctou, o coração da África, os gelos dos pólos, são devassados e revelados à ciência e ao mundo, apesar de um milhão de vezes mais aterradores e repulsivos; mas o centro da América Meridional, aonde se pode ir a vapor, com todas as comodidades necessárias mesmo a um turista, ainda é um mistério, ainda está coberto de problemas, ainda figura nos mapas como certas constelações longínquas nas cartas astronômicas!

Maravilhosa concepção dos estadistas europeus, o princípio do uso exclusivo dos grandes rios merece bem ser venerado pelas jovens nações da América!

IV
Huallaga e Ucayali

O Ucayali e o Huallaga são dois grandes afluentes exclusivamente peruanos.

O Huallaga, por si e por seus tributários, como o Mayo ou Moyobamba, oferece uma importante linha de comunicações com a Cordilheira. É extensíssimo, mas só aproveitável em uma quarta parte do seu curso. Até Laguna, a cinco léguas da foz, é navegável por grandes vapores em todas as estações; até Yurimaguas (109 milhas acima de Laguna) só durante a enchente; e em canoas daí até Tingo Maria, que é um ponto cerca de 40 léguas aquém da cidade de Huánuco (sobre a Cordilheira). Acima de Tingo Maria aparecem muitos passos difíceis.

Conquanto se possa descer da cidade de Moyobamba pelo rio Mayo para o Huallaga, é contudo preferido pelo comércio cortar a serra por Balsapuerto e descer pelo Paranapuras, que é uma viagem menos de metade, além de que o Mayo não é de fácil navegação.

O curso do Huallaga é mais vizinho da Cordilheira que o do Ucayali, mas este oferece navegação muito mais extensa e franca.

O Ucayali, a que os índios chamam Paro, é com efeito mais importante para as comunicações dos departamentos orientais do Peru. Raimondi pretende que seja ele navegável em toda a sua extensão por toda a classe de embarcações que se usam na navegação fluvial.

O seu primeiro braço, Santana ou Urubamba, admite vapores desde Mainiqui ou Tonquini, cerca de 65 ou 80 léguas da grande cidade do Cuzco. O outro braço, Tambo ou Apurímac, formado pela confluência de outros pequenos rios, é navegável desde essa confluência, em um porto situado a 34 léguas da cidade de Huanta. Acresce que o Pachitea, outro confluente formado pelo Picchis e pelo Pozuzo (ou Mayro), é navegável por não pequenos vapores até o porto do Mayro, que fica a cerca de 100 léguas de Lima ou do Pacífico, e a 180 de Iquitos no Amazonas,

O Ucayali interessa particularmente aos departamentos de Junin e Cuzco, que são cortados pelos braços desse grande rio, a saber: Junin pelo Pachitea e Tambo, e Cuzco pelo Tambo e Urubamba.

Da foz do Ucayali no Amazonas, ou antes de Nauta que fica fronteira à mesma foz, ao dito porto de Mayro até onde podem subir grandes vapores, há cerca de 160 léguas, e tantas são as que esse enorme tributário oferece à navegação por vapor. Anteriormente, supunha-se (e tal é a opinião seguida por Paz Soldán) que a grande navegação só era possível no Ucayali até a antiga povoação de Sarayácu, que fica cerca de 80 a 100 léguas acima da foz. Mas notícias recentes têm alargado os conhecimentos acerca desse rio. Um oficial da marinha peruana saiu em 1864 até Cailleria, que é um ponto que fica 20 dias de viagem de canoa acima de Sarayácu. Tendo ele gasto 28 dias até Sarayácu, que são cerca de 100 léguas, pode-se calcular que daí para diante andou pouco menos naqueles 20 dias. Assim, deve-se presumir que ele houvesse percorrido 500 milhas durante os 48 dias de jornada, calculando que vencesse 10 milhas por dia contra a corrente. O pequeno vapor peruano Putumayo acaba de subir o Ucayali, sem embaraço algum, até o Pachitea, donde desceu.

Pelo Mayro (braço do Pachitea) se vai até Cerro de Pazco, capital do departamento de Junin, que fica à distância de 50 léguas; e do Mayro a Huánuco (importante cidade do mesmo departamento) não há mais que 40 léguas. Do Cerro de Pazco a Nauta ou à foz do Ucayali, há 230 léguas, e de Huánuco ao mesmo ponto cerca de 220.

Pelo Urubamba (ou Santana), braço da margem direita do Ucayali, que atravessa norte – sul o departamento de Cuzco, vai-se ter a esta capital; mas a navegação acaba em Tonquini, que se acha a 70 ou 80 léguas de Cuzco. De Tonquini à foz há talvez 200 léguas de navegação.

Comparemos agora as distâncias pelos dois rios, Ucayali e Huallaga.

De Huánuco a Tingo Maria (ponto extremo da navegação por canoas no Huallaga) há 40 léguas de menos mau caminho; e de Huánuco a Yurimaguas, extremo da navegação a vapor, haverá 160 léguas. De Cerro de Pazco, que fica 23 léguas ao sul de Huánuco, e a 63 de Tingo Maria, até o mesmo porto de Yurimaguas contam-se 180 léguas. Logo os dois pontos mais importantes do departamento de Junin (Cerro de Pazeo e Huánuco), pelo Huallaga, distam da navegação a vapor 180 léguas o primeiro e 160 o segundo, das quais 120 léguas se fazem por embarcações pequenas (de Tingo Maria a Yurimaguas).

Ora, de Huánuco ao porto de Mayro (Ucayali e Pachitea) há 40 léguas por terra, o mesmo que para Tingo Maria no Huallaga; e há 50 do Cerro de Pazco ao mesmo lugar. No Mayro pode começar a navegação de vapores, ao menos de pequenos vapores. Portanto, o Ucayali dispensa cerca de 120 léguas de navegação por canoa (a distância de Tingo Maria a Yurimaguas é essa) : e ele é por isso preferível para as comunicações dos departamentos de Junin, Ancachs, Huancavelica, Ayacucho, etc.

Por outro lado, diz-se que em todo o ano o Ucayali tem água suficiente para grandes navios até Sarayácu, a 50 ou 100 léguas da foz; e daí até o Mayro há outras tantas navegáveis para embarcações menores, em todas as estações, e para as grandes durante a enchente: entretanto que na vazante o Huallaga só é navegável por navios grandes até Laguna a cinco léguas da sua foz.

Além disso, os departamentos de Ayacucho e Cuzco, e até mesmo o de Puno (conquanto pareça que a este sirvam melhor o Juruá, o Purus, o Beni ou o misterioso

Madre de Dios) têm pelos dois braços do Ucayali, Tambo (ou Apurímac) e Santana, ou Urubamba), meio fácil de encontrarem a navegação a vapor do Amazonas.

O Huallaga, porém, é o caminho natural para os distritos de Moyobamba, Tarapoto, Jeveros, etc., no departamento fluvial, e para os que lhes ficam a oeste, como Chachapoyas, Jaen e Cajamarca.

Para bem se compreender a vantagem enorme da navegação a vapor no Ucayali, basta dizer que de Huánuco a Lima, no litoral do Pacífico, há 255 milhas, segundo o viajante Herndon, e de Cerro de Pazco à mesma capital 170 milhas.[78] Ora, os caminhos entre essas cidades, atravessando a Cordilheira, são péssimos. Chegando a Lima, hão de os produtos ou seguir para o Cabo Horn, ou fazer as duas baldeações no istmo de Panamá. É manifesto que, navegado o Ucayali, lhes será muito mais fácil demandar o Atlântico pelo caminho do Amazonas, porquanto dos mesmos pontos àquele em que esse afluente pode admitir vapores, há só o intervalo de 40 a 50 léguas.

De Cuzco a Lima, ou ao porto de Callao, há 192 léguas. Callao é o mercado do departamento de Cuzco. Há outro porto mais próximo, Islay, no departamento de Arequipa, mas diz-se que para aí não há caminhos toleráveis, e haverá em todo o caso que fazer uma viagem de 120 léguas. Ora, de Cuzco a Tonquini (sobre o Santana ou Urubamba) há pouco mais de 70 a 80 léguas. Tonquini é onde pode começar a navegação nesse braço do Ucayali, como já disse. Cuzco é o departamento mais povoado; contém por si só cerca de um terço da população da República (800.000 almas). A cidade de Cuzco ocupa o centro do departamento. Vê-se daí que tributo não trará o Ucayali ao comércio do Amazonas quando for sulcado por pequenos vapores. Cuzco possui terras maravilhosas, de um futuro imenso. Aí e no Puno a criação do gado lanígero e a exportação de lãs, que já é considerável, podem desenvolver-se rapidamente com a facilidade das comunicações. Acresce que abundam as minas, e a sua exploração será um dia copiosa fonte de riqueza.

Há longos anos o Ucayali atrai a atenção dos geógrafos. A comissão de Castelnau por ele descera em 1846. Partindo de Cuzco, chegou em 7 dias ao porto de Echarate, no vale do Santana. Desse porto desceu Castelnau 180 milhas, interceptadas por cachoeiras e fortes correntezas; gastou nessa descida 13 dias, padecendo incômodos gravíssimos. Da última cachoeira, que fica a 180 milhas de Echarate, Castelnau, continuando a descer, contou 1.040 milhas, que reputa facilmente navegáveis e desembaraçadas.

Contudo, assinalou ele a Volta do Diabo, forte correnteza a 270 milhas da última cachoeira, como um passo perigoso, e diz que ainda abaixo desse lugar há outros em que o Ucayali corre com alguma violência, e alguns em que tem só três pés de profundidade. A Volta do Diabo fica acima da boca do Pachitea cerca de 200 milhas, e a 495 de Sarayácu.

A navegação do Ucayali é livre para vapores na extensão de 770 milhas, sem contar as dos seus afluentes. O governo peruano tem compreendido a grande conveniência de introduzir o vapor nesses grandes tributários, e particularmente no de que estou tratando. Já para isso possui dois pequenos exploradores, o Napo e o Putumayo. Segundo me informaram, o governo do general Pezet cuidava de mandar construir nos Estados Unidos barcos apropriados para essa navegação, quando rebentaram os movimentos

---

[78] Exploration on the Valley of the Amazon, parte I, por lieut. Herndon, p.136.

revolucionários do ano findo. É natural, porém, que o projeto se leve a cabo; e ver-se-á então como se transforma a vida econômica desses departamentos centrais do Peru, que pelo Amazonas hão de receber em direitura o sopro vivificante do comércio do Atlântico.

Há para o Peru, portanto, um problema paralelo a outro que o Brasil se propõe resolver: a introdução do navio a vapor nos rios dos seus vastos territórios orientais, a que corresponde em nosso país o prolongamento de estradas de ferro para os distritos afastados do litoral. O paquete que descer dos Andes e a locomotiva que já sobe das encostas do Atlântico serão abençoados pelo Criador, que impôs ao homem a lei do trabalho e o dotou com os desertos da terra, com as maravilhas misteriosas da criação primitiva, de que o homem há de tirar monumentos, cidades, províncias, impérios, que fazem sorrir o Senhor, e fixam o olhar satisfeito do Pai do universo.

V

Necessidade de explorar os afluentes; organização
deste serviço – Afluentes que é preciso navegar a vapor

É de um sistema de reconhecimentos e explorações que muito carece o Alto Amazonas.

Alguém já disse ironicamente que os brasileiros conhecem menos o seu Amazonas que os astrônomos a geografia da Lua.

É lamentável que, depois dos trabalhos do oficial francês Montravel sobre o Baixo Amazonas só os Srs. capitães-tenentes Costa Azevedo e Soares Pinto tenham feito reconhecimentos exatos. Ainda assim, eles o fizeram espontaneamente, sem ordem do governo.

Um trabalho completo sobre esse mundo de ilhas, canais, furos, baías, lagos, demandaria muito tempo e recursos especiais. Só quanto às bocas do Amazonas um trabalho útil ao comércio do mundo exigiria navio e oficiais dedicados por algum tempo à exploração minuciosa e à construção da respectiva carta, da qual aliás já possuímos elementos nos trabalhos de Montravel e nos do Sr. Costa Azevedo, que fez importantes estudos a propósito da questão de limites com a Guiana Francesa. A província do Pará poderia criar uma flotilha especial para esse fim, que igualmente auxilie a administração na repressão dos crimes e nas diligências policiais, porque, na verdade, o navio a vapor é ali o meio de transporte. Com efeito, já a lei do orçamento provincial de novembro de 1864 (art. 13, § 12) votou 12:000$000 para o custeio de um vapor destinado às explorações e ao serviço de polícia.

Mas é ao governo geral que incumbe organizar uma comissão de homens da ciência para as explorações e construção da carta do vale do Amazonas.[79]

O serviço de explorações deveria ser planejado sobre as seguintes bases:

---

[79] A Comissão Brasileira de Limites com o Peru, presidida pelo Sr. capitão-tenente Costa Azevedo, levantou a carta do Amazonas desde o Pará até Loreto no Peru. Esse trabalho, que compreende a linha da navegação dos paquetes, baseado em observações astronômicas, acompanhado de sondagens e outros esclarecimentos, já está em grande parte litografado, por ordem do governo imperial no Instituto Artístico do Rio de Janeiro.

– dois vapores especialmente destinados para isso, de boa marcha, calado mínimo, bem ventilados, e com acomodações para estudo e trabalho a bordo, sem forma alguma de navio de guerra, como adiante se descreverá;

– dirigidos por moços entendidos nas ciências necessárias, e práticos em trabalhos de observações;

– desligados da divisão naval respectiva, para que os não estorvem os chefes desta, que de ordinário desdenham de tais serviços científicos, e tudo embaraçam com a exigência de formalidades inúteis;

– sujeitos diretamente aos presidentes das províncias, reputados navios soltos, e libertados da papelada diária dos navios da divisão;

– munidos de escaleres suficientes, sendo pelo menos um destes movido a vapor;

– as explorações devem-se fazer nos seis meses da vazante, sendo o resto do ano para descanso, reparos e trabalhos de gabinete, como cálculos e verificações, relatórios, roteiros e cartas;

– deve cada exploração ter um vapor de marcha e dimensões regulares, como centro. Deste se destaquem escaleres a vapor e pranchas com lenha e víveres rebocadas por aqueles, para se fazerem os reconhecimentos de ponto a ponto com o vagar necessário e comodamente, sem a necessidade de viajar a remo com muita tripulação. O vapor que servir de centro irá subindo cada dia até onde devem parar os escaleres exploradores, de modo que diariamente, concluída a tarefa, possam todos recolher-se ao mesmo vapor;

– o vapor central deve de ter um salão superior, que sirva de gabinete de estudo, de desenho e observações: e além disso toldo fixo, corrido por toda a coberta, para abrigo da tripulação, acomodações especiais para combustível, pouco calado, pouco comprimento, podendo ter muita altura e ser largo;

– será preciso estimular o trabalho publicando-se sem demora os relatórios, os resultados das observações e as cartas, à medida que se forem preparando, logo depois de concluída cada exploração.

Pretender que tais explorações sejam feitas com os recursos até hoje empregados, é exigência desarrazoada. Recordo-me, é verdade, de que há sujeitos tão zelosos e dedicados ao culto do dever, como o Sr. capitão-tenente Soares Pinto, ajudante da Comissão de Limites com o Peru que, incumbido de levantar a carta do Japurá, subira este rio e o Apaporis em escaler e canoas, quase só, desprovido de tudo, sofrendo as mais duras fadigas, com gravíssimo prejuízo de sua saúde, atravessando uma região doentia. Foi assim que se obteve a carta do Japurá, duplamente preciosa pelas questões de limites com o Peru e a Nova Granada. Mas trabalhos contínuos e regulares exigem recursos próprios. É bom que se saiba quais os sacrifícios que a alguns raros funcionários desvelados têm custado os esclarecimentos que já possuímos sobre o país; é, porém, necessário que daí se tirem experiência e conselho para a boa direção de tais serviços. Imagine-se o que seja trabalhar, viver e dormir a bordo de um navio desses que ali temos no Amazonas, da canhoneira Ibicuhy, por exemplo, barco construído para o mister da guerra, impróprio para explorações; às duas horas da tarde de 16 de outubro de 1865, o termômetro (Fahr.) marcava, sob o convés, junto ao tubo condutor das caldeiras, 148°; junto à máquina 124°; na câmara de ré, 83°. Avalie-se o calor que se sofre em uma grande parte do navio. O calor da máquina comprimido, irradiando-se por um espaço estreito, aquece tudo e torna insuportáveis os alojamentos inferiores de popa a proa. Mesmo durante a noite, não são eles habitáveis. O incômodo de saúde é grave : a gente da máquina não lhe resiste. Nos vapores destinados a explorações dever-se-á, portanto, atender à necessidade de grandes frestas no convés em todo o prolongamento da parte que cobre a máquina, em forma de xadrez de ferro. Na parte do costado, correspondente à mesma máquina, deverá haver outras frestas idênticas, ou grandes vigias-óculos. Melhor seria que toda a parte do costado e a do convés, que encerram a máquina fossem compostas, desde pouco acima da linha d'água, de peças amovíveis, que se tirem em viagem pelo rio acima, ficando o maquinismo ao ar livre e bem ventilado o navio.

As observações que consigno a respeito do serviço de exploração do Amazonas são o resultado de exame ocular e dos avisos de pessoas profissionais. Cuido que não passarão despercebidas do governo, que deve empenhar-se em não deixar corromperem-se no ócio as brilhantes qualidades que estão ostentando no Paraguai os nossos oficiais de marinha, e os há de aproveitar em rudes, mas honrosos estudos sobre o seu rico país, ainda tão desconhecido.

Para concluir esta parte do meu trabalho, indicarei os afluentes do Amazonas onde é preciso, desde já, introduzir o vapor. São os seguintes:

Ucayali (Peru)

Purus

Madeira

Mamoré, ou Alto Madeira (Bolívia)

Negro

Tapajós

Tocantins

O governo do Brasil careceria ter, da sua parte, os seguintes vapores:

1 – Na província do Pará, um para seis viagens por ano ao Tapajós, o qual faria também a navegação acima de Cametá no Tocantins, e para Portel e Melgaço.

2 – Na do Amazonas, outro para o Baixo Madeira, que faça uma viagem mensal, podendo esse mesmo vapor subir seis vezes anualmente o rio Negro até as suas cachoeiras.

3 – Na mesma província, outro para suprir ao segundo nas suas faltas e acidentes, e para servir as diligências súbitas e a polícia do Amazonas, sendo que a respectiva administração carece de tal vapor com urgência.

Todos esses navios devem ter a maior marcha possível, reunir as condições gerais acima indicadas, e prestar-se ao serviço de reboque de pranchas e canoas. Nada mais necessário, com efeito, quer em relação ao vale do Amazonas, quer aos de outros dos nossos rios, e principalmente do São Francisco, do que a navegação barata dos afluentes e do próprio tronco. Os grandes vapores, como os da Companhia do Amazonas, têm a inestimável vantagem da regularidade e velocidade; mas em geral o comércio perde nas tarifas mais do que ganha com aquilo. Daí a necessidade de se aproveitarem nos nossos rios as invenções tão úteis nos Estados Unidos e no Indostão. No trem fluvial de Bourne, v. g., o vapor é uma verdadeira locomotiva, à qual se prendem, como vagões de carga, pranchas ligadas por maneira que todo o comboio constitui um cômodo e seguro sistema de articulações. Citarei a este respeito o que a propósito do rio Negro dizia em 1862 o Sr. major Coutinho:

"Será muito mais econômico e vantajoso o estabelecimento de vapores de reboque, como se usa em alguns rios da Europa, do que navios solitários, servindo para carga e passageiros, principalmente quando a população é ainda diminuta em alguns rios. As nossas relações comerciais para certos pontos não são tão importantes que exijam essa rapidez de transporte, como certamente não têm muitos países adiantados. Não há nada melhor do que viajar com presteza, reconhecemos; mas não é só à comodidade de alguns povoados que se deve atender, e sim à de todos os habitantes da província. Todos sabem que quando se trata da navegação dos rios, a dificuldade que se apresenta é a corrente, resistência contínua, e superada vantajosamente só pela força do vapor. Na descida acontece o inverso; a corrente é mais um meio favorável de que dispõe o navegante. No Amazonas uma canoa grande caminha regularmente vinte léguas por dia descendo, e mais facilmente estando bem carregada. Em nossas estradas ordinárias de outras províncias, o mais que pode avançar um comboio são oito até dez léguas. O transporte pelos rios, águas abaixo, economiza, pois, metade do tempo da viagem. Pela forte corrente que tem, o Amazonas apresentaria alguns obstáculos ao transporte de batelões rebocados por um vapor, mas assim não acontece em seus afluentes, onde a corrente é muito menor. Com a despesa que se faria com um vapor próprio para carga e passageiros, podiam-se obter duas locomotivas e os necessários vagões. Também uma mesma locomotiva serviria para os transportes de dois ou mais rios que não distassem muito. Conduzidos os vagões até os pontos de escala na parte superior dos rios, voltava o rebocador, e seguia para outro lugar. Os vagões demorar-se-iam 8 a 10 dias recebendo carga, descendo depois com facilidade. Por este meio evita-se uma grande dificuldade, que é não ficarem os gêneros desabrigados por falta de armazéns, e não terem os lavradores de demorar-se muitos dias nos pontos de escala. No rio Negro, onde a corrente é tão fraca, o trânsito dos comboios se faria comodamente."

É tempo de passar a outro assunto. Ao deixar a carta variada dos afluentes do pai do oceano, deve-se volver um olhar admirado por esse maravilhoso sistema de comunicações. Pode-se dizer que maior do que isto só é o Universo. O Amazonas, dizia-me um amigo, com as suas inúmeras ilhas, ilhotas, furos, braços, lagos, afluentes, rios e mais rios, é como o firmamento com a sua imensidade de constelações. Com efeito, para se procurar uma imagem adequada a estas grandezas enormes, é preciso ir buscá-la no fantástico cômputo de estrelas, de constelações e de distâncias, que a astronomia exprime por milhões de astros e por milhões de léguas.

CAPÍTULO SÉTIMO

CONSIDERAÇÕES GERAIS

A tese desenvolvida neste segundo estudo sobre o vale do Amazonas chega à mesma conclusão sustentada no primeiro: a liberdade comercial. Quatro anos de intervalo não modificaram, antes robusteceram a convicção do autor.

Liberdade de comércio e de indústria é o princípio consagrado por nossa constituição, e largamente admitido em nossas leis. Há, entretanto, restrições. A exclusiva navegação do Amazonas por seus ribeirinhos é uma das que ainda subsistem. Depois de combatê-la em si mesma, resta assinalar certos embaraços locais, cuja remoção facilitaria o estabelecimento de imigrantes, de que tanto carece aquele mediterrâneo fluvial.

I

Impostos locais exagerados – O comércio dos regatões – As diretorias de índios; a catequese; os padres – A civilização pelo cruzamento das raças

Nas províncias do Pará e Alto Amazonas, as mercadorias de exportação, o comércio ambulante dos regatões[80] e o das lojas situadas fora dos povoados, sofrem imposições que me parecem prejudiciais à prosperidade daquela região. Eis um resumo dessas taxas segundo as últimas leis dos orçamentos municipal e provincial:

A borracha paga, na província do Pará, pelo desembarque em Belém, 8% ; pela saída, 5% ; imposto municipal do distrito produtor, 3%, total: 16%. Reunindo o imposto geral (exportação) de 7%, o total dos direitos sobre esse artigo sobe a 23%. Na do Alto Amazonas, o mesmo produto paga 15% à província pela exportação, e 3% ao município produtor; total: 18%, além dos 7% do imposto geral, que se cobra na alfândega do Pará.

Da mesma forma paga o cacau 5% na saída à respectiva província, 3% ao município que, com os 7% gerais, fazem 15%.

No Pará, o tabaco paga um pouco mais: 15% à província, 3% ao município, e 7% gerais; total: 25%.

Uma casa de negócio situada fora das cidades, vilas e freguesias, paga, no Pará, 200$000, dos quais 175$000 de imposto provincial e 25$000 do municipal; e na do Amazonas 70$000, sendo 60$000 do primeiro e 10$000 do segundo.

Cada canoa empregada no comércio de regatão sofre as seguintes taxas: no Pará, 175$000 de imposto provincial e 25$000 do municipal; ao todo 200$000. No Alto Amazo-

---

[80] Os regatões são os traficantes que levam em canoas, por todos os rios, lagoas, furos e lugares, mercadorias estrangeiras ou nacionais, e as vendem a dinheiro, ou as permutam pelos produtos do país. O comércio interior do Amazonas não se faz geralmente por intermédio da moeda, mas pela troca de objetos.

nas, sendo o imposto provincial 100$000 e o municipal 8$000, o total das taxas é 108$000.

Tais impostos são evidentemente excessivos. Só os 8% no desembarque da borracha produzem 200:000$000 no Pará, um quarto da receita desta província, segundo o orçamento de 1864.

A taxa sobre canoas de regatão e lojas fora dos povoados merece maior reparo. O que determinou esses impostos não foi somente o zelo da moralidade e a proteção aos tapuios, que na verdade são espoliados pelos pequenos comerciantes e pelos regatões. Estes fazem concorrência aos comerciantes estabelecidos nos povoados, que aliás não são geralmente mais moralizados; e como estes últimos são às vezes influências políticas, fácil é compreender que os seus clamores fossem atendidos. Para bem se compreender o caráter do imposto sobre regatões, que gradualmente tem sido elevado, e que ali se deseja aumentar até proibir o respectivo comércio, darei uma notícia segundo as informações da coletoria de Óbidos. Neste município existem 23 canoas empregadas no comércio de regatão. O município é extensíssimo, como todos no Amazonas. O regatão percorre-o levando mercadorias de todo o gênero, fazendas, licores, ferramentas, etc., a cada sítio e a cada choupana situados nas paragens mais recônditas, nas aldeias dos índios, nos quilombos de negros do Trombetas, nas cabeceiras dos rios ou no fundo dos lagos. Cada canoa leva um a três contos de réis em gêneros. É, pois, um comércio extremamente pequeno; mas, entretanto, paga as seguintes taxas: 175$000 à coletoria provincial; e à Câmara Municipal 25$000 de taxa, 5$000 de registro, 2$600 de selo, 40 rs. por cada arroba de cacau, 20 rs. por cada arroba de peixe, 100 rs. pela de carne seca, etc. De maneira que um regatão que transportar a diminuta quantidade de 1.000 arrobas de cacau, 200 de peixe e 100 de carne seca, pagará de imposto anualmente 261$600. Como bem assinala o relatório do Presidente do Pará em 1864, o Sr. Couto de Magalhães (pág. 10 e seguintes), esses impostos têm o caráter proibitivo, e o que cumpre fazer é aboli-los: a abolição tornará a respectiva indústria mais vantajosa, e homens honestos hão de exercê-la, enquanto que hoje os regatões espoliam os índios para compensarem com lucros ilícitos o gravame das taxas que pagam.

Esses impostos pouco rendem. Na província do Amazonas, durante os últimos anos, a taxa provincial sobre lojas fora dos povoados apenas produzia de 200 a 400$000; e a sobre canoas de regatões de 3 a 4:000$000. Na do Pará, a receita proveniente da primeira foi orçada, para o ano de 1865, em 46:375$000, e a da segunda em 27:650$000. As exações e vexames que elas ocasionam não são compensadas por tão pequena renda.

Os presidentes de província e alguns viajantes descrevem com energia a imoralidade do comércio dos regatões, que abusam da ignorância dos índios e que não respeitam nem os laços matrimoniais nem a virgindade. Creio, contudo, que o meio mais adequado de remediar o mal não é tentar debalde preveni-lo com impostos exagerados, que oneram ao consumidor, o índio e o mestiço, que são incentivos para as espoliações dos traficantes; penso que só seria eficaz a repressão imediata dos abusos verificados e a aplicação de penas administrativas, de que uma lei armasse os presidentes, como deveria ser a deportação dos delinqüentes, recurso indispensável ali contra certos mercadantes cujos maus costumes e improbidade não são excedidos por ninguém[81]. Conquanto reconheça os abusos e crimes que muitos regatões

---

[81] Em uma carta do Rev. MO Sr. D. Antônio, bispo do Pará, ao Sr. Ministro do Império, em data de 21 de

praticam e confesse a necessidade de uma repressão ativa e eficaz, repito que prefiro as providências deste gênero às medidas preventivas e ao imposto proibitivo. Estes redundam definitivamente contra os produtores e os consumidores do Amazonas. A canoa do regatão é uma loja ambulante, indispensável naqueles desertos imensos. Pretender, como ali se tem querido, que cada produtor venha aos povoados na sua canoa trazer a sua borracha ou os seus gêneros, e comprar os artigos de que careça; pretender que cada índio ou cada família faça isso periodicamente, atravessando enormes distâncias, gastando muitos dias, interrompendo o seu trabalho; preferir isto ao movimento natural das transações, segundo o qual, pela lei da divisão do trabalho, o regatão é o intermediário que economiza tempo e despesa de produção, fazendo o transporte em proveito de todos; pretender que em uma região, cujas indústrias extrativas determinam e provocam a disseminação dos habitantes, a população se concentre à roda dos seus raros povoados, não me parece sensato, nem medida econômica. O tempo, o abandono das atuais indústrias, os processos agrícolas, a moralidade que se difundirá com o progresso da civilização, é que hão de alterar as práticas do pequeno comércio, e suprimir os usos que hoje excitam justa indignação.

Este modo de encarar a questão é combatido geralmente, porque se reputa indispensável um sistema de tutela para os países povoados por uma raça decaída, como é a dos indígenas do Amazonas. Desde o tempo das primeiras descobertas, os espanhóis se esforçaram por sujeitar a um regime forçado, ou fosse pelo governo militar, ou pela catequese sacerdotal, o trabalho dos índios. Daí perpetuou-se na tradição dos governos cristãos a idéia de um despotismo organizado, como meio de educação e incentivo de trabalho para os índios. O que esse sistema produziu em nosso país, a opressão, as matanças e os roubos que o acompanharam, nossa história, como a de todos os Estados americanos, o refere largamente. Deste bárbaro

dezembro de 1865, lêem-se as seguintes palavras (pág. 6) : "São os regatões negociantes de pequeno trato, que em canoas penetram até aos mais remotos sertões para negociarem com os índios. É difícil imaginar as extorsões e injustiças que a maior parte deles cometem, aproveitando-se da fraqueza ou ignorância desses infelizes. Vendem-lhes os mais somenos objetos por preços fabulosos tomam-lhes à força ou à falsa-fé os gêneros; quando muito compram-nos a vil preço e muitas vezes embriagam os chefes das casas para mais facilmente desonrar-lhes as famílias. Enfim não há imoralidade que não pratiquem esses cúpidos aventureiros."

Bates refere-se por vezes às deslealdades e aos crimes cometidos contra os índios, contra o próprio pudor das mulheres, às depredações, às lesões enormes, ao rapto de crianças reduzidas ao cativeiro, e às opressões dos mesmos diretores ou comandantes de aldeamentos, como sendo as causas mais graves da antiga repugnância dos indígenas ao trato e relações com os homens brancos. Eis aí, pois, um assunto que deve preocupar muito as autoridades superiores das duas províncias. Pesa-me manifestar aqui, com esse viajante verdadeiramente estimável, a indignação que em todos os amigos da civilização devem produzir as cenas de perversidade exibidas pelos mercadores do Amazonas. Esta qualidade de imigrantes, em cujo tipo predomina a avidez clínica, tem realmente desmoralizado e corrompido o próprio povo das cidades e aldeias. Com o espírito de ganância eles inoculam no país a sua beatice estúpida, ostentam os ritos do seu culto ridículo, as suas festas que recordam a origem dos pagodes orientais, com o barulho, os foguetes e a mascarada de um exagerado culto exterior, sustentado aliás com o fim claro do negócio. (V. Bates, págs. 88 e 89, do 1.º vol. *The Naturalist on the Amazon.*)

Para esse estado de coisas só há um remédio eficaz: a liberdade da navegação, a freqüência de imigrantes dos países do norte da Europa e América, a introdução de ar livre naqueles pulmões corrompidos.

sistema pouco resta hoje, assim como poucas tribos povoam o nosso território. Nas vastas planícies do Solimões (Alto Amazonas) apenas se contam cerca de 17.000 mil índios de diversas tribos aldeadas. Quem estuda a índole dos índios, reconhece logo quanto fácil é aos seus diretores oprimi-los e corrompê-los. O índio é trabalhador, pacífico, humilde, de uma boa fé infantil, de um desinteresse incrível, sóbrio e vigoroso. Mas o recrutamento, a guarda nacional, as eleições, o delegado, o comandante, o regatão, o vendilhão, o traficante de crianças, o vexam, estragam e amedrontam. Trabalha rudemente, mas é explorado e roubado, é perseguido e infamado. "Desde que se lhes pague regularmente o salário, 12$000 a 20$000 por mês, em mercadorias quase sempre (dizia-me o Sr. Sepeda, estimável proprietário de Tajipuru no Pará), não me faltam para tripular canoas, e para o serviço da lavoura de cana-de-açúcar e farinha. Tenho índio que vive e trabalha comigo há 10 e 15 anos sem nunca abandonar-me. São os índios, acrescentava, de uma fidelidade exemplar; nós lhes entregamos às vezes centos de arrobas de borracha que conduzem à capital, e volvem com o preço em ouro ou papel, às vezes três, cinco e mais contos de réis."

A legislação em vigor sobre os índios, sua catequese e aldeamento, propunha-se um fim proveitoso: regularizar o trabalho; mas produziu o que se não devia esperar, a espoliação do índio. O diretor de índios é seu ladrão oficial. A portaria de nomeação de diretor, dizia-me um antigo navegante do Solimões, é uma carta de crédito; com ela o novo diretor apresenta-se ao negociante da cidade, pede um abono de mercadorias, sob promessa de pagar com o produto do trabalho dos índios, que colhem a borracha, a salsa, a castanha, e recebem do diretor uma insignificante parcela das mercadorias abonadas. O índio não percebe salário em dinheiro : a permuta de gêneros é o meio de roubá-los. "Nas minhas longas peregrinações pelos afluentes do Amazonas, acrescentava o mesmo informante, convenci-me de que o diretor de índios não presta serviço ao público, nem ao menos fornece remeiros aos navegantes que careçam; quando eu precisava de índios, entendia-me pessoalmente com estes, e nunca faltam eles a quem os alimenta bem e lhes paga em dia."

Ora, os aldeamentos não prosperam. São estacionários ou decadentes. Não valerá mais restituí-los ao direito comum, ao regime das autoridades civis? O relatório do presidente do Pará, Sr. Couto de Magalhães (1864, pág. 12), fulminando severamente os abusos dos diretores, propunha que sejam abolidos e dizia que essas autoridades sujeitam os míseros índios a uma verdadeira servidão; que a presidência recebe repetidas queixas contra eles; que a ação do Estado a respeito dos índios se deve limitar a punir os crimes contra eles cometidos. No mesmo ano, em seu relatório (pág. 37), o presidente do Alto Amazonas, o Sr. Adolfo de Barros, dizia que seria benefício para o índio libertá-lo dos diretores, que denomina perseguidores oficiais; e acrescentava estas palavras: "Não conta o índio por via de regra inimigo mais desapiedoso, nem mais cúpido, do que esses titulados tenente-coronéis (os mesmos diretores) ; e as cruezas, abusos e despotismo exercidos por eles são muito mais fatais à obra da catequese e civilização, porque partem da autoridade e realizam-se em nome dela." Concluía o digno presidente asseverando que não preencheria as vagas de diretor de índios que fossem ocorrendo. Na carta do Sr. bispo, já citada, diz o ilustre prelado: "Os melhores diretores parciais (raríssimos se contam destes) são os que negligenciam as obrigações do seu cargo e não se importam absolutamente com os índios. Os demais não se hão de chamar diretores. Sr. Ministro, senão senhores de índios, e que senhores! Não quero contristar o ânimo de V. Ex.ª com relatar-lhe as atrocidades, os despotismos, as injustiças clamorosas praticadas por esses funcionários em nome e sob a égide do Governo... Anda o triste índio afugentado, oprimido, despojado, escravizado, como nos tempos da conquista, e até em certos lugares vendido meio às escondidas, como mercadoria de contrabando. Tenho testemunhado eu mesmo estes fatos e inda mal, que se explicam mui naturalmente! Não oferecem em geral os pretensos diretores garantias suficientes para cargo de tal porte. As simples honras de tenente-coronel com que os galardoa o governo, não são suficientes para decidir homens sisudos, inteligentes, de abonada reputação e probidade a renunciarem aos cômodos da civilização para irem por aqueles imensos desertos viver com índios boçais."

Muitos entendem que, abolidas as diretorias já condenadas pela experiência, não é tempo ainda de libertar os índios da tutela tradicional, que não é oportuno estender-lhes o regime civil comum, que antes cumpre retroceder ao sistema colonial, confiar os indígenas à catequese do clero, organizar como outrora as missões dos índios e a redução do gentio, e que isto se deve fazer em uma vasta escala, sob a direção dos bispos, às expensas e com a proteção do Estado. Um recente aviso do Sr. Ministro das Obras Públicas autorizou a presidência do Amazonas a suprimir os diretores parciais de índios, e ordenou que a direção moral e material dos mesmos fosse incumbida aos missionários, sem tornar este serviço dependente imediatamente do bispo. Confesso que muito confia no zelo apostólico do digno prelado do Pará, caráter enérgico e homem de fé viva; mas não creio em tal sistema. O regime militar dos diretores atuais sucedeu às antigas missões dos padres, que se desacreditaram e às vezes embaraçavam a autoridade civil; em relação a elas, o regime das diretorias foi um progresso. Nos Estados Unidos e na República Argentina, onde os índios ainda vivem em tribos, não é o governo, nem é pelo auxílio do governo que a catequese se faz; ninguém acredita nesses países que possa um sacerdote ensinar agricultura e ensaiar nas indústrias a um indígena; apela-se para a ação do tempo e para a prática com a gente civilizada, que lentamente transformarão se não os índios atuais, ao menos os seus descendentes. Que a Igreja, porém, pregue e exerça a catequese, nada impede; é o seu direito: mas não construamos sobre essa catequese uma esperança vã, não a reputemos medida administrativa, nem escola profissional.

Demais, o estado do clero no Amazonas excita ardentes queixas. Que pessoal! Que ignorância! Que depravação! Está a instrução pública geralmente confiada aos vigários na província do Alto Amazonas; entretanto, o que é essa instrução? Pelo que observei, nada poderia depor mais contra a incúria e a incapacidade dos padres. Se isto, que não é serviço penoso, e é remunerado pelos cofres provinciais, não prospera, o que se há de esperar da catequese nas brenhas? Contemplai o aspecto dessas miseráveis palhoças, a que na maior parte das povoações do Amazonas se chamam Igrejas; elas ostentam a incapacidade do clero e a ausência do sentimento religioso; se há igrejas, é preciso que as venham construir engenheiros oficiais com dinheiro dos cofres. Se a religião é assim nos centros de população cristã, o que poderá ser nos desertos, nas florestas, entre o gentio? No próprio litoral do Amazonas, nas vizinhanças das capitais, que tarefa e que seara para o clero inteligente e honesto, para essa plêiade de jovens sacerdotes que o venerável atual prelado, porventura desenganado dos padres que encontrou, procura formar no rigor da disciplina, em Roma e nos seminários do Pará e Manaus! Mas recordai-vos daquele clima ardente, daquela geral dissolução de costumes, daquela moléstia endêmica da concupiscência, da estúpida inocência daquelas mestiças e índias, da embriaguez, do trabalho comum na pesca, das festas e pagodes de aldeia... Ponde no meio desses costumes, que o hábito não considera escandalosos, um sacerdote, um jovem, um filho dessa sociedade pouco severa, e dizei se o celibato resiste às paixões alvorotadas pelo espetáculo do escândalo.

Torno ao mesmo ponto de vista assinalado em outra ocasião.[82] O celibato clerical, uma dolorosa utopia em toda a parte, o que será no vale do Amazonas? Uma causa fecunda de males, que o governo civil deve procurar remover.

É desagradável reconhecer a ineficácia da catequese; é tanto um dever confessá-lo, como render sincera homenagem à dedicação daqueles que nisso crêem, que ainda ousam renovar tão árdua empresa.

Não é felizmente a administração civil, não são os jesuítas e as principais autoridades que espoliam e oprimem os nossos índios, como acontece no Peru, onde aliás se aboliu o trabalho forçado, na Bolívia, onde ele existe. Pode-se afirmar que os índios no Brasil são menos vexados, que nesses territórios limítrofes, onde os abusos não conhecem repressão. Cumpre-nos, porém, em honra das nossas livres instituições, melhorar o regime atual, não restabelecer as diretorias de índios, abolir as que ainda existam, reprimir severamente as exações de algumas autoridades, comandantes de fronteiras, agentes de polícia ou chefes da chamada guarda nacional, e punir sem demora os crimes dos regatões. Nada esperemos, porém, da tutela oficial. Já o índio é útil, já ele produz e consome; já vai ele passando do estado bárbaro ao semicivilizado. O cruzamento de raças em todas as povoações vai fazendo surgir uma população nova, esses mestiços tão vigorosos, quanto inteligentes e aptos para os rudes trabalhos daquele clima. A ciência provará que os elementos não indígenas, o sangue caucásico ou o africano, já predominam nos povoados. O índio puro, o índio primitivo desaparece, deixando atrás de si uma descendência mais dócil, mais viva, mais inclinada ao influxo da civilização. A população mestiça aumenta sempre, e ela é a indústria que produz e exporta, e o consumidor que provoca a importação; é a navegação, é a prosperidade, é o verdadeiro catecúmeno do século XIX, assim como o comércio é o seu verdadeiro catequista.

Entretanto, não é raro ali ouvir lamentar a ausência das companhias de trabalhadores há pouco suprimidas, do regime forçado da Bolívia, e das missões dos jesuítas. Mas o que isso produziu? Perpetuou o embrutecimento, não deixando nada duradouro atrás de si, e atestando a sua esterilidade por essas tristes cabanas ou essas cruzes melancólicas das aldeias abandonadas. Renunciemos francamente ao regime forçado; chegaremos mais depressa a um resultado melhor pela liberdade de comércio, pelo cruzamento das raças, pela boa administração, pela moralidade dos padres e dos funcionários civis. Imaginai esse mediterrâneo fechado aos navios estrangeiros, e entregue ao zelo sacerdotal e à tutela administrativa: não seria isto a restauração no vale do Amazonas das missões americanas dos séculos XVI e XVII?

[82] V. o Apêndice I.

II

O tráfico de índios; a escravidão no vale do Amazonas – Imigração para o Amazonas; salubridade do país; lugares preferíveis – Conclusão

Não terminarei sem falar no tráfico de índios selvagens que, raptados das tribos ou permutados por seus pais e chefes, vão em nossas povoações ou nos arredores servir sem salário, como se fossem escravos.

Desde tempos imemoriais servem-se os brancos dos índios, que recolhem em suas casas e educam nos hábitos da sociedade. Não é desses, porém, que falo; falo dos que são roubados ou comprados nas tribos para servirem nas plantações e nas feitorias. No Solimões há mercadantes ou regatões que carregando nas canoas, machados, miçangas, aguardente, etc., sobem os rios desertos, o Japurá, o Içá e outros, e a troco desses objetos ou à força conseguem trazer índios selvagens aos povoados do litoral, onde os cedem (ou os vendem) a quem os deseja. Quando passei em Tefé (13 de novembro de 1865) o juiz municipal formava processo a um negociante português, que praticara esse comércio criminoso, punido por nossas leis, no rio Japurá. Ouvi ali nomear diversas pessoas, a quem se imputava cumplicidade nesses atos. Dizem que no Alto Japurá se compra um índio por um machado; os próprios pais os vendem aos traficantes. Em Coari, Tefé, Tocantins, S. Paulo, encontram-se os miranhas do Japurá e do Içá reduzidos à servidão desde longa data. Alguns deles são trazidos das tribos que habitam o território de Nova Granada, circunstância que um dia poderá ocasionar desinteligências e queixas desagradáveis para o nosso pundonor nacional. Cumpro um dever acrescentando que as autoridades da comarca e da província procuram reprimir estes fatos, mas é lícito supor quanto difícil seja alcançar ali as provas de um crime inveterado e a condenação pelo júri, onde os juízes são porventura os cúmplices dos réus. Mas há um motivo que deve também acender o zelo dos altos funcionários, e fazer avivar este delicado negócio na lembrança do governo imperial; a saber, a lamentável mortandade que dizima os índios reduzidos à servidão. Como sucedia com os negros importados de África, ou seja por causas morais, ou seja por maus tratamentos em uma longa e penosa viagem, chegam os índios fracos e abatidos: uma profunda nostalgia, moléstias e sevícias arrebatam por centenas os miranhas empregados nos estabelecimentos de Tefé. Não pretendo exagerar as proporções deste crime, mas as informações que consigno hão de servir para estimular o zelo do governo, a quem não escaparão as tristes conseqüências dessas atrocidades.

Com o índio sujeito a trabalho sem salário, coexiste no Amazonas o negro escravo. O primeiro abuso será extirpado facilmente pela intervenção das autoridades, que façam respeitar a lei contra a redução de pessoas livres ao cativeiro. O segundo, porém, não é tão fácil de desaparecer, porque carece de lei. Ora, o vale do Amazonas só tem escravos nas duas províncias brasileiras; o último dos estados limítrofes, a colônia holandesa, já viu promulgada a abolição. No território do Brasil cortado pelo grande rio, não há mais de 31.000 escravos sobre uma população livre de 220.000 habitantes. Na mais remota das duas províncias, a do Alto Amazonas, há somente 880 escravos sobre 39.500 livres, ou 1:45. Nas províncias fronteiras, estou convencido de que cumpre abolir desde já a escravidão quanto aos recém-nascidos, e dentro de um período curto quanto a todos os escravos existentes. Nisso interessam a segurança do Império e a sua dignidade. Eu não acredito que a abolição seja acompanhada das desgraças irreparáveis que alguns figuram, se ela se verificar com prudência em qualquer parte do Império, ou em todo ele simultaneamente. E tenho por certo que no vale do Amazonas não só se pode efetuar a abolição sem abalos, como que se pode ela fazer mais depressa que em qualquer região. Eis os motivos : é esse o ponto do Brasil em que o comércio há tido mais rápido incremento, subindo a 300% em 15 anos. Ora, aí o trabalho é geralmente livre. O trabalho a salário é conhecido e usual. Assim, a abolição da escravidão pode passar pelo Pará e pelo Alto Amazonas sem afetar a base da sua prosperidade. O mais valioso produto da exportação dessas províncias é a goma elástica; pois bem, não é o escravo que a prepara, é o índio. Digo o mesmo da quase totalidade dos gêneros que se exportam pelo Pará.

O trabalho escravo só domina na lavoura de cereais e nos engenhos de açúcar, que aliás não são muitos. Não há no Brasil, portanto, parte alguma de mais certa e mais ascendente prosperidade. Ali tranqüilo pode o capitalista adiantar sobre o futuro. Ali o progresso do passado é fiador do progresso de amanhã, Qual é a outra província do Império de que se possa dizer mais? Nem Santa Catarina, nem Paraná, nem Ceará.

A desconfiança que as indústrias das grandes províncias, baseadas sobre o trabalho escravo, inspiram aos capitais estrangeiros, as dúvidas e incertezas sobre o futuro que amesquinham as aspirações do nosso presente, não cabem ali, naquela afortunada região. Direi a propósito como um escritor da *Révue des deux mondes:* "Um processo de conseqüências formidáveis debate-se surdamente entre o trabalho livre e o trabalho escravo nas profundezas da sociedade brasileira. Que nesse processo os ribeirinhos do Amazonas rompam toda a solidariedade com os seus compatriotas do sul: libertem eles os seus raros escravos e façam instruir os índios; destarte escaparão às incertezas do futuro, e poderão, sem temor das convulsões sociais, desenvolver os imensos recursos do seu magnífico território. Então somente hão de eles descobrir em suas florestas esse Eldorado fabuloso, que por longo tempo procuraram tantos conquistadores votados à morte."

Felizmente, para desenvolver esses recursos, pode o Amazonas também apelar para a imigração. Posto que rápida, a minha viagem convenceu-me disto.

Verdade é que as experiências coloniais da Companhia do Amazonas foram mal sucedidas. Estas, porém, nunca foram dirigidas com perseverança, nem com o propósito resoluto de levar-se a cabo a tentativa. Ilhéus, espanhóis e portugueses, e quaisquer imigrantes de climas meridionais, podem ali suportar o trabalho do campo. Núcleos agrícolas hão de necessariamente prosperar no Amazonas. As principais povoações recebem do exterior, por via do Pará, os gêneros de primeira necessidade. Como a indústria dos habitantes é geralmente a colheita ou o preparo dos produtos naturais, pouco plantam. Do Pará vem a Manaus tudo, tudo, desde a farinha até o sal, e é do Baixo Amazonas que Manaus recebe o próprio gado.

Mas diz-se: o imigrante não resistirá ao clima ardente do equador. Esquecem uma circunstância importante: o calor é mitigado por uma densa umidade: a temperatura à noite é deliciosa. O Amazonas não é a zona tórrida. Por outro lado, pode-se dizer que a salubridade do grande vale é incontestável. A este respeito a opinião contrária vai-se modificando sensivelmente. Em uma carta dirigida à Assembléia Provincial do Alto Amazonas (1863) eu aduzi o testemunho de Bates, naturalista inglês que percorreu toda a linha do nosso território, e em alguns lugares, como Tefé, residiu meses e até anos. "A questão do clima (escrevia eu) parece-me esclarecida por fatos notórios. No Alto Amazonas, por exemplo, diz Bates, só os terrenos baixos se prestam pouco a estabelecimentos, mas são inteiramente próprios para eles os terrenos elevados chamados terra firme, que às vezes se estendem por milhas. A começar da foz do grande rio, pode-se afirmar que o distrito de Belém é perfeitamente salubre. O calor não é ali tão incômodo como no verão em Nova York ou Filadélfia. A umidade é tolerável. Os estrangeiros gozam de perfeita saúde. A beleza, fertilidade e salubridade do município de Cametá são apregoadas. Santarém é tão interessante pela perspectiva que oferece, como notável por seu clima. Esse clima delicioso *(glorious,* na frase de Bates) é o de um território eminentemente produtivo; ele é seco, e não são aí contínuas as chuvas. O solo, areiento e não de aluvião, é o prolongamento das vastas planícies do interior do continente. Manaus tem uma reputação antiga de fertilidade, beleza e de excelência de clima. As margens do Solimões ou Alto Amazonas são perfeitamente habitáveis. Bates afirma que ele tolerava o calor tão bem como se fora um indígena, e até acrescenta que os europeus sem dúvida resistem à temperatura elevada melhor que os próprios naturais. Segundo ele, é a ausência absoluta de higiene, a repetição de banhos mesmo durante a febre, os frutos agrestes ou não sazonados, a falta de alimentos ou sua má qualidade, que explicam as moléstias do Amazonas, aliás tão exageradas por vários viajantes.[83]

Podemos, porém, considerar esta questão como resolvida definitivamente depois do juízo emitido pelo professor Agassiz, que residiu por quase dez meses no vale do Amazonas. Nenhuma opinião, com efeito, poderia ser aqui melhor invocada; transcreverei, pois, do *Jornal do Comércio* de 18 de maio de 1865 o resumo de uma das admiráveis preleções do ilustre sábio perante um escolhido e numerosíssimo auditório desta cidade:

"Algumas palavras a respeito do clima. A temperatura atmosférica é o mais das vezes de + 28º a + 29º. Raras vezes desce de + 25º; raras vezes também é superior a + 32º ou + 33º. A variação oscila entre 8 e 12º. Doze graus, eis o extremo, a variação mais ordinária é apenas de 8º. Ora, na zona temperada, os extremos de temperatura podem apresentar uma diferença de 50º. Mudanças de 30º em uma hora não são raras nos Estados Unidos. A diferença entre o máximo e o mínimo pode ser de 40º no espaço de 24 horas. Cinqüenta graus podem ser a diferença entre a mais alta e a mais baixa temperatura de um ano. Já se vê que tamanhas e tão repentinas variações no calor atmosférico devem por força impressionar profundamente os habitantes do país. Não reagem elas somente sobre seu físico, senão também sobre os

---

[83] M. E. Réclus, na *Révue des deux mondes* de 15 de junho de 1862, foi levado, pelas informações de um escritor alemão, a exagerar o caráter das febres paludosas do Baixo Amazonas; mas ele reconhece a causa principal disso na inobservância dos preceitos higiênicos, e não exclui, antes admite a possibilidade de se acomodarem ao clima os emigrantes das próprias regiões do norte da Europa, da Alemanha, da Irlanda, etc. Pode-se a este respeito citar a opinião de Gonçalves Dias, que em uma das cartas escritas de Manaus em 1861, dizia o seguinte: "A exageração está em suporem-se mais graves e mais freqüentes as moléstias do que elas realmente são. A ignorância ou menosprezo dos mais comezinhos preceitos da higiene, a carência dos medicamentos os mais vulgares, a falta de professor que os aplique, a ausência de todas as comodidades da vida, e as mezinhas dos curandeiros, é isto o que torna as moléstias freqüentes, o que as agrava e prolonga, e o que muitas vezes concorre para que terminem fatalmente."

seus costumes, sobre o seu trabalho, e até mesmo sobre seu sistema social.

A uniformidade da temperatura do vale amazônico, a pouca intensidade das variações termométricas influem também sobre o caráter de seus habitantes, Todavia o clima, uniforme e úmido, é mui salubre, muito mais do que se poderia supor, incomparavelmente mais do que algumas pessoas o têm descrito.

A salubridade deste clima é em grande parte devida à ação quase constante de *um* vento que sopra uniformemente de E. para O., e que aliás nada mais é do que a grande corrente dos ventos gerais. Esta corrente entra na imensa abertura formada pelo Amazonas e sobe o vale do grande rio. Uma branda viração faz-se ali constantemente sentir e produz uma evaporação, graças à qual a temperatura baixa, e o solo não se esquenta indefinidamente. A constância desta viração refrigeradora torna o clima do Amazonas agradável e até mesmo dos mais agradáveis, De manhã, a temperatura é fresca, o ar sereno; só perto do meio-dia é que o calor se vai tornando mais e mais intenso em razão da ação direta dos raios solares; mas depois das 3 horas da tarde volta o fresco, o qual, à medida que se aproxima a noite, se torna cada vez maior. Estas leves diferenças na temperatura produzem, como se vê, durante o dia, sensações diversas, mas em suma a impressão total, geral, é favorável e não se parece de modo algum com a prostração que resulta inevitavelmente de um dia inteiro de calor excessivo.

Não é inútil insistir nestas coisas. A opinião geral, com efeito, é que o clima do Amazonas é dos mais insalubres. Não há um só viajante que não o descreva de um modo assustador. É o país das febres, dizem todos. É certo que há febres e que elas são, por assim dizer, estacionárias em certos lugares. Mas a causa delas parece dever ser antes atribuída aos próprios habitantes, aos seus costumes, à sua maneira de viver, ao seu modo de alimentação, sobretudo, do que à natureza ou ao clima. Citaremos um fato, entre mil, para corroborar esta asserção: perto da cidade de Manaus, um tanto ao norte, há uma baiazinha serena e pouco funda, cujas águas se acham ao fácil alcance dos habitantes. E, pois, lhes é ela de suma utilidade. Dá-lhes água para beber; é nela que vão lavar a roupa. A temperatura das águas dessa baía é de + 33° a + 34°. Facilmente se concebe, pois, que em tais condições uma água cheia de matérias animais ou vegetais sujeitas à fermentação deve ser deletéria, impotável, e torna-se para quem dela usa um lento mas infalível veneno. Um pouco mais adiante demora um *igarapé* de águas frescas e límpidas, cuja temperatura não excede de + 21° e que ministram uma bebida mais sã e agradável, mas... para isso seria necessário dar mais alguns passos e, ou seja por natural indolência, ou por desmazelo proveniente do hábito, os habitantes preferem beber com a água a febre de que é foco a bacia situada mais a seu alcance.

Mas o que principalmente determina as doenças nos habitantes do vale amazônico é a má alimentação. Isto é igualmente uma conseqüência da indolência natural dos índios, indolência aliás que deve por sua vez, até certo ponto, ser atribuída ao clima. Nos seus costumes, é justo dizê-lo, nem tudo é resultado da incúria; como o curso das estações determina as ocupações do povo, imprime-lhe hábitos tanto mais irresistíveis, quanto têm no clima a sua origem e razão de ser. Todavia, parece que só dos próprios amazonenses dependeria terem outro regime de vida. Nas margens do rio nota-se uma viçosa e superabundante vegetação herbácea, magníficos pastos naturais, capazes de darem sustento a numerosas manadas das mais belas raças de gado. Esta riqueza acha-se inteiramente perdida; o gado é extremamente raro, a indústria pastoril não existe, e as poucas pessoas que criam bois é unicamente para os vender aos paquetes da companhia de navegação ou para os exportar. Ninguém, porém, pensa em mandá-los para o corte, e o uso da carne é excepcional. O próprio leite é esperdiçado; ordenhar as vacas é um trabalho em que ninguém se quer ocupar. Entretanto, durante todo o ano, os habitantes sustentam-se de peixe salgado e mal salgado, que em um clima quente e úmido já se acha, no momento de ser consumido, com um princípio de fermentação pútrida. A este alimento detestável é bem raro ajuntar-se um regime vegetal, salvo se se deve dar este nome ao consumo *da farinha d'água,* que numerosas lavagens hão perfeitamente despejado de toda a substância alíbel, e que só pelo nome se parece com a farinha de que os outros povos fazem o pão. Ajunte-se a isto, como tempero, não sabemos que corpo gorduroso, râncido, salgado, repugnante, vindo da Inglaterra ou da América, a que chamam manteiga, ao passo que a verdadeira manteiga, das mais frescas e melhores, podia ser abundantemente ministrada pelas vacas. Ali, onde os produtos agrícolas deveriam ser suficientes não só para o consumo, mas até para o comércio, onde, em caso de necessidade, se lhes poderia ajuntar o peixe fresco, só se acha para comer o *pirarucu* mal salgado e mal seco. É a este modo de alimentação, é ao uso, mui pouco justificado pela necessidade, de águas insalubres, que devem ser atribuídas as febres e as doenças que sofrem os habitantes do vale."

Onde se hão de estabelecer os imigrantes? Deve-se aconselhar que procurem não as margens do rio principal, mas os igarapés, as terras mais altas, a bacia dos lagos interiores, o curso dos afluentes ou o dos tributários, onde os terrenos são mais férteis e menos inundados. Não pretendo mencionar todos os lugares aproveitáveis, mas citarei o que escrevi ao Sr. Ministro das Obras Públicas, a propósito de imigrantes norte-americanos:

"Se alguma parte do Brasil merecesse preferência para a imigração norte-americana seria indubitavelmente o Amazonas.

"A falsidade das informações derramadas no mundo sobre a salubridade daquele país, prejudica-o extremamente no interesse de atrair imigrantes da raça saxônica. Cumpre que os amigos do Amazonas se esforcem em provar o contrário.

"O Amazonas contém vastos territórios de uma salubridade e uberdade invejáveis.

"As montanhas que se estendem pela margem setentrional, de Almeirim a Monte Alegre, e que se alargam para o norte em demanda das Guianas, lugares onde se cria excelente gado, onde a população é robusta, e os hábitos diferem um pouco dos povos pescadores que vivem nas margens baixas; as outras montanhas, quase fronteiras, junto à cidade de Santarém, na margem oposta, na confluência do Tapajós, que igualmente se estendem por muitas léguas, onde se goza de um clima qualificado de maravilhoso por um viajante inglês, onde a cana, o algodão, o fumo, o café, são e podem ser largamente cultivados; as vizinhanças de Óbidos, onde houve já uma tentativa de colonização; as terras do lago Saracá, onde existe Silves, e são afamadas; as de Serpa e Manaus, ou as de Cametá no Tocantins; são, as primeiras sobretudo, de incontestável salubridade.

"A meu ver, o vale do Amazonas, particularmente a região montanhosa de Santarém (margem meridional) e a de Monte Alegre (setentrional), oferece uma vantagem particular. Os grosseiros barcos a vela, construídos de pesados madeiros, que hoje freqüentam o rio, sobem do Pará a Santarém em 12 dias, e às vezes em menos. Os ventos gerais de leste sopram constantemente, e ajudam o navio até Manaus muito acima, e até Santarém o impelem perfeitamente. Descendo, os navios têm a favor a corrente e as marés. Ora, Santarém fica a 460 milhas do Pará, e a mais de 500 do Oceano. Um navio a vela pode vir de Nova York a essa parte do vale do Amazonas em 30 dias, ou talvez em menos. Quanto à navegação a vapor, basta dizer que atualmente os paquetes percorrem duas vezes por mês a distância entre Santarém e Pará em três dias subindo, e dois descendo; e no Pará tocam os vapores da linha de Nova York. A rapidez de comunicações diretas a vapor com o país de sua procedência e a vantagem especial da navegação a vela no rio para barcos de quaisquer dimensões, constituem vantagens consideráveis para o imigrante norte-americano no Amazonas.

"Cumpre, porém, abandonar qualquer tentativa de imigração isolada; o que convém é que muitas famílias, um núcleo de 100 pessoas pelo menos, imigrem simultaneamente e se estabeleçam em um só desses magníficos pontos do Amazonas, na intenção resoluta de cultivarem a terra. Um estabelecimento nestas condições, com um sacerdote e um professor, prosperará necessariamente."

A imigração para o Brasil depende certamente de variadas condições: o casamento civil, a liberdade de culto exterior, a proteção e favores aos cultos dissidentes, a discriminação do domínio público, o regime das terras, o sistema administrativo, a escravidão e outras causas conspiram contra esse grande interesse do país. Mas eu não parecerei exagerado assinando entre elas um lugar ao nosso regime aduaneiro.

Na verdade, o ideal seria a máxima liberdade, considerar-se o Pará um entreposto comum, único ponto fiscal, sem mais ônus nem restrição alguma para o comércio fluvial. Assim, sobre esta base, se devera fazer um acordo aduaneiro com o Peru e as potências ribeirinhas, igualados os respectivos direitos. Entretanto não devem as potências ribeirinhas cobrar direitos de entrada enquanto se não desenvolve o comércio fluvial, e assim procedem o Peru e a Bolívia; e, por outro lado, nós devemos abaixar gradualmente a nossa tarifa das alturas a que a deixaram chegar. Destarte alguma coisa podia-se já fazer no sentido de uma tarifa especial para o Pará, cuja idéia capital fosse: equiparar os direitos de consumo sobre os artigos importados no Pará aos que se cobrarem nas alfândegas do Peru no Pacífico; isentar de direitos os artigos que ali forem importados livres.

O Peru e a Bolívia (o maior comércio desta se faz pelos portos da primeira República) são os dois tributários naturais do comércio do Amazonas; mas nos portos do Peru as mercadorias pagam 18 a 20%, meio termo, enquanto nas alfândegas do Brasil as taxas excedem de 30 e 40%. Fazer que a nossa importação superabundante encontre mercado no Peru e na Bolívia, é o nosso interesse.

Já emiti meu parecer sobre a tarifa da alfândega que se criar em Manaus (cap. II, § I, pág. 74). Devo repetir que muito melhor fora fazer desse um porto franco, tomadas as cautelas, aliás facílimas, que impedissem o contrabando de retorno para o Pará. Um vapor que estacionasse no estreito de óbidos, policiaria o rio até a fronteira do Pará. Manaus, porto franco, seria o empório dos países limítrofes. A sua prosperidade voaria.

Segundo a lei vigente (art. 512, § 27, do regulamento das alfândegas), é livre de direitos a importação de mercadorias dos países limítrofes realizada pelo interior das províncias do Amazonas, Pará e Mato Grosso; e a entrada de mercadorias estrangeiras destinadas a um desses países, o Peru, é possível fazer-se livremente transitando pelo entreposto do Pará (regulamento de 31 de dezembro de 1863) ; e, pois, se tão justas concessões se fazem ao comércio dos ribeirinhos, não é lícito esperar que o mesmo sistema de liberalidade inteligente se estenda ao nosso próprio território?

Decido-me pelas tarifas especiais, porque não estimo a igualdade rigorosa que esquece a desigualdade das condições. O Brasil, comercialmente falando, tem quatro regiões distintas: o vale do Amazonas, o do Paraguai, o Uruguai e o litoral do oceano. Os portos interiores, situados sobre aqueles rios, em contato com os países limítrofes, onde as tarifas são muito mais razoáveis, carecem por isso, pela distância em que ficam do oceano, para se impedir o progresso do contrabando, e por amor do seu desenvolvimento, carecem, digo, de grande redução nas excessivas taxas atuais.

Para que, por exemplo, se há de ter alfândega em Mato Grosso?

Como cobrar em Manaus os mesmos direitos que no Pará, e no Pará o mesmo que no resto do Império?

Quanto à alfândega de Mato Grosso (Albuquerque), e à do Rio Grande sobre o Uruguai (Uruguaiana), é lícito supor que alguma coisa regule uniformemente as convenções celebradas pelos aliados e pelo Paraguai depois da guerra.

Será menos atendido o Amazonas? Não, por certo. O sistema que prevalecer no sul estender-se-á ao norte, mais cedo ou mais tarde, por virtude da lógica que domina os acontecimentos e encadeia os fatos.

Admiram-se de que seja o Amazonas despovoado e pouco animador o aspecto dos seus desertos? Quanto a mim, eu me admiro de que não seja pior. É uma câmara escura. Portugal fechou-o até 1822; nós o conservamos como o recebemos até bem pouco, e só o abrimos a meia dúzia de barcos de um Estado ribeirinho. Quem o povoa? O índio mais ou menos selvagem. Para que se transformasse depressa, carecia o índio de impulso estranho. De quem? Aí só veio o português, e precisava-se de outra raça. Há de que maravilhar-nos na estabilidade moral dessas populações encarceradas?

Admirai-vos antes do futuro que vem depressa.

Há poucos anos esse mediterrâneo de água doce era cortado apenas por algumas pirogas; hoje é sulcado pelos vapores de duas potências americanas.

Agora é que surge o Amazonas para o mundo social.

A sua verdadeira descoberta data de 1852.

A sua prosperidade real datará da sua liberdade.

APÊNDICES

I
CARTA A UMA COMISSÃO DE MANAUS

A bordo do Ycamiaba, 17 de novembro de 1865.

Meus senhores,

Se, para manifestar-vos a emoção despertada pelas mostras de simpatia que me expressastes em nome dos vossos amigos, eu recorresse a uma variedade infinita de frases vagas, nem lograria significar-vos a minha confusão, maior ainda que o meu reconhecimento, nem corresponderia ao pensamento patriótico da vossa carta.

Preferirei, aprendendo com o vosso exemplo, aproveitar a oportunidade de uma manifestação pública para emitir acerca das questões a que vos referistes o meu fraco parecer, confirmado pela observação ocular do vale do Amazonas. Creio que estimareis antes ouvir uma opinião sincera a respeito de tais assuntos, por mais obscura e menos autorizada que ela seja, do que uma abundância de frases para exprimirem todas a gratidão com que deveis já contar.

Senhores, o Amazonas sob o ponto de vista social é quase o mesmo que sob o ponto de vista geológico: a infância, um deserto para a indústria, uma noite para a civilização. As raríssimas povoações que ocupam aqui algumas jeiras de terra mal descoberta, somem-se no meio deste mundo, muito mais distantes da civilização do que afastadas do oceano.

Dir-se-ia, ao contemplar essas aldeias e essas cabanas semi-selvagens, todas vestidas da cor tristonha do limo do rio ou das ramas secas da floresta; dir-se-ia, estudando na fronte bronzeada de homens quase primitivos a ausência dessa alegria da esperança, que é para os povos em marcha o distintivo do progresso, como o riso nos lábios é, na frase de Dante, o principal característico do homem: dir-se-ia, aproximando na fantasia a imagem de umas e de outros, que assistimos aqui à decadência de um mundo antigo, ou que fazemos agora a escavação de ruínas perdidas nas noites do tempo.

Debalde, lá no sul do Império, far-se-ão leis e arranjar-se-ão planos de governo para estas regiões. Porquanto (e permiti-me usar da franqueza que tanto cabe em tais assuntos), a civilização do Brasil, ou antes a sociedade brasileira, não dispõe ainda de elementos de progresso sobejos para reparti-los com este longínquo país do equador.

O sul do Brasil ou o seu litoral, a datar de 1808, é que tem prosperado rapidamente, graças ao contato direto com as nações do norte do globo. O que ele obteve para si, o comércio livre, não o deve negar ao Amazonas. A carta régia de 1808, restringida às povoações do Atlântico, deveria ser completada pelos nossos governos nacionais com a abertura dos portos deste outro oceano de água doce, na frase tão expressiva do venerável sábio que temos a ventura de contar entre nós.[84]

---

[84] O Sr. Agassiz.

Esta população, que não sabe a arte da construção de uma casa, e muito menos o plano da fundação de uma cidade; que não exerce outras indústrias mais que as do caçador e pescador; que não conhece os rudimentos das mais grosseiras artes da vida social; que, vivendo no campo, dentro do seio de uma natureza luxuriosa, não goza nenhum dos encantos da vida campestre; que junto ao seu tugúrio não apascenta a vaca e a ovelha, primeiros sinais do tártaro que acampa na sociedade; que despreza a leitura tanto quanto ignora o cultivo das flores; esta população adormecida não aprende dos nossos usos mais que o latrocínio de um comércio escandaloso.

Depravada e roubada – coisa singular! – é ela ainda assim que submete aos seus costumes a gente de outra raça que aqui aparece. Com efeito, os raros emigrantes que o Solimões atualmente acolhe no seio imenso de sua abundância edênica, não comunicam ao índio o impulso do homem civilizado, o exemplo da moralidade na família, o sentimento do gosto, o amor do trabalho, o espírito de indústria, o cultivo das artes úteis, o desejo de melhoramento e a necessidade de ilustração. Dominados pelos apetites mais grosseiros, rendem-se à indolência e à preguiça, e bem depressa confundem-se com o selvagem nos hábitos, nos prazeres, no gênero de trabalho, nas perfídias de um tráfico desonesto, nas dissensões, na miséria e na degradação.

Para apressar o período da transformação, invocareis o auxílio de um agente sobrenatural? Esperareis da Providência aquilo que não é superior ao esforço humano? Invocareis o quê? Na sinceridade de vossos sentimentos religiosos, apelareis para a catequese sacerdotal, aliás contrariada por causas opostas, tão ativas e tão robustas, impotente por si só, quando mesmo pudésseis descobrir sujeitos idôneos neste século frio, de entusiasmo positivo, e com o clero católico que o celibato tornou aleijão? A catequese, aparato inútil sem as figuras severas dos Anchietas e dos Las Casas, indivíduos de uma raça social porventura perdida para os nossos tempos?

Não! Desiludidos acerca dos recursos eficazes da nossa idade, nós devemos esperar da melhor satisfação das necessidades do corpo o aperfeiçoamento das faculdades do espírito. Isto é, devemos pedir à concorrência no trabalho e ao comércio livre que aplainem o caminho do progresso moral. O vapor e a moeda levam hoje materializados o selo e o cunho das obras maravilhosas da civilização. São os primeiros instrumentos com que o espírito do século derruba as florestas primitivas da ignorância dos povos bárbaros: e, assim como a foice e o machado desembaraçam o terreno que o arado virá aproveitar, assim os dois grandes instrumentos atuais do comércio abrem o caminho à palavra sagrada do sacerdote, à flama ardente do jornalista, às máximas severas do filósofo e às variadas combinações do estadista. Tal é a dura condição da natureza humana!

Eu não imagino aplicável a esta região da América senão a medicina que tanto se recomenda a toda ela: a imigração de indivíduos das raças vigorosas do norte do globo. A análise dos resultados até hoje obtidos da política dominante, não consente apelar para outro recurso.

Este país parece, na verdade, moribundo. Mas nem toda a esperança está perdida. Há poucos instantes, ao cair da tarde, estendendo os olhos por estas amplas águas do Solimões, de pé, sobre a proa do nosso paquete, eu via ao longe o Sol afundar-se majestoso, como sobre o oceano, no ocidente que nós demandamos. Um efeito de luz nesse momento permitia-nos ver avançar, do meio das nuvens que cobriam o túmulo dourado do astro do dia, uma chama que, refletindo nas águas tranqüilas, parecia atrair-nos e convidar-nos. Assim, meus senhores, na dúbia escuridão do selvagem há ainda um vestígio do dedo de Deus, uma faísca sobre-humana que convida e atrai a civilização, que pode recebê-la, aquecê-la frutificá-la, desenvolvê-la, se ela for a verdadeira civilização, isto é, o trabalho honesto, o comércio leal, a indústria inteligente, a instrução derramada em ondas, não distribuída em gotas, a moralidade, não pregada em máximas estéreis ou nos textos da missa em latim, mas praticada e aviventada em fatos.

Já vedes que para mim a livre navegação do Amazonas não me parece necessária tanto por amor dos interesses comerciais e financeiros do país, como exigida por bem do sentimento moral e da salvação de tantos espíritos esmorecidos nas trevas da ignorância, eu diria quase – do paganismo.

Vossa elevada aspiração é, portanto, a minha aspiração: caminhar para a civilização pela liberdade.

Filhos do século que viu o potentado herdeiro das tradições sanguinolentas da idéia napoleônica propor, como um filósofo platônico, o plano de um congresso para conciliar os interesses dos reis a bem da fraternidade dos povos; filhos deste século generoso, formais votos pela união sincera do Brasil com os seus vizinhos, e imaginais que os paquetes do Madeira, do rio Negro e do Purus serão pontes lançadas entre o Rio de Janeiro e Lima, Caracas e Chuquisaca.

Senhores, no meio das perturbações que trazem ensangüentada a América, há dezesseis anos o Brasil tranqüilo e sossegado oferece ao mundo um dos mais nobres exemplos da paz criada pela liberdade. Um príncipe, homem de bem e espírito liberal, tem saboreado satisfeito a ventura de ver os horizontes morais do seu país esclarecerem-se e alargarem-se. Presidindo à época mais animada da nossa história, o seu governo colhe agora, na luta com o inimigo desleal e pérfido, o prêmio precioso de sentir o país inteiro associar-se ao sucesso da sua política, levantar briosas legiões de voluntários, animá-lo com entusiasmo e facilitar-lhe o caminho da glória. Sabe o governo brasileiro que a verdadeira força se adquire como ensina a legenda de Anteo. Governo de homens de bem, ele deve odiar o sofisma e desprezar os estratagemas. O seu interesse é a felicidade da nação.

Desde que podem apoiar-se sobre uma tal base, as boas idéias não têm outra contrariedade mais que suportar, a não ser a do tempo. Como outras tantas que estão fazendo o seu caminho, ou que se põem em marcha, como aquelas a que aludis, a idéia da livre navegação do Amazonas será bem depressa, não o duvideis, uma realidade, por bem dos povos adormecidos na barbaridade, por bem do comércio exangue, por bem da política internacional ainda envolta em certas sombras.

Confundido por vossas demonstrações, eu não devo agradecê-las como uma prova somente de demasiada benevolência para comigo, mas acolhê-las respeitoso como um estímulo que anime a perseverar na defesa de causa tão nobre. E pudesse eu ser tão digno da estima que vos servistes manifestar-me, como estou seguro da sinceridade com que me empenharei no cumprimento do meu dever!

A. C. Tavares Bastos

II
CARTA À ASSEMBLÉIA PROVINCIAL DO ALTO AMAZONAS

20 de novembro de 1863.

Meus senhores,

Se preferir a firmeza austera de uma convicção segura às doces vacilações de uma consciência complacente; se perseverar não me tivesse parecido sempre a primeira condição do sucesso no mundo, bastava-me para não abandonar a questão do Amazonas a generosidade do acolhimento que vos mereceram os meus esforços obscuros. Dizia-o há pouco, em um movimento de despeito, o espírito sagaz que preside aos destinos da França: um grande povo afirma bem alto os serviços prestados, e, ainda quando os exagera, não comete a vilania de regatear recompensas. Frase amarga, mas verdadeira para justificar esse sentimento da vanglória, que muitas vezes, ou sempre, desperta, levanta e arma o patriotismo moribundo. Aos espíritos melancólicos, facilmente transformados em pessimistas, porque a sede de progresso é, não iludida, mas exacerbada pelas cenas pungentes da nossa sociedade ainda semibárbara, a esses espíritos melancólicos ferem, como um rebate de guerra, como um grito de avança, as vozes do povo aclamando os patriotas. Os arcos triunfais e a música marcial hão de sempre, na história das nações, assinalar os grandes dias da sua liberdade... Afastando, senhores, a idéia desvanecedora do alcance pessoal da vossa honrosa felicitação, devo assinalar ao país e ao governo o seu alcance político, isto é, a sua qualidade de verdadeiro reclamo dos povos do Amazonas pela liberdade que se persistia em confiscar-lhes.

Há nas vossas florestas primitivas esses parasitas, relativamente imperceptíveis que, vivendo da morte lenta dos troncos seculares cuja seiva os alimenta, acabam também morrendo com eles. Tal seria, senhores, o destino lúgubre da política que pretendera, sufocando o povo, sobreviver às desgraças do Brasil. Mas ilude-se quem acredita que o funesto regime da timidez, das desconfianças e das peias coloniais já fez o seu tempo? Haverá muita fantasia na fé viva que encara o futuro sem temores, e pode dizer como o poeta:

Ne sens-tu pas souffler le vent mystérieux?

Praza a Deus que nada mais possa restaurar aquelas cenas dolorosas em que se via um povo livre sem confiança no seu governo forçosamente liberal:

Eternum servans sub pectore vulnus!

Esta situação forçada, incômoda e perigosa transformou-se de repente, depois do conflito inglês, na mútua confiança entre o país e o poder. Conquistamos também um certo grau de interesse e um certo respeito de parte dos outros povos, que mal se lembravam de obscuro governo constitucional que desde muitos anos funcionava nesta parte da América. A notoriedade que pôde alcançar o nosso país, o interesse que inspira agora ao mundo civilizado, assim como a atitude curiosa do povo até então adormecido ou descrente, impõem ao governo uma posição definida, resoluta, saliente. Adiantou ele um passo; pode ficar certo de que, dado esse passo, a lei do equilíbrio não lhe permite parar de súbito ou recuar. É preciso andar. O programa do governo, se quer merecer a continuação da confiança interna e do respeito exterior, resume-se em uma palavra: a atividade, isto é, a energia, a vida, a palavra de futuro, a bandeira do progresso despregada à frente da multidão. Mas essa bandeira deve ter uma legenda visível de bem longe: Guerra aos prejuízos! Abaixar o prejuízo é levantar o progresso.

Um decreto de outrora tinha ousado romper com o prejuízo do privilégio nacional entregando a estrangeiros gratuitamente o rio Doce com todos os afluentes e minas devolutas das suas margens. Traz a data de 1825. Que obscurantismo não devera dominar trinta anos mais tarde, quando, à simples notícia das explorações de dois tenentes americanos no vale do Amazonas, o governo se inquietava seriamente com as sonhadas tentativas dos flibusteiros e, resistindo aos conselhos das potências amigas, professava como dogma da política brasileira o exclusivismo da navegação dos rios por seus ribeirinhos! Essa política, entretanto, foi por todos os modos apregoada e sustentada : as notas que a declaravam essencial à segurança interna, cruzavam-se, enquanto se escreviam folhetos adversos às opiniões liberais. Não se agrediu somente a tentativa de navegar livremente o grande tributário do Atlântico, a quem dir-se-ia, como o escritor alemão, que o Oceano parece dever a sua própria existência. Fez-se mais: assim como, a propósito do tráfico, julgou-se preferível denegrir e caluniar a Grã-Bretanha a, observar fielmente os tratados em vigor, assim se considerou razoável refazer a história da política dos Estados Unidos, para destacar do quadro severo dessa grande e heróica nação as idéias falsas derramadas no mundo pelos seus inimigos, que são os adeptos do czarismo, do papismo, do absolutismo sob todas as formas, os inimigos da dignidade e da razão humanas desde os cortesãos de Viena até os cardeais de Roma. Que pesar profundo não experimenta quem se recorda da popularidade que nos altos círculos do Rio de Janeiro granjearam escritos agressivos da democracia norte-americana, aliás publicados aparentemente por bem dos nossos direitos exclusivos à navegação do Amazonas!

Mas essa época lamentável passou felizmente. A sombra que deixou está se apagando, A própria Companhia, a quem então coube o monopólio da navegação a vapor, veio agora, para não afrontar o espírito público, fazer coro com os que pedem a livre navegação do Amazonas. O mesmo governo por duas vezes, de modo positivo, ratificou o compromisso anterior de franquear em breve o comércio fluvial a todas as bandeiras.

Senhores, a política do gabinete imperial tem-se, é verdade, gradualmente inspirado em sentimentos mais humanitários e dignos do século. Não é, porém, lamentável que o nosso mediterrâneo, cuja grandeza é coisa averiguada desde a famosa expedição de Pedro Teixeira há mais de dois séculos, cuja opulência é hoje proverbial depois dos escritos de Humboldt, continue ainda trancado de fato aos povos industriosos do norte do globo, apesar das belas palavras fecundas de esperanças, estéreis de realidades? Portanto, posto que a situação tenha de algum modo melhorado, cumpre ainda perseverar nos reclamos em prol da liberdade do Amazonas... Franquear o vale do Amazonas ao comércio universal não há de ser um ato inglório; há de ter ao contrário grande repercussão em toda a política do nosso governo. Pela posição que ocupa neste continente, o Brasil deve seguir uma política exterior inteiramente oposta aos prejuízos da política colonial. A monarquia portuguesa, em cujos dias de lutuosa decadência tivemos a desgraça de pertencer-lhe, observa aqui o mesmo pensamento de isolação que a submergia na Europa; mas o nosso governo americano deve ser expansivo e franco para com os seus vizinhos. No sul da América devemos aparecer, não à distância do ciúme e do ódio, mas à frente dos estados limítrofes, animando-os com o nosso exemplo, cimentando a sua amizade pela nossa liberalidade.

O governo imperial certamente pode reclamar para si a honra muito distinta de não haver nunca coadjuvado na América aos déspotas e aos sanguinários, e de não ter jamais partilhado a cumplicidade com os homens da escola do ditador Rosas. Essa honra lhe cabe; resta que lhe pertença bem depressa a glória de proclamar no Amazonas os mesmos princípios liberais de navegação fluvial a que aderiu no Rio da Prata; resta que a sua notória honestidade, nobre moderação e incontestável desinteresse adquiram mais vivo realce com uma política franca acerca da navegação interna.

O Império tem direito à grande influência e autoridade nos negócios deste continente. Ele as conquistará mais e mais à medida que o seu ilustrado governo revelar que, certo do apoio infalível do mundo civilizado aos governos firmemente liberais, ousa empreender as reformas administrativas reclamadas por bem do desenvolvimento da riqueza pública, da moralidade do povo e do próprio prestígio das grandes instituições livres e parlamentares, que constituem a invejável fortuna da nossa pátria.

Essa política, senhores, encerra um vasto programa pouco fascinador, é verdade, para os amigos da política palavrosa e enfática, mas sério e grave como o fim a que se encaminha. Tenho-me empenhado por fazer saliente dentre os vários capítulos desse programa o da navegação do Amazonas; e deleito-me em repetir que o faço, porque, soando a hora da morte de um grande prejuízo, os outros virão após. O primeiro impulso que derribar este pano da muralha chinesa, derribará os outros. Quando a bandeira americana, a britânica, a francesa, a italiana, a sueca devassarem o interior do grande vale; quando isto se vir e se conhecer que daí não provém perigo nenhum, como não tem provindo de igual medida no Rio da Prata e Paraguai; quando se perceber a contínua elevação da riqueza, graças ao grande rebocador do trabalho que se chama a concorrência, é natural que todos se convençam de que entregar a uma companhia estrangeira a navegação a vapor do São Francisco, essa grande artéria do coração do Império, ou permitir a todos os pavilhões fazerem o serviço de transportes costeiros, é tão perigoso como consentir a existência de cônsules nas nossas cidades, ou facultar o acesso dos portos aos navios de guerra das outras potências.

O nosso pais é rico das riquezas naturais, mas pobríssimo dos meios de aproveitá-las. Faltam-lhe pessoal profissional, capitais, consumidores. Quem os fornecerá? O comércio exterior e, para dizer tudo, a imigração. Aproximai os nossos mercados dos mercados norte-americanos ligai-nos à Europa por um cabo telegráfico transatlântico; prolongai as nossas estradas de ferro; facilitai à indústria estrangeira o transporte fluvial, como lhe facilitais e lhe entregais, exclusivamente às vezes, os transportes terrestres: e tereis combinado os meios infalíveis dos quais dependem duas coisas que neste mundo andam tão juntas como a alma e o corpo, isto é, o progresso material e o progresso moral.

É agradável, senhores, variar sobre esse tema encantador agora, nas vésperas da reunião de uma Câmara abençoada pelo olhar esperançoso da população. A atitude do Parlamento é essa. A do governo não pode ser outra. Sob pena de uma ruína infalível, sob pena de engrossar a nuvem sinistra das decepções antigas, sob pena de estragar o presente e de comprometer gravemente o futuro das próprias instituições representativas, o programa do governo é esse, e somente esse. A política abstrata, as promessas vagas, as hipocrisias já demasiadamente conhecidas e desprestigiadas não podem mais fazer fortuna. Não hão de fazê-la. Foi-se o tempo em que bastava, para viver, pedir o apoio da maioria com a única promessa do

Una salus vistis nullam sperare salutem

Não foi para satisfazer o prurido de comendas e fardas bordadas, não foi para ser explorada por alguns favoritos da fortuna, que um grande partido se arregimentou e preparou a presente situação. Os homens honestos, os caracteres superiores que a dirigem, conhecem a gravidade dos seus encargos, e tolerarão tão pouco a esterilidade como único resultado de tantos esforços sinceros, quanto a hipocrisia como sistema político. Senhores, é essa confiança na honradez dos nossos estadistas, e a certeza dos sentimentos patrióticos do governo imperial, que me fortificam na crença de que bem cedo vereis transformado em realidade palpitante o sonho daqueles que se deleitavam em figurar as portas do vosso *El Dorado* abertas de par em par ao verdadeiro conquistador deste século, o gênio fecundo do comércio universal. Assim seja! E possa eu em breve felicitar-vos por isso, com a mesma efusão com que venho agora render-vos a homenagem do meu profundo respeito.

A. C. TAVARES BASTOS

III
MOVIMENTO COMERCIAL

Nos caps. IV, § II e V, § I, já mencionei os artigos que compõem a importação e a exportação da província do Alto Amazonas e do Peru.

Para completar o quadro do comércio do vale do Amazonas, darei aqui uma nota dos gêneros importados e exportados, nos paquetes da Companhia do Amazonas, por cada um dos portos de escala da primeira linha, isto é, entre o Pará e Manaus, no ano de 1865. Como o movimento comercial mais considerável é o que se faz por meio desses paquetes, será satisfatória esta notícia, que é extraída do último relatório da referida Companhia.

Da importação, no valor total de 2.859:028$000, couberam 896:210$000 aos portos da província do Pará, a saber:

Breves	69:676$750
Gurupá	130:928$060
Porto de Mós	61:597$340
Prainha	44:304$100
Santarém	304:100$100
Óbidos	285:604$300
	896:210$650

Aos três portos da província do Alto Amazonas, compreendidos na mesma primeira linha, couberam 1.962:818$300, a saber:

Vila Bela	149:000$400
Serpa	427:082$520
Manaus	1.386:735$380
	1.962:818$300

Na exportação, no valor total de 2.630:684$000, figuram os portos da província do Pará com 772:663$500, dos quais pertencem a:

Breves	136:457$000
Gurupá	204:340$600
Porto de Mós	150:387$400
Prainha	15:649$200
Santarém	97:311$300
Óbidos	168:518$000
	772:663$500

Aos da outra província pertencem 1.858:021$100, sendo;

Vila Bela...........................	216:657$700
Serpa.............................	520:749$900
Manaus...........................	1.120:613$500
	1.858:021$100

O movimento dos portos do Pará é muito inferior aos da província vizinha, porquanto o seu comércio mais ativo se faz em barcos a vela, pois que até óbidos esta navegação lhes é fácil, graças aos ventos de leste e às marés.

Além disso, quanto à mesma província do Pará há ainda que ajuntar o transporte efetuado: 1.º nos vapores da terceira linha, entre Belém e Cametá, que em 1865 foi, quanto à importação, 51:980$800, e 125:578$000 na exportação; 2.º nos da quarta linha, entre Belém, Macapá e Chaves, que foi de 218:541$000 na importação, e 637:100$800 na exportação.

Para o leitor conhecer melhor a natureza do comércio do vale do Amazonas, ajunto dois quadros, contendo o primeiro a qualidade e o valor das mercadorias transportadas do Pará, em 1865, nos ditos paquetes para os mencionados portos de escala da primeira linha, e o outro as mercadorias remetidas dos mesmos portos com os preços respectivos:

IMPORTAÇÃO DOS PORTOS DE ESCALA DA 1.ª LINHA, ENTRE MANAUS E BELÉM, NOS PAQUETES DA COMPANHIA DO AMAZONAS, EM 1865

Armamento	36:796$000
Arroz	25:732$000
Açúcar	129:893$000
Azeite doce	10:590$000
Bebidas espirituosas	116:997$000
Bolacha	12:753$200
Café	26:497$000
Cal	5:036$500
Calçado	10:600$000
Carnes	15:403$000
Carvão-de-pedra	2:350$000
Cera em velas	19:500$000
Charutos	9:5S0$000
Chumbo	17:425$500
Cobre em artefatos	17:030$000
Comestíveis	62:069$700
Cordoalha	5:471$000
Diversos	67:384$220
Drogas	7:236$000
Farinha de mandioca	40:158$000
Farinha de trigo	65:991$000
Fazenda diversas	1.720:296$500
Ferragens	159:771$780
Ferro em bruto	4:103$600
Louça	22:920$000
Manteiga	31:272$000
Óleos	14:721$200
Pólvora	10:061$000
Sabão	49:260$000
Sal	14:734$000
Estearina em velas	13:844$000
Tabaco	16:240$000
Vinagre	5:701$000
Vinho	91:640$750
	2.859:028$950

EXPORTAÇÃO EFETUADA PELOS MESMOS PAQUETES DOS MESMOS LUGARES

Gêneros	Quantidades	Preços Médios	Valores
Algodão.............	263 arrobas	16$000	4:208$000
Breu...............	73 ditas	4$000	292$000
Cacau..............	25.455 ditas	6$000	152:730$000
Café...............	489 ditas	9$000	4:401$000
Carne seca...........	8.789 ditas	5$500	48:339$500
Castanha............	17.944 alqueires	5$800	104:075$200
Cavalos.............	58	150$000	8:700$000
Chapéus de bombanaça.	93.884	5$000	469:420$000
Couros..............	6.894	4$500	31:023$000
Couros de veado.......	2.180	2$500	5:450$000
Cravo...............	4 arrobas	8$000	32$000
Cumaru.............	14 ditas	10$000	140$000
Estopa..............	682 ditas	2$000	1:364$000
Feijão...............	50 alqueires	6$000	300$000
Gado vacum...........	325	50$000	16:250$000
Gomaelástica.........	69.605 arrobas	18$000	1.252:890$000
Guaraná.............	281 ditas	60$000	13:860$000
Manteiga de tartaruga..	950 potes	12$000	11:400$000
Maqueiras (redes).....	1.100	10$000	11:000$000
Mexira..............	563 potes	10$000	5:630$000
Óleo de copaíba.......	72.660 libras	$470	34:150$200
Piaçaba em obra.......	6.893 polegadas	1$500	10:339$500
Piaçaba em rama.......	3.453 arrobas	1$200	4:143$600
Pirarucu.............	64.426 ditas	6$000	386:556$000
Puxuri..............	37 ditas	12$800	473$600
Salsaparrilha..........	1.603 ditas	25$000	40:075$000
Sebo...............	747 ditas	6$000	4:482$000
Tabaco..............	315 ditas	20$000	6:300$000
Tartarugas...........	132	4$000	528$000
Tucum..............	70 arrobas	25$600	1:792$000
Vinho de caju........	34 dúzias de garrafas	10$000	340$000
			2.630:684$600

Já mencionei no cap. IV, pág. 122, os artigos que constituem a exportação do porto do Pará para o estrangeiro. Além disso e do que se lê no cap. III, § I, nenhum esclarecimento mais posso ajuntar. Esses, porém, e os demais contidos no cap. V, presumo que habilitem o leitor para avaliar da índole e importância do comércio do Amazonas.

IV
COMÉRCIO DO PERU E FRETES NOS PAQUETES

Além dos esclarecimentos que sobre o comércio do Peru contém o cap. V, § I, ajunto os seguintes quadros, organizados pelo Sr. Wilkens de Matos, Cônsul do Brasil em Loreto, nos quais igualmente se encontram informações sobre fretes, que completam as do cap. III, § II, pág. 94.

Esses quadros mostram a toda luz a exageração dos fretes nos paquetes, seja nas duas linhas da navegação brasileira, seja na linha peruana, aonde principalmente eles são excessivos.

PRODUTOS DO DEPARTAMENTO DE MOYOBAMBA QUE MAIS SE EXPORTARAM PARA O BRASIL EM 1864-65

Artigos	Valor dos Gêneros	De Yurimaguas a Tabatinga		De Tabatinga a Manaus		De Manaus ao Pará		Total das Distâncias	Total dos Fretes	Quantos % do Valor dos Gêneros
		Distância	Fretes	Distância	Fretes	Distância	Fretes			
Chapéu de palha cada (pitaca a)	98$000	milh. 709	5$670	m. 859	8$000	m. 862	8$000	m. 2.430	21$670	2,3%
Borracha fina (arroba b)	14$400	290	360	"	450	"	500	2.012	1$310	9%
Peixe seco (arroba c) ...	2$700	370	560	"	400	"	400	2.091	1$360	50%
Salsaparrilha (arroba d)	9$000	370	288	"	500	"	600	2.091	1$388	15,3%

(a) O cálculo dos chapéus é feito tomando por base uma pitaca, que contém cerca de 20 dúzias, a 26 pesos cada uma.

(b) A borracha que apenas começa a ser fabricada no litoral, exclusivamente por brasileiros, que iniciaram esse serviço, é exportada de Iquitos e Loreto.

(c) O peixe seco é o pirarucu de Nauta, para onde é feito o cálculo. Loreto também o exporta, e para este porto, em lugar de 50%, reduz-se a 34%.

(d) A salsa é de Nauta (Ucayali). Muito pouca sai do Napo.

O comércio dos chapéus é vantajosíssimo: muito valor em volume pequeno, que transita por módico frete. Percorre a imensa distância de 810 léguas, em vapores, com um excesso de 2 1/2% de despesa. O peixe, gênero de primeira necessidade, chega ao mercado do Pará muito sobrecarregado de fretes, 50%, além de despesas eventuais, que não serão inferiores a 6%.

PRODUTOS DO BRASIL QUE MAIS CONSUMO TIVERAM NO DEPARTAMENTO DE MOYOBAMBA EM 1864-65

Artigos	Unidades	Valores	Do Pará a Manaus		De Manaus a Tabatinga		De Tabatinga a Yurimaguas		Total das Distâncias	Total dos Fretes	Quantos % do Valor dos Gêneros
			Distância	Fretes	Distância	Fretes	Distância	Fretes			
			m.		m.		m.		m.		
Aguardente de cana	Frasqueira (a)	4$000	862	1$200	859	1$320	709	3$375	2.430	5$895	147,37%
Arroz pilado	Arroba	2$500	"	300	"	330	"	771	"	1$401	56,04%
Açúcar	"	5$000	"	300	"	270	"	792	"	1$362	27,24%
Bolacha	Barrica (2 arrobas)	12$000	"	1$600	"	1$440	"	1$440	"	1$470	35,84%
Café em grão	Arroba	7$500	"	500	"	450	"	771	"	1$721	22,94%
Sabão	"	3$000	"	500	"	450	"	539	"	1$489	42,53%

(a) A frasqueira contém 9 canadas de cachaça em garrafões.

V
MOEDAS, PESOS E MEDIDAS

Para inteligência do leitor estrangeiro ajunto as seguintes informações:

MOEDAS

Um mil-réis (1$000) corresponde, conforme o câmbio, a 2 francos e 50 cêntimos, até 3 francos.

10$000=25 até 30 frs.

Para comparar as unidades rapidamente, sem atender às oscilações do câmbio, pode-se partir desta base:

1 fr.=a 400 réis.

£ 1 (libra esterlina) =10$000.

$ 1 (dólar) =2$000.

Um conto de réis (1:$$$$000) =2.500 frs.=£ 100=$500.

MEDIDAS DE COMPRIMENTO

Légua (de 20 ao grau)=5.555 metros =3 milhas.

Milha=1.851 metros= 841 braças.

Braça=2 metros e 2/10= 2 varas.

Vara=l metro e 1/10= 5 palmos.

Palmo=220 milímetros= 8 polegadas.

Polegada= 0,0275 do metro.

Pé=330 milímetros =12 polegadas.

O quilômetro corresponde a 455 braças.

DE CAPACIDADE

Canada= 2 litros e 662 mililitros.

Alqueire= 36 litros e 27 cent.

(Diferem segundo as províncias, mas pode-se tomar por base de comparação a que é indicada.)

DE PESO

Tonelada= 793.238 gramas e 4 décimos= 13 1/2 quintais.

Quintal= 58.758 g. e 4 dec,= 4 arrobas.

Arroba (@)= 14.689 g. e 6 dec.= 32 libras.

Libra= 459 g e 5 cent.= 128 oitavas.

Oitava= 3 g. e 586 mil.

O quilograma corresponde a 2 libras e 22 oitavas.

VI
REGULAMENTO PARA A NAVEGAÇÃO PERUANA

Os princípios assentados na convenção de 28 de outubro de 1858 com a República do Peru foram desenvolvidos pelo decreto de 31 de dezembro de 1863, a que por vezes me referi. Transcrevo-o, pois, advertindo que, como disse, ele contém regras gerais aplicáveis aos outros Estados limítrofes e idênticas às que foram combinadas com a Venezuela no tratado de 5 de maio de 1859.

Decreto n.º 3.216 de 31 de dezembro de 1863. Manda executar o regulamento para a navegação do rio Amazonas por embarcações brasileiras e peruanas.

Considerando quanto é vantajoso promover o comércio e a navegação do rio Amazonas, e tendo em vista as cláusulas estipuladas nos arts. 2.º e 4.º da convenção de 28 de outubro de 1858, mandada cumprir pelo decreto n.º 2.442 de 16 de julho de 1859, hei por bem que no trânsito fluvial pelo rio Amazonas se observe provisoriamente o regulamento que com este baixa, assinado pelo Marquês de Abrantes, Conselheiro de Estado, Senador do Império, Ministro e Secretário de Estado dos Negócios Estrangeiros e Interino dos da Fazenda e Presidente do Tribunal do Tesouro Nacional, que assim o tenha entendido e faça executar. Palácio do Rio de Janeiro em trinta e um de dezembro de mil oitocentos e sessenta e três, quadragésimo segundo da Independência e do Império.

Com a rubrica de Sua Majestade o Imperador.

Marquês de Abrantes

Regulamento especial provisório para a navegação do rio Amazonas, por embarcações brasileiras e peruanas, na conformidade da Convenção Fluvial de 28 de outubro de 1858 entre o Império e a República do Peru.

Art. 1.º Sendo livre o comércio e navegação pelas águas do rio Amazonas entre o Império e a República do Peru, nos termos da Convenção Fluvial de 28 de outubro de 1858, promulgada por decreto n.º 2.442 de 16 de julho de 1859, observar-se-ão no trânsito fluvial as disposições do presente regulamento, e as do de 19 de setembro de 1860 na parte que não for por elas alteradas.

Art. 2.º Os gêneros de produção e manufatura da República do Peru poderão ser importados pelas águas do rio Amazonas, em embarcações brasileiras ou peruanas de qualquer natureza, denominação ou lotação, quer no porto da cidade de Belém da província do Pará, quer nos de Manaus e Tabatinga da do Amazonas; e vice-versa, os gêneros de produção e manufatura nacional poderão ser exportados pelos portos indicados em embarcações brasileiras ou peruanas para a República do Peru.

§ Único. Esse artigo não exclui o comércio direto pelas águas do rio Amazonas, em embarcações brasileiras ou peruanas, entre os portos alfandegados ou habilitados do Império, e os da República do Peru, na forma deste regulamento e mais disposições fiscais em vigor.

Art. 3.º Para a República do Peru, guardando-se as mesmas disposições, poderão ser pelas águas do rio Amazonas nas referidas embarcações:

§ 1.º exportados os gêneros e mercadorias estrangeiras que tiverem sido despachadas para consumo nas alfândegas do Império;

§ 2.º reexportados os gêneros e mercadorias estrangeiras importadas nas alfândegas do Império, observando-se nos respectivos despachos os arts. 608 e 621 do regulamento das alfândegas;

§ 3.º navegados sem trânsito os gêneros e mercadorias estrangeiras destinadas à mesma República ou depositadas nos entrepostos, na forma dos arts. 622 a 624 do citado regulamento.

Art. 4.º Para esse fim, logo que for publicado o presente regulamento, terão plena execução na alfândega do Pará as disposições do regulamento das alfândegas relativas ao entreposto público, criado ao porto daquela província pelo art. 320 do dito regulamento, e art. 7.º das instruções de 1.º de outubro de 1860.

§ 1.º O presidente da província, sobre proposta do inspetor da respectiva alfândega e informação da Tesouraria da Fazenda, designará os armazéns para o depósito das mercadorias, e da mesma forma nomeará o administrador e todo o mais pessoal necessário ao exercício do dito entreposto.

§ 2.º A tabela de que trata o art. 276 do regulamento das alfândegas será fixada pelo presidente da província, sobre proposta do inspetor da alfândega e informação da Tesouraria da Fazenda, e submetida à aprovação do Ministro da Fazenda.

§ 3.º O presidente da província poderá, sendo necessário, autorizar, além do entreposto público, até dois armazéns suplementares para depósito de mercadorias, na forma do art. 217 § 2.º e seguintes do dito regulamento, dando conta ao Ministro da Fazenda para a concessão da licença e final aprovação.

Art. 5.º Além da mesa de rendas criada na cidade de Manaus pelo regulamento de 9 de setembro de 1860, haverá outra mesa de rendas na povoação de Tabatinga da província do Amazonas.

§ Único. Estas mesas de rendas serão consideradas estações dependentes da Tesouraria da Fazenda da província do Amazonas, e seus empregados ficarão imediatamente subordinados ao respectivo inspetor.

Art. 6.º Em cada uma destas repartições haverá um chefe com a denominação de administrador, o qual servirá ao mesmo tempo de tesoureiro, um escrivão, um escriturário, um porteiro servindo de contínuo e três guardas, que servirão ao mesmo tempo de oficiais de descarga.

§ Único. O pessoal das referidas mesas poderá ser alterado pelo Ministro da Fazenda, como o exigir o bem do serviço público.

Art. 7.º Os lugares, de que trata o art. 6.º à exceção dos guardas, serão provisoriamente exercidos por empregados da alfândega da província do Pará, designados pelo presidente, sobre proposta do inspetor da alfândega, e informação na Tesouraria da Fazenda da mesma província, mediante requisição do presidente da província do Amazonas. Estes empregados perceberão, além dos vencimentos dos seus empregos, uma gratificação, que lhes será arbitrada pelo mesmo presidente, até que sejam organizadas definitivamente as referidas mesas de rendas.

§ Único, Os guardas serão nomeados na forma do art. 446 do regulamento das alfândegas, e o seu vencimento será o da tabela 5.º anexa ao mesmo regulamento.

Art. 8.º As mesas de rendas de Manaus e de Tabatinga ficam habilitadas, guardando-se todavia a disposição do art. 2.º, para importação:

§ 1.º Dos gêneros de produção e manufatura nacional navegados por cabotagem.

§ 2.º Dos gêneros estrangeiros já despachados para consumo navegados com carta de guia.

§ 3.º Dos gêneros de produção e manufatura da República do Peru.

§ 4.º Dos seguintes gêneros estrangeiros: sal comum, carne-seca ou charque, bacalhau, farinha de trigo, carvão-de-pedra, pedra calcária, máquinas de vapor e suas pertenças, utensílios próprios para a lavoura, materiais e instrumentos para obras públicas, e outros enumerados na tabela n.º 10 do regulamento das alfândegas.

Art. 9.º As ditas mesas de rendas ficam também habilitadas, guardando-se todavia a disposição do art. 2.º, para exportação:

§ 1.º dos gêneros de produção e manufatura nacional;

§ 2.º dos gêneros estrangeiros que já tiverem pago direitos de consumo, e se destinarem aos portos nacionais do Amazonas ou à República do Peru.

Art. 10. Os gêneros de produção e manufatura da República do Peru, que forem importados na província do Pará, ou em Manaus e Tabatinga, serão acompanhados de dois manifestos para a respectiva alfândega e mesas de rendas, com as declarações e formalidades exigidas no cap. 6.º sec. 2.º do tit. 4.º do regulamento das alfândegas do Império, na conformidade do qual procederão aquelas repartições no despacho das ditas mercadorias, ficando os comandantes das respectivas embarcações sujeitos às obrigações e penas cominadas na seção 2.º do cap. 5.º, e cap. 6.º do tit. 4.º do mesmo regulamento.

Art. 11. As embarcações peruanas que, fazendo escala pelos portos de Tabatinga e Manaus, nada descarregarem em quaisquer deles, levarão, não obstante, das respectivas mesas de rendas o certificado de que tratam os arts. 402 e 405 do mesmo regulamento.

Art. 12. De conformidade com as disposições do dito regulamento procederão as mesas de rendas de Manaus e Tabatinga no despacho dos gêneros, que forem importados ou exportados nos termos dos arts. 8.º e 9.º.

Art. 13. Nos despachos, de que tratam os artigos antecedentes, servirão de conferentes calculistas, conjuntamente, o escrivão e o escriturário de cada uma das referidas mesas, sendo dada a saída pelo respectivo porteiro.

Art, 14. O prazo para apresentação de documentos que justifiquem o destino das mercadorias reexportadas, baldeadas, ou despachadas para trânsito será fixado pelos chefes das estações fiscais, segundo a situação do porto da saída, e dos portos fluviais do Amazonas.

Art. 15 Cada uma das ditas mesas de rendas terá à sua disposição, para o serviço externo e polícia fluvial, quando o presidente da província, ouvida a Tesouraria de Fazenda, o julgar necessário, até duas lanchas ou escaleres, e mesmo uma barca de vigia a vela, convenientemente tripulada e armada, e com as mesmas obrigações e encargos mencionados na sec. 3.º cap. 3.º do tit. 1.º, e sec. 1.º do cap. 5.º do tit. 4.º do regulamento das alfândegas.

Art. 16. Cada uma das ditas lanchas ou escaleres terá os remadores necessários, e funcionará sob a direção de um patrão imediatamente sujeito ao administrador da mesa de rendas. Os patrões e remadores perceberão os vencimentos marcados no art. 105, § único, do regulamento das alfândegas.

Art. 17. Na povoação de Tabatinga haverá uma força de linha ou de polícia composta de 30 praças, ao comando de um oficial subalterno ou inferior, a qual terá por dever auxiliar não só a respectiva mesa, como as autoridades competentes, na religiosa observância e guarda das disposições dos regulamentos fiscais, e prevenção do contrabando: para esse fim será o comandante da dita força imediatamente subordinado ao administrador da mesa de rendas.

§ Único. Além das obrigações e deveres que incumbem às autoridades judiciárias, policiais e militares, postos, destacamentos, força, guarnição e embarcações de guerra pelos arts. 349 e 363 do regulamento das alfândegas, deverão os respectivos chefes ou comandantes considerar-se especialmente encarregados da polícia fiscal nas águas e margens do Amazonas e fronteiras terrestres do Império, como auxiliares das repartições fiscais, executando e fazendo executar este regulamento e o das alfândegas na parte que lhes competir,

Art. 18. A jurisdição da mesa de rendas de Manaus compreenderá todo o território fluvial da comarca do mesmo nome e da de Parintins; e a de Tabatinga todo o território fluvial da comarca de Solimões.

Art. 19. Os presidentes das províncias do Pará e Amazonas, cada um dentro do território de sua jurisdição e ouvindo as Tesourarias da Fazenda, logo que for publicado o presente regulamento, designarão os lugares, fora dos portos habilitados para o comércio com a República do Peru, em que poderão comunicar-se com a terra as embarcações que no curso de sua viagem necessitarem reparar avarias, ou prover-se de combustível ou de outros objetos indispensáveis.

§1.º A arribada somente durará o tempo necessário para o objeto que a motivar, e as autoridades fiscais, cumprida a disposição do art. 371 do Regulamento das alfândegas, exigirão durante a exibição do rol da equipagem, lista dos passageiros, e manifesto da carga, e visarão grátis todos ou alguns desses documentos, guardadas as disposições do mesmo regulamento.

§ 2.º As embarcações a que se refere este artigo poderão, sendo necessário, descarregar nos referidos lugares gêneros de produção e manufatura da República do Peru, e receber gêneros de produção e manufatura nacional, observando-se as disposições deste regulamento e do das alfândegas.

§ 3.º Feita a designação dos lugares de que trata este artigo, na qual serão compreendidos os atualmente freqüentados pelos vapores da Companhia de Navegação do Alto Amazonas, os presidentes darão conta ao Ministro da Fazenda para final aprovação.

§ 4.º Nos lugares em que não existirem coletorias, e onde for conveniente, haverá agências, postos de fiscalização e registros, ficando os presidentes de província, ouvida a Tesouraria da Fazenda respectiva, incumbidos de criá-los e designar os empregados, guardas ou vigias precisos, na forma do art. 18, § único e mais disposições do regulamento das alfândegas, e sendo fornecidos os escaleres necessários para o serviço.

§ 5.º Nos portos onde houver coletorias, observarão estas estações, na parte que convier, o presente regulamento e o das alfândegas para prevenção do contrabando, e fiscalização das rendas públicas.

Art. 20. Poderão descarregar toda ou parte da carga, fora dos portos fluviais habilitados para o comércio com a República do Peru, as embarcações que, por causa de avaria ou por outro incidente fortuito e extraordinário não puderem continuar a sua viagem.

§ Único. Os capitães das embarcações se dirigirão previamente, salvo caso de iminência de perigo, aos empregados fiscais, na sua falta à autoridade policial do lugar, e na falta desta à do lugar mais próximo, e sujeitando-se às medidas e cautelas, que pelas mesmas autoridades, de conformidade com as leis do Império, forem tomadas para prevenção de qualquer importação clandestina.

Art. 21. O perigo iminente, previsto no artigo antecedente, isenta somente da apresentação prévia aos empregados fiscais e autoridades locais, de que trata o mesmo artigo; sendo em todo o caso obrigados os comandantes das embarcações peruanas a provar a necessidade da arribada, e a exibir os papéis de bordo necessários, procedendo-se a respeito destes documentos na forma do art. 19 § 1.º.

Art. 22. Os gêneros e mercadorias, que, nos casos de incidentes fortuitos e extraordinários mencionados no art. 21 forem postos em terra, não pagarão direito algum se forem de novo embarcadas; mas toda a descarga de gêneros e mercadorias feita sem prévia autorização, ou sem as formalidades prescritas nos artigos antecedentes, ficará sujeita, conforme as circunstâncias, à multa de 10$ a 100$000 por volume, ou às penas do contrabando, procedendo-se para esse fim à apreensão, na forma dos caps. 1.º e 2.º do tit. 8.º do regulamento das alfândegas.

Art. 23. Toda a comunicação com a terra não autorizada, ou em lugares não designados no presente regulamento, e fora dos casos de força maior, será punível com a multa de 10$ a 100$000 a cada pessoa da tripulação, e de 50$ a 500$000 ao comandante da embarcação, além das outras penas em que possam incorrer na forma da legislação do país.

§ Único. Os passageiros que desembarcarem antes da visita da autoridade policial, deixando de apresentar-lhe o competente passaporte, o qual será por ela visado grátis, incorrerão na multa de 10$ a 100$000, além de ficarem sujeitos às medidas policiais que a referida autoridade julgar convenientes.

Art. 24. Se por causa de contravenção às medidas concernentes ao livre trânsito do rio Amazonas para as embarcações peruanas e brasileiras se efetuar, na forma dos regulamentos fiscais, alguma apreensão de mercadorias ou do navio, ou das embarcações miúdas, que as transportarem, a mesma apreensão poderá ser levantada mediante fiança, caução ou depósito. Se à contravenção cometida estiver imposta somente a pena de multa, será permitido ao contraventor continuar a sua viagem, garantindo o valor da mesma multa por meio de fiança, caução ou depósito, e o seu efetivo pagamento dentro de um prazo que for marcado pelo administrador da mesa de rendas.

§ Único. Nos casos previstos neste artigo ao administrador da mesa de rendas do distrito, onde se tiver verificado a apreensão, ou cometido a contravenção, compete decidir sobre a idoneidade da fiança, caução ou depósito, com atenção ao valor dos objetos apreendidos ou à importância da multa, e julgar a apreensão, facultando os recursos estabelecidos no regulamento das alfândegas,

Art. 25. Se alguma embarcação peruana naufragar, sofrer avaria, ou for abandonada nas águas do rio Amazonas, proceder-se-á na respectiva mesa de rendas de conformidade com o disposto no cap. 3.º do tit. 4.º do regulamento das alfândegas do Império, e mais legislação em vigor, sendo afinal o produto das mercadorias salvadas, depois de deduzidas as despesas do salvamento, segurança e guarda, recolhido ao depósito, para ser entregue ao cônsul ou vice-cônsul da República do Peru.

Art. 26. No caso de naufrágio ou avaria, previsto no artigo antecedente, será permitido às embarcações peruanas descarregarem, se for necessário, as mercadorias ou efeitos que tiverem a bordo, sem que paguem por isso direito algum, salvo sendo vendidas para consumo.

Art. 27. As embarcações peruanas, que entrarem nos portos de Manaus e Tabatinga, ou arribando em qualquer dos mencionados no art. 19, aí carregarem ou descarregarem, ficam sujeitas ao imposto de 80 réis por tonelada por cada dia de estada ou demora para as despesas de faróis, balizas e quaisquer outros auxílios que por parte do Império se tenha de prestar à navegação do rio Amazonas.

§ Único. O imposto, de que trata este artigo, será cobrado, antes do desembaraço da embarcação, e de seu pagamento se fará expressa menção no manifesto ou certificado, de que falam os arts. 10 e 11.

Art. 28. Para os favores e efeitos do presente regulamento serão consideradas embarcações peruanas aquelas cujos donos e capitães forem cidadãos da República do Peru, e cujo rol da respectiva equipagem, licenças e patentes certifiquem em devida forma que foram matriculados de conformidade com as ordenanças e leis da República do Peru, e usam legalmente de sua bandeira.

Art. 29. As embarcações peruanas, que tiverem de navegar pelas águas do rio Amazonas, qualquer que seja o seu destino, darão entrada na alfândega do Pará, e serão obrigadas ao registro na mesa de rendas de Tabatinga e de Manaus, onde se verificará a sua nacionalidade e legitimidade, segundo o disposto no artigo antecedente, e examinará o respectivo passe, visando-se grátis os papéis necessários: e quando o recusarem, serão compelidas pelas barcas de vigia, que empregarão para aquele fim a força necessária, ficando sujeito o respectivo comandante a uma multa de 500$ a 1:000$000, segundo a lotação da embarcação e sua carga.

Art. 30. Se as embarcações a que se refere o artigo antecedente não estiverem nas condições expressas no art. 28, serão apreendidas com a respectiva carga, procedendo-se ulteriormente nos termos do cap. 2.º do tit. 8.º do regulamento das alfândegas.

Art. 31. A franqueza e liberdade de navegação de que trata o presente regulamento compreende as embarcações e transportes da marinha militar da República do Peru, as quais todavia ficarão sujeitas à disposição do art. 428 do regulamento das alfândegas nas circunstâncias nele previstas.

§ Único. Ficam extensivas às referidas embarcações, se trouxerem carga, as franquezas e favores de que gozam ou houverem de gozar os paquetes a vapor das linhas regulares transatlânticas, em virtude do regulamento das alfândegas.

Art. 32 A escrituração das mesas de rendas, criadas pelo art. 5.º do presente regulamento, na parte relativa à arrecadação de quaisquer direitos ou impostos e multas, será feita em livros especiais, os quais, depois de encerrados no fim de cada semestre, serão remetidos com os despachos, manifestos, guias e documentos de receita e despesa e mais papéis relativos, à Tesouraria da Fazenda do Amazonas, para nela se instituir o competente exame sobre sua moralidade e exatidão, na forma das disposições em vigor.

Art. 33. As autoridades judiciárias, policiais e fiscais peruanas e brasileiras com a força que as coadjuvar em suas diligências, e bem assim os escaleres e outras embarcações de vigia, poderão exercer as suas funções de polícia fiscal nas fronteiras terrestres e nos rios e suas margens, isolada ou coletivamente, para repressão do contrabando, ficando-lhes permitida a entrada no território do Império ou da República do Peru, dentro dos limites de uma zona fiscal marítima e terrestre que será determinada somente para esse fim pelo governo de cada Estado.

§ Único. Esta disposição terá vigor somente depois que em virtude de acordo for a reciprocidade estabelecida por meio de nota reversal, e sendo em conseqüência mandada executar por decreto do governo.

Art. 34. As dúvidas que ocorrerem por ocasião de executar-se este regulamento serão resolvidas pelas Tesourarias de Fazenda e pelos presidentes de província, sempre no sentido o mais favorável ao comércio e navegação dos dois países.

§ Único. Estas decisões serão executadas provisoriamente, dando-se conta ao Ministro da Fazenda para final deliberação.

Art. 35. Os artigos do presente regulamento que não contiverem disposições estipuladas na Convenção Fluvial de 28 de outubro de 1858, mandada observar por decreto n.º 2.442 de 16 de julho de 1859, poderão ser alterados independente do comum acordo exigido pelo art. 5.º da mesma Convenção.

Rio de Janeiro, 31 de dezembro de 1863.

MARQUÊS DE ABRANTES

VII
ENTREPOSTOS

Outro decreto (n.º 3.217) de 31 de dezembro de 1863 alterou diversas disposições do regulamento das alfândegas, e regulou o serviço dos entrepostos de um modo mais útil. Reproduzo aqui os seus principais artigos:

Art. 1.º Haverá entrepostos, além dos criados nos portos do Rio de Janeiro e Pará pelo art. 320 do regulamento das alfândegas, nos da Bahia, Pernambuco, Maranhão e Rio Grande do Sul; o do Pará será da mesma natureza dos demais entrepostos.

Art. 2.º Os entrepostos são públicos ou particulares.

§ 1.º Os entrepostos públicos são armazéns internos ou externos da alfândega, mantidos e custeados pela Fazenda Pública, sujeitos à sua direta e imediata administração e fiscalização, e exclusivamente aplicados à guarda e depósito de mercadorias destinadas a entreposto.

§ 2.º Os entrepostos particulares são armazéns ou trapiches estabelecidos com licença e aprovação do Ministro da Fazenda, administrados, mantidos e custeados por conta de particulares, ou de associações nos portos mencionados no artigo antecedente sob a fiscalização do inspetor da respectiva alfândega, e aplicados ao mesmo fim que os entrepostos públicos.

Art. 3.º O entreposto, quanto à percepção dos direitos de consumo das mercadorias importadas em virtude desta faculdade, é assemelhado a território estrangeiro.

§ 1.º As mercadorias depositadas no entreposto, mediante as formalidades estabelecidas no presente decreto, poderão, durante os prazos marcados, ser livremente, em todo ou em parte:

1.º reexportadas por mar ou em trânsito, ou transportadas para outro entreposto ou porto nacional, sem pagar direitos;

2.º despachadas para consumo, pagando os respectivos direitos.

§ 2.º A faculdade permitida neste artigo refere-se às mercadorias que forem declaradas nos termos do art. 4.º deste decreto.

§ 3.º Ficam excetuadas da disposição do § 1.º n.º 1 deste artigo, da parte que se refere aos direitos de reexportação, as mercadorias de que tratam os arts. 23 da lei n.º 369 de 18 de setembro de 1845, e 9.º § § 3.º e 4.º da lei n.º 544 de 28 de outubro de 1848.

Art. 4.º Para qualquer mercadoria ser admitida a depósito no entreposto é de mister que o manifesto da embarcação, ou que o dono ou consignatário da mercadoria declare que a destina a entreposto.

§ 1.º A declaração do dono ou consignatário da mercadoria será feita no prazo de 12 dias contados da data da entrada da embarcação, mencionando-se nela tudo quanto se exige para os despachos de consumo.

§ 2.º A faculdade de depositar mercadorias no entreposto fica extensiva aos negociantes que não forem assinantes das alfândegas, e outros não mencionados no art. 235, observando-se em todo o caso a disposição do art. 229 § § 2.º e 3.º quanto ao termo de depósito.

§ 3.º Se o dono ou consignatário das mercadorias não fizer a declaração dentro do prazo de 12 dias nele marcado, não poderão as mercadorias gozar do benefício do entreposto, ficando sujeitas aos direitos e despesas, nos termos dos arts. 511, 609, 691, e outros do regulamento das alfândegas.

Art. 5.º Nos entrepostos particulares serão depositadas somente as mercadorias que, tendo sido declaradas na forma do artigo antecedente, puderem ser neles recolhidas, nos termos dos arts. 231, 232, 233 e 253.

Art. 6.º O prazo do entreposto será:

1.º de seis meses para as mercadorias suscetíveis de corrupção;

2.º de três anos para as demais, podendo os inspetores das alfândegas conceder prorrogações sucessivas até mais três anos.

§ 1.º Vencido o prazo, o dono ou consignatário das mercadorias fica obrigado a reexportá-las ou despachá-las para consumo, dentro do prazo de trinta dias, findo o qual, se o não tiver feito, serão as mercadorias reputadas abandonadas e vendidas em leilão, nos termos do cap. 7.º do tit. 3.º do regulamento das alfândegas.

§ 2.º Feita a arrematação, deduzir-se-ão do produto das mercadorias os direitos que deverem pagar segundo a tarifa, multas, armazenagem, despesas e expediente de 1 1/2%, sendo o restante depositado para ser entregue a quem de direito for, à vista de título legítimo.

§ 3.º Os direitos de consumo, no caso do parágrafo antecedente, serão cobrados na conformidade da tarifa em vigor ao tempo em que se efetuar a arrematação.

§ 4.º A prorrogação não poderá ser concedida quando o estado das mercadorias não garantir o pagamento integral dos direitos e despesas de que tratam os parágrafos antecedentes.

Art. 7.º O entreposto começará a correr da data da entrada das mercadorias nos respectivos armazéns.

Art. 8.º Na conferência de que trata o art. 237, dos gêneros destinados a entreposto, poderá dispensar-se uma verificação rigorosa, conforme as circunstâncias.

Art. 9.º A averbação de que trata o art. 267, parágrafo único, assinada pelo concessionário ou seus prepostos, extingue a responsabilidade no cedente para com a alfândega, a qual passará para o cessionário com o preenchimento desta formalidade.

Art. 10. As disposições dos arts. 169 e 170 são aplicáveis às mercadorias depositadas nos entrepostos, ficando sujeitas aos direitos da tarifa em vigor ao tempo em que se efetuar despacho de consumo, ou venda em leilão nos casos em que esta deva ter lugar.

Art. 11. Os volumes a que se refere o art. 273, § 7.º presumir-se-ão introduzidos por contrabando e a multa de 2/3 do valor das mercadorias será imposta pela autoridade administrativa.

§ Único. Esta disposição é extensiva aos casos de que trata o art. 284, § 1º.

Art. 18. Nos portos onde houver entreposto os prazos para o consumo das mercadorias que não forem destinadas a entreposto, mediante as declarações de que trata o art. 4.º deste decreto, serão, na forma do art. 210, § 3.º:

1.º de seis meses para as mercadorias a que se refere o art. 299, §§ 2.º e 4.º.

2.º de três meses para as mercadorias a que se refere o § 5.º do art. 299.

§ 1.º Os prazos de que trata este artigo se contarão da data da entrada das mercadorias para os armazéns.

§ 2.º Os inspetores das alfândegas farão efetiva a responsabilidade criminal dos empregados que não promoverem as diligências para o consumo logo que findar o respectivo prazo, suspendendo-os e remetendo os documentos precisos ao juízo competente.

VIII
NAVEGAÇÃO A VAPOR DO MADEIRA, PURUS E RIO NEGRO

No § II do cap. VI fizeram-se considerações sobre a navegação a vapor do Madeira. Cumpre acrescentar-lhes o seguinte:

A Assembléia Provincial do Alto Amazonas entendeu dever promover à custa da província esse serviço, sem aguardar o que houvesse de fazer o governo imperial, que está autorizado para criar e subvencionar essa linha de navegação.

Com efeito, uma lei recente de 7 de outubro de 1866, promulgada naquela província, contém as seguintes disposições:

– autoriza o presidente a contratar a incorporação de uma Companhia para a navegação a vapor, não só do mesmo Madeira, como do Purus e do rio Negro;

– essa Companhia deverá durar por 25 anos, que será igualmente o prazo do contrato;

– qualquer que seja a procedência dos seus capitais ela será reputada brasileira ;

– gozará de isenção de impostos provinciais;

– a sua sede é fixada em Manaus;

– e desta capital é que partirão os vapores;

– concede-se uma subvenção anual, que consiste no produto do imposto de 3% adicionais sobre qualquer gênero exportado da província, sendo esse imposto cobrado e escriturado especialmente para esse fim;

– quando o produto do imposto adicional exceder de 120:000$000, reverterá o excesso a favor dos cofres provinciais.

Em virtude dessa lei, em data de 15 do mesmo mês, o presidente em exercício (o Sr. Gustavo Ferreira) celebrou contrato com o Sr. Brito Amorim.

Segundo o contrato, a incorporação da Companhia efetuar-se-á dentro de 14 meses, e terá três linhas: a primeira linha será de Manaus à cachoeira de Santo Antônio no Madeira, com seis viagens redondas no primeiro ano e uma mensal do segundo em diante, em vapor do porte de 120 toneladas para carga, fora combustível, e cômodos para 20 passageiros; a segunda será de Manaus às barreiras de Huitanan no Purus (a cerca de 700 milhas da foz deste rio), com iguais viagens e igual vapor; a terceira será de Manaus a Santa Isabel no rio Negro: esta só funcionará do terceiro ano em diante, com seis viagens redondas anuais até ao décimo, e uma mensal depois, tendo o respectivo vapor metade do porte dos outros.

Este contrato, cuja subvenção pouco excederá de 40:000$000 no primeiro ano, pode vir a ser muito vantajoso no decurso do respectivo prazo.

A extensão desse prazo (25 anos) é, com efeito, o seu primeiro inconveniente: não deverá ser maior que dez anos.

Não se aceitou a idéia, que me parece preferível, de trens fluviais rebocados a vapor, principalmente no rio Negro, método de navegação mais econômico, como indiquei no cap. VI, § V.

A subvenção, ainda elevada ao máximo de 120:000$000, é proporcionalmente menor que a de 96:000$000 concedida pela lei do orçamento geral de 1865 só para a navegação mensal do Madeira, navegação que é apenas um terço do serviço contratado agora por aquela quantia pela presidência do Alto Amazonas, pois que tal serviço deve abranger não só a linha daquele afluente, como as do Purus e rio Negro.

COLEÇÃO RECONQUISTA DO BRASIL — 2º SÉRIE

1. DOCUMENTÁRIO ARQUITETÔNICO — José Wasth Rodrigues
2. VIAGEM PITORESCA ATRAVÉS DO BRASIL — João Maurício Rugendas
3/4. PROVÍNCIA DE SÃO PAULO — 2 vols. — M. E. Azevedo Marques
5/7. NOBILIARQUIA PAULISTANA HISTÓRICA E GENEALÓGICA — 3 vols. — P. Tacques A. Paes Leme
8. VIDA E MORTE DO BANDEIRANTE — Alcântara Machado
9. ARRAIAL DO TIJUCO CIDADE DIAMANTINA — Aires da Mata Machado Filho
10. VIAGEM À TERRA DO BRASIL — Jean de Léry
11. MEMÓRIAS DE UM COLONO NO BRASIL — Thomas Davatz
12. TRATADO DA TERRA DO BRASIL — HIST. DA PROVÍNCIA DE SANTA CRUZ — P. M. Gândavo
13. TRATADOS DA TERRA E GENTE DO BRASIL — Padre Fernão Cardim
14. VIAGEM ÀS PROVÍNCIAS DO RIO DE JANEIRO E SÃO PAULO — J. J. Tschudi
15. REM. DE VIAGENS E PERMANÊNCIAS NAS PROV. DO SUL DO BRASIL — Daniel P. Kidder
16. REM. DE VIAGENS E PERMANÊNCIAS NAS PROV. DO NORTE DO BRASIL — Daniel P. Kidder
17. VIAGEM PELA PROVÍNCIA DO RIO GRANDE DO SUL (1858) — Robert Avé-Lallement
18. VIAGENS PELAS PROV. DE SANTA CATARINA, PARANÁ E SÃO PAULO (1858) — R. Avé-Lallement
19. VIAGENS PELAS PROV. DA BAHIA, PERNAMBUCO, ALAGOAS E SERGIPE — R. Avé-Lallemant
20. NO RIO AMAZONAS — Robert Avé-Lallement
21. VIAGEM ÀS MISSÕES JESUÍTICAS E TRABALHOS APOSTÓLICOS — Padre Antônio Sepp, S. J.
22. IMAGENS DO BRASIL — Carl von Koseritz
23. VIAGEM AO BRASIL — Hermann Burmeister
24. DEZ ANOS NO BRASIL — Carl Seidler
25. SÃO PAULO DE OUTRORA — Paulo Cursino de Moura
27. NOT. DAS MINAS DE SÃO PAULO E DOS SERTÕES DA MESMA CAPITANIA — P. T. A. Paes Leme
28. NA CAPITANIA DE SÃO VICENTE — Washington Luís
29/30. BRASIL PITORESCO — 2 vols. — Charles Ribeyrolles
31. VIAGEM DE UM NATURALISTA INGLÊS AO RJ E MINAS GERAIS — Charles James Fox Bumbury
33. RELATOS MONÇOEIROS — Afonso d'E. Taunay
34. RELATOS SERTANISTAS — Afonso d'E. Taunay
35. MEMORÁVEL VIAGEM MARÍTIMA E TERRESTRE AO BRASIL — Joan Nieuhof
36/37. MEMÓRIAS PARA SERVIR À HISTÓRIA DO REINO DO BRASIL — 2 vols. — Luís .G. dos Santos
38. DESCRIÇÃO DOS RIOS PARNAÍBA E GURUPI — Gustavo Dodt
39/40. HISTÓRIA DO IMPÉRIO — A ELABORAÇÃO DA INDEPENDÊNCIA — 2 vols. — T. Monteiro
41/42. HISTÓRIA DO IMPÉRIO — O PRIMEIRO REINADO — 2 vols. — Tobias Monteiro
43. VIAGEM MILITAR AO RIO GRANDE DO SUL — Conde d'Eu
44. HISTÓRIA DO RIO TIETÉ — Mello Nóbrega
45. HISTÓRIA DO BRASIL — João Armitage
46/48. VIAGEM PELO BRASIL — 3 vols. — Spix e Martius
49. HISTÓRIA DO BRASIL — Frei Vicente do Salvador
50/55. HISTÓRIA GERAL DO BRASIL — 3 vols. — Francisco Adolfo de Varnhagen
56. O DIABO NA LIVRARIA DO CÔNEGO — Eduardo Frieiro
57. VIAGEM AO INTERIOR DO BRASIL — G. W. Freireyss
58. ESTADO DO DIREITO ENTRE OS AUTÓCTONES DO BRASIL — C. F. von Martius
59. OS CIGANOS NO BRASIL e CANCIONEIRO DOS CIGANOS — Mello Moraes Filho
60. PESQUISAS E DEPOIMENTOS PARA A HISTÓRIA — Tobias Monteiro
61/62. COROGRAFIA HISTÓRICA DA PROVÍNCIA DE MINAS GERAIS — 2 vols. — Cunha Matos
63/64. HISTÓRIA DO BRASIL REINO E BRASIL IMPÉRIO — 2 vols. — Mello Moraes
65/66. HISTÓRIA DO BRASIL — 2 vols. — H. Handelmann
67/69. HISTÓRIA DO BRASIL — 3 vols. — Robert Southey
70. CULTURA E OPULÊNCIA NO BRASIL — André João Antonil
71. VILA RICA DO PILAR — Fritz Teixeira de Sales
72. FEIJÃO, ANGU E COUVE — Eduardo Frieiro
73. ÍNDIOS CINTA-LARGAS (OS) — Richard Chapelle
74/75. NOTÍCIAS DO BRASIL (1828-1829) — 2 vols. — R. Walsh
76. O PRESIDENTE CAMPOS SALLES NA EUROPA — Tobias Monteiro
77. HISTÓRIA DA SIDERURGIA BRASILEIRA — Francisco A. Magalhães Gomes
78. GEOGRAFIA DOS MITOS BRASILEIROS — Luis da Camara Cascudo
79/80. HISTÓRIA DA ALIMENTAÇÃO NO BRASIL — 2 vols. — Luis da Camara Cascudo
81. VAQUEIROS E CANTADORES — Luis da Camara Cascudo
82. O COMÉRCIO PORTUGUÊS NO RIO DA PRATA (1580-1640) — Alice Piffer Canabrava
83. EPISÓDIOS DA GUERRA DOS EMBOABAS E SUA GEOGRAFIA — Eduardo C. Barreiro
84. LITERATURA ORAL NO BRASIL — Luis da Camara Cascudo

85. O MARQUÊS DE OLINDA E O SEU TEMPO — Costa Porto
86. CANTOS POPULARES DO BRASIL — Sílvio Romero
87. CONTOS POPULARES DO BRASIL — Sílvio Romero
88. O NEGRO E O GARIMPO EM MINAS GERAIS — Aires da Mata Machado Filho
89. TIRADENTES — Oiliam José
90. GONZAGA E A INCONFIDÊNCIA MINEIRA — Almir de Oliveira
91. SUPERSTIÇÃO NO BRASIL — Luis da Camara Cascudo
92. TRADIÇÕES E REMINISCÊNCIAS PAULISTANAS — Afonso A. de Freitas
93. LOCUÇÕES TRADICIONAIS NO BRASIL — Luis da Camara Cascudo
94. ESTUDOS — Literatura Popular em Verso — Manuel Diegues Júnior
95. ANTOLOGIA — Literatura Popular em Verso — M. Cavalcanti Proença
96. CONTOS TRADICIONAIS DO BRASIL — Luis da Camara Cascudo
97. IDÉIAS FILOSÓFICAS E POLÍTICAS EM MINAS GERAIS NO SÉCULO XIX — José C. Rodrigues
98. IDÉIAS FILOSÓFICAS NO BARROCO MINEIRO — Joel Neves
99. GETÚLIO VARGAS E O TRIUNFO DO NACIONALISMO BRASILEIRO — Ludwig Lauerhass Jr.
100/01. RÉPLICA — Anexos à República — 2 vols. — Rui Barbosa
102/03. O VALEROSO LUCIDENO — 2 vols. — Frei Manuel Calado
104. HISTÓRIA DOS NOSSOS GESTOS — Luis da Camara Cascudo
105/06. INSTITUIÇÕES POLÍTICAS BRASILEIRAS — Oliveira Vianna — 2 vols
107/08. POPULAÇÕES MERIDIONAIS DO BRASIL — Oliveira Vianna — 2 vols.
109/10. HISTÓRIA SOCIAL DA ECONOMIA CAPITALISTA NO BRASIL — Oliveira Vianna — 2 vols.
112. NA PLANÍCIE AMAZÔNICA — Raymundo de Moraes
113. AMAZÔNIA — A Ilusão de um Paraíso — Betty Meggers
115. ADAGIÁRIO BRASILEIRO — Leonardo Mota
116/18. HISTÓRIA CRÍTICA DO ROMANCE BRASILEIRO — 3 vols. — Temístocles Linhares
119. CAPÍTULOS DE HISTÓRIA COLONIAL — J. Capistrano de Abreu
120. MIRANDA AZEVEDO E O DARWINISMO NO BRASIL — Terezinha Alves Ferreira Collichio
121. JOSÉ BONIFÁCIO — Octávio Tarquínio de Sousa
122/24. A VIDA DE D. PEDRO I — Octávio Tarquínio de Sousa — 3 vols
125. BERNARDO PEREIRA DE VASCONCELOS — Octávio Tarquínio de Sousa
126. EVARISTO DA VEIGA — Octávio Tarquínio de Sousa
127. DIOGO ANTÔNIO FEIJÓ — Octávio Tarquínio de Sousa
128. TRÊS GOLPES DE ESTADO — Octávio Tarquínio de Sousa
129. FATOS E PERSONAGENS EM TORNO DE UM REGIME — Octávio Tarquínio de Sousa
130. MACHADO DE ASSIS (Estudo Crítico e Biográfico) — Lúcia Miguel Pereira
131. PROSA DE FICÇÃO (De 1870 a 1920) — Lúcia Miguel Pereira
132. MEMÓRIAS DA CIDADE DO RIO DE JANEIRO — Vivaldo Coaracy
133. O CONFLITO CAMPO CIDADE — Joaquim Ponce Leal
135. CAMINHOS ANTIGOS E POVOAMENTO DO BRASIL — J. Capistrano de Abreu
136. UMA COMUNIDADE AMAZÔNICA — Charles Wagley
137. LÁGRIMAS DE BOAS VINDAS — Charles Wagley
140. A VIDA DE LIMA BARRETO — Francisco de Assis Barbosa
143. MINHAS RECORDAÇÕES — Francisco de Paula Resende
146. CARTAS JESUÍTICAS I — Cartas do Brasil (1549-1560) — Manoel da Nóbrega
147. CARTAS JESUÍTICAS II — Cartas Avulsas (1560) —Azpilcueta Navarro e Outros
148. CARTAS JESUÍTICAS III — Cartas, Informações e Fragmentos Históricos — J. Anchieta
149. EVOLUÇÃO DO PENSAMENTO POLÍTICO BRASILEIRO — Vicente Barreto
150. DICIONÁRIO DO FOLCLORE BRASILEIRO — Luis da Camara Cascudo
151. RECONHECIMENTO DO RIO JURUÁ — General Belmiro Mendonça
153. POLÍTICA GERAL DO BRASIL — José Maria Santos
154. O MOVIMENTO DA INDEPENDÊNCIA 1821-1892 — Oliveira Lima
155. O IMPÉRIO BRASILEIRO — 1821-1889 — Oliveira Lima
156. VIAGEM AO BRASIL — Maximiliano Pierre de Wied Neuwied
157. DIÁRIO DE UMA VIAGEM AO BRASIL — Maria Graham
159. O MARQUÊS DE PARANÁ — Aldo Janotti
161. UM SERTANEJO E O SERTÃO — Ulisses Lins de Albuquerque
162. DICIONÁRIO MUSICAL BRASILEIRO — Mário de Andrade
163. CRÔNICA DE UMA COMUNIDADE CAFEEIRA — Paulo Mercadante
164. DA MONARQUIA À REPÚBLICA — George C. A. Boehrer
165. QUANDO MUDAM AS CAPITAIS — J. A. Meira Penna
166. CORRESPONDÊNCIA ENTRE MARIA GRAHAM E A IMPERATRIZ DONA . LEOPOLDINA — Américo Jacobina Lacombe
167. HEITOR VILLA-LOBOS — Vasco Mariz
168. DICIONÁRIO BRASILEIRO DE PLANTAS MEDICINAIS — J. A. Meira Penna
169. A AMAZÔNIA QUE EU VI — Gastão Cruls
170. HILÉIA AMAZÔNICA — Gastão Cruls

171. AS MINAS GERAIS — Miran de Barros Latif
172. O BARÃO DE LAVRADIO E A HIGIENE NO RIO DE JANEIRO IMPERIAL — Lourival Ribeiro
173. NARRATIVAS POPULARES — Oswaldo Elias Xidieh
174. O PSD MINEIRO — Plínio de Abreu Ramos
175. O ANEL E A PEDRA — Pe. Hélio Abranches Viotti
176. AS IDÉIAS FILOSÓFICAS E POLÍTICAS DE TANCREDO NEVES — J. M. de Carvalho
177/78. FORMAÇÃO DA LITERATURA BRASILEIRA — 2 vols. — Antônio Candido
179. HISTÓRIA DO CAFÉ NO BRASIL E NO MUNDO — José Teixeira de Oliveira
180. CAMINHOS DA MORAL MODERNA; A EXPERIÊNCIA LUSO-BRASILEIRA — J. M. Carvalho
181. DICIONÁRIO HISTÓRICO-GEOGRÁFICO DE MINAS GERAIS — W. de Almeida Barbosa
182. A REVOLUÇÃO DE 1817 E A HISTÓRIA DO BRASIL — Um estudo de história diplomática — Gonçalo de Barros Carvalho e Mello Mourão
183. HELENA ANTIPOFF — Sua Vida/Sua Obra — Daniel I. Antipoff
184. HISTÓRIA DA INCONFIDÊNCIA DE MINAS GERAIS — Augusto de Lima Júnior
185/86. A GRANDE FARMACOPÉIA BRASILEIRA — 2 vols. — Pedro Luiz Napoleão Chernoviz
187. O AMOR INFELIZ DE MARÍLIA E DIRCEU — Augusto de Lima Júnior
188. HISTÓRIA ANTIGA DE MINAS GERAIS — Diogo de Vasconcelos
189. HISTÓRIA MÉDIA DE MINAS GERAIS — Diogo de Vasconcelos
190/191. HISTÓRIA DE MINAS — Waldemar de Almeida Barbosa
192. INTRODUÇÃO A HISTORIA SOCIAL ECONÔMICA PRE-CAPITALISTA NO BRASIL — Oliveira Vianna
193. ANTOLOGIA DO FOLCLORE BRASILEIRO — Luis da Camara Cascudo
194. OS SERMÕES — Padre Antônio Vieira
195. ALIMENTAÇÃO INSTINTO E CULTURA — A. Silva Melo
196. CINCO LIVROS DO POVO — Luis da Camara Cascudo
197. JANGADA E REDE DE DORMIR — Luis da Camara Cascudo
198. A CONQUISTA DO DESERTO OCIDENTAL — Craveiro Costa
199. GEOGRAFIA DO BRASIL HOLANDÊS — Luis da Camara Cascudo
200. OS SERTÕES, Campanha de Canudos — Euclides da Cunha
201/210. HISTÓRIA DA COMPANHIA DE JESUS NO BRASIL — Serafim Leite. S. I. — 10 Vols
211. CARTAS DO BRASIL E MAIS ESCRITOS — P. Manuel da Nobrega
212. OBRAS DE CASIMIRO DE ABREU — (Apuração e revisão do texto, escorço biográfico, notas e índices)
213. UTOPIAS E REALIDADES DA REPÚBLICA (Da Proclamação de Deodoro à Ditadura de Floriano) - Hildon Rocha
214. O RIO DE JANEIRO NO TEMPO DOS VICE-REIS — Luiz Edmundo
215. TIPOS E ASPECTOS DO BRASIL — Diversos Autores
216. O VALE DO AMAZONAS - A. C. Tavares Bastos
217. EXPEDIÇÃO ÀS REGIÕES CENTRAIS DA AMÉRICA DO SUL - Francis Castelnau

COLEÇÃO RECONQUISTA DO BRASIL — 3ª SÉRIE

1. O ALEIJADINHO DE VILA RICA — Waldemar de Almeida Barbosa
2. ALEIJADINHO, PASSOS E PROFETAS — Myriam Andrade Ribeiro de Oliveira
3. AS IGREJAS SETECENTISTAS DE MINAS — Paulo Krüger Corrêa Mourão
4. DICIONÁRIO DE ARTESANATO INDÍGENA — Berta G. Ribeiro
6. DICIONÁRIO DE BANDEIRANTES E SERTANISTAS DO BRASIL — Francisco de Assis Carvalho
7. VIAGEM PITORESCA E HISTÓRICA AO BRASIL — Jean Baptiste Debret
8. VIAGEM PITORESCA ATRAVÉS DO BRASIL — Johann Moritz Rugendas
9. ARTE INDÍGENA, LINGUAGEM VISUAL — Berta G. Ribeiro
10/11/12. VIAGEM PITORESCA E HISTÓRICA AO BRASIL — J. B. Debret — 3 vols.
13. AMAZÔNIA URGENTE — Berta G. Ribeiro
14. DICIONÁRIO BRASILEIRO DE DATAS HISTÓRICAS — José Teixeira de Oliveira
15. VISTAS E COSTUMES DA CIDADE DO RIO DE JANEIRO — T. Chamberlain

A presente edição O VALE DO AMAZONAS de
A. C. Tavares Bastos é o volume 216 da Coleção
Reconquista do Brasil (2ª série). Capa Cláudio
Martins. Impresso na Líthera Maciel Ltda., Rua
Simão Antônio, 1.070 - Contagem, para Editora
Itatiaia, a Rua São Geraldo, 53 - Floresta. No catá-
logo geral leva o número 892/2B.